Las películas de Luis Buñuel

Paidós Comunicación **Cine**

Peter William Evans

Las películas de Luis Buñuel

La subjetividad y el deseo

PAIDÓS
Barcelona • Buenos Aires • México

Título original: *The films of Luis Buñuel. Subjectivity and Desire*
Publicado en inglés por Oxford University Press, 1995, Nueva York

Traducción de Eduardo Iriarte y Josetxo Cerdán
Revisión técnica de Isabel Santaolalla

Cubierta de Mario Eskenazi

1ª edición, 1998

© 1995 by Peter William Evans
© de todas las ediciones en castellano,
   Ediciones Paidós Ibérica, S.A.,
   Mariano Cubí, 92 - 08021 Barcelona
   y Editorial Paidós, SAICF
   Defensa, 599 - Buenos Aires.

ISBN: 84-493-0500-4
Depósito legal: B-5.347/1998

Impreso en Gràfiques 92, S.A.,
Av. Can Sucarrats, 91 - 08191 Rubí (Barcelona)

Impreso en España - Printed in Spain

Para Isabel

Sumario

Agradecimientos

Las semillas del presente libro se plantaron a principios del verano de 1982, cuando tuve el inmenso honor y el placer de conocer a Luis Buñuel y a su esposa Jeanne en su domicilio de la Cerrada de Félix Cuevas en la ciudad de México. Su hospitalidad y cordialidad, así como la jovial paciencia de don Luis a la hora de responder a mis preguntas, han permanecido conmigo desde entonces. Estoy en deuda, por toda la ayuda que me prestaron para que pudiera llevar a cabo dicha visita, con mis amigos el difunto George Cheyne y Agustín Sánchez Vidal, así como con la British Academy, que me concedió una beca, sin los cuales me habría sido imposible realizar el viaje. Me gustaría mostrar mi agradecimiento por su compañerismo, conversación y apoyo en mi trabajo sobre Buñuel a Katie Rutherford, Salvador Bacarisse, Pamela Bacarisse, David McGrath, Michael Wood, Christopher Stone, María Delgado, Nuria Triana, Stephen Roberts, Mª José Martínez Jurico, Xon de Ros, Manucha Lisboa, Jo Labanyi, Marianne Guillon, Christopher Cordess y Ron Guariento. También me han ayudado en diversos sentidos en la redacción de este libro José Luis Santaolalla, Miguel Ángel Ramón, Celestino Deleyto, Leandro Martínez (Departamento de Difusión y Exhibición, Filmoteca Municipal de Zaragoza), Carmen Solano (Departamento de Cultura, Ayuntamiento de Zaragoza), la British Film Institute Stills Library, la Robinson Library en la University of Newcastle upon Tyne, Hilaria Loyo, John Hopewell y Phil Powrie. Quiero agradecer especialmente la amable invitación de Paul Julian Smith a escribir este volumen para la serie Oxford Hispanic Studies. También me gustaría expresar mi agradecimiento a la University of Newcastle upon Tyne por permitirme tomar una excedencia para terminar este trabajo; a mis colegas por sustituirme durante dicho periodo; y a los estudiantes de Combined Honours en el Department of Spanish, Portuguese and Latin American Studies de la School of Modern Languages, en European Film Studies, y en el Department of Adult Education, que asistieron a los diferentes cursos en que tomé parte y que tanto contribuyeron a estudios sobre la figura de Buñuel. Tengo una deuda especial con José Luis Borau (por enviarme, recién salida de la imprenta, una copia de la autobiografía de Jeanne Rucar de Buñuel); con mi compadre* Robin Fiddian por los muchos años de amistad que hemos compartido y por diversas colaboraciones en cuestiones relacionadas con el cine español; con Bruce Babington por más de veinte años de amistad, diálogo inspirador y colaboración que me han ayudado a dar forma a una buena parte de mis ideas sobre el cine; con Tom y Jenny por tolerar mis ausencias y las horas aparentemente interminables ante el ordenador, cuando podríamos haber estado viendo otra película juntos o nadando en el club; y con Isabel, quien en tantos sentidos lo ha hecho todo posible.

P. W. E.

---

* En español en el original. [*N. de los t.*]

Introducción

La literatura cinematográfica reciente, en especial la que se ocupa del cine de Hollywood y de cuestiones relativas a la autoría, ha empezado a recuperar parte del terreno perdido durante el auge de los enfoques estructuralista y posestructuralista sobre la teoría cultural. En los estudios literarios, la noción de la desconstrucción del autor tiene sus orígenes sobre todo en Nietzsche, Freud, Marx y en la influencia de éstos sobre toda una generación de teóricos culturales, incluyendo, fundamentalmente, a Lacan, Althusser, Derrida, Barthes y Foucault, cuyas perspectivas radicalmente innovadoras condujeron a una contextualización más rigurosa de los diversos productos culturales y a una inevitable erosión de la noción, hasta entonces irrefutada, de hegemonía autoral. La teoría y la crítica cinematográficas asimilaron muy rápidamente estas tendencias, y los enfoques que abogaban por la «muerte» del autor —promovidos con especial radicalidad por *Screen* en los años setenta— dieron como resultado una literatura cinematográfica que a menudo transmitía la idea de que las consideraciones sobre la autoría no tenían cabida en un análisis serio, dado que éstas iban a estar inevitablemente condicionadas por una noción burguesa de la subjetividad. Últimamente, sin embargo, la figura del autor parece haber resurgido de nuevo. Un enfoque más equilibrado, que reconoce la autoría pero que la define como una dimensión del texto y que no la aísla, además, de los marcos históricos, parece ofrecer un mayor ámbito para la teorización de las complejas relaciones entre el texto y su recepción por parte de sus diversos públicos. Los modelos de subjetividad desarrollados por Lacan y Althusser han tenido una enorme importancia en la subversión de la idea del sujeto como creador del yo, desarrollando en su lugar la noción de una subjetividad originada en una serie de procesos psicosociales que están fuera del control del individuo y que conducen a un concepto erróneo de su propia subjetividad, o a lo que Althusser define como una «relación imaginaria de los individuos con sus condiciones de existencia reales» (1977, pág. 152). Por otra parte, al dejarse seducir en exceso por las teorías sobre el concepto erróneo y la interpelación (por importante que sea no perderlas de vista en ningún momento) se corre el peligro de no dejar prácticamente espacio para la resistencia, algo que recientes tendencias de la teoría feminista han abordado con entusiasmo.[1]

Reconociendo y asimilando la fuerza de los desarrollos teóricos y críticos de los últimos veinte años más o menos, trabajos más recientes —el de Tania Modleski sobre Hitchcock (1988), por ejemplo— han empezado a cuestionar los enfoques que se centran de forma exclusiva en los determinantes y las opciones inconscientes (a diferencia de los/las conscientes) subyacentes a cualquier texto. La obra sobre Buñuel, sin embargo, apenas se ha visto afectada por las tendencias antiautorales a que han estado sujetos una buena parte de los directores de Hollywood o británicos, ya que la gran mayoría de los estudios sobre sus películas han aplicado marcos de referencia estrictamente autorales.[2] Así pues, dado que este libro prioriza las películas en sí, su enfoque —que se basa en el reconocimiento y análisis de la materialidad del texto mediante la exploración de las opciones elegidas, así como de las desechadas—, pasará por alto en ocasiones las reivindicaciones de autoría para enraizar la discusión en los contextos históricos y culturales y, sobre todo, puesto que la sexualidad y las relaciones entre los sexos representan quizás el área más significativa de la obra de Buñuel, en las teorías sobre la sexualidad.

Esta perspectiva tiene un doble objetivo: por una parte acreditar la talla de uno de los grandes directores de la historia del cine, resaltando su relativa autonomía en muchas películas e intentando explorar su obra a través de su amplia gama de obsesiones familiares, complejas e iconoclastas; por otra, no dejarse intimidar por dicha presencia autoral, arguyendo que incluso un director como Buñuel —y no sólo en esas películas a las que él mismo se refiriera como sus «películas alimenticias» mexicanas— es un conglomerado de cultura e historia, alguien cuyo ejercicio de autonomía como director de cine estaba inevitablemente condicionado no sólo por las contribuciones del resto del personal creativo o de producción implicado en sus películas, sino también por lealtades estéticas e ideológicas, tanto conscientes como inconscientes, determinadas histórica y culturalmente.

1. Véase un resumen del enfoque althusseriano/lacaniano sobre la constitución de la subjetividad en Terry Lovell (1980, sobre todo en págs. 39-46). Jackie Byars (1991) y Christine Gledhill (1988) ofrecen claros resúmenes de los argumentos y refutaciones sobre estos temas.

2. Para una definición de autoría, véase Pam Cook (comp.) (1985, págs. 114-206).

Evidentemente, trabajara donde trabajara, ya fuera en España, México o Francia, fuesen quienes fuesen sus colaboradores (guionistas como Julio Alejandro o Jean-Claude Carrière, directores de fotografía como Gabriel Figueroa o Sacha Vierney) y fueran cuales fueran sus fuentes de inspiración (novelas de Galdós, Emily Brontë o Defoe), las películas de Buñuel —que hurgan en textos dispares en busca de material apto para ser utilizado en narrativas sobre el azar, la libertad, la reclusión, la corrupción, la subjetividad y el deseo— conservan su característica subversividad ingeniosa y su lúcido desenmascaramiento de la hipocresía, al margen de lo poco prometedor que fuera el material a partir del que trabajaba. Incluso en sus filmes menores es inconfundible la firma de Buñuel como gran azote de la burguesía. Pero, por otra parte, no se puede decir que estas películas sean únicamente de Buñuel. Constituyen, asimismo, el lugar de mediación de las muy variadas voces históricas de las culturas en que se formó.

Con una o dos excepciones (por ejemplo, Linda Williams, 1992), los escritos sobre subjetividad y deseo en el cine de Buñuel han pasado por alto casi por completo el estudio de estas cuestiones desde perspectivas teóricas sobre la sexualidad. La literatura tradicional sobre Buñuel reconoce de forma rutinaria la deuda del surrealismo con el psicoanálisis pero, más allá de hacer referencia en términos generales al edipismo o de destacar los «símbolos freudianos» de las películas, se ha hecho muy poco por estudiar en mayor profundidad los nexos entre el psicoanálisis clásico y la teoría de los géneros posfreudiana de los últimos veinte años más o menos. Esta negligencia ha restado oportunidades de incluir estas películas y su potencial radicalmente surrealista para plantear cuestiones relacionadas con la percepción en, por ejemplo, recientes debates cinematográficos sobre la mirada y el placer.

En los capítulos siguientes, el proyecto de sopesar las películas de Buñuel desde perspectivas tanto distanciadas como cercanas deriva su mayor fuerza de la unión de consideraciones sobre la subjetividad y sobre las relaciones entre los sexos con avances en las teorías sobre la sexualidad o el deseo, tomando como base principal la obra de Freud (en especial títulos clave como *La interpretación de los sueños*, *El chiste y su relación con lo inconsciente*, ensayos sobre paranoia, masoquismo, narcisismo y feminidad) así como los escritos de Melanie Klein, Karen Horney, y escritoras feministas más recientes inspiradas por el psicoanálisis, en especial Linda Williams, Jessica Benjamin y Nancy Chodorow. La subjetividad y el deseo («deseo» utilizado aquí en un sentido sexual restringido pero crucialmente unificador) aportan el enfoque principal de estudio porque dichas cuestiones no sólo adquieren un grado de fascinación muy por encima de lo habitual en Buñuel, sino porque también proporcionan la clave a muchas otras áreas de interés. Puesto que este enfoque se centra en la obra en sí, no se aborda el estudio de Buñuel desde ningún marco teórico preconcebido.

A la vez que permanece consciente de los objetivos de Buñuel, este enfoque considera las contradicciones e inconsistencias de sus películas, problematizándolas y, a través del distanciamiento crítico, explorando sus preconcepciones y convicciones, midiendo sus verdades con estructuras significativas propias y alternativas. El estudio de estas cuestiones ha buscado además dar cuenta de las diferentes etapas de la obra de Buñuel, cubriendo las comedias sofisticadas más tardías pero también reivindicando algunos de los melodramas mexicanos menos conocidos y estudiados, algunos meramente comerciales, otros con más señas de autoría. De este modo se aprovecha la oportunidad de explorar las tensiones creativas entre los instintos naturales del director de cine de arte y ensayo europeo y las exigencias de un cine mexicano de consumo regido por la taquilla. También nos ha parecido apropiado estructurar el estudio de estas cuestiones en torno al análisis de películas concretas, aunque en cada caso un apartado preliminar general revela las áreas específicas escogidas para estudio en cada película. El libro comienza con *El discreto encanto de la burguesía* (Le charme discret de la bourgeoisie, 1972), una película que aúna muchas de las características de la obra de Buñuel, tanto en lo que respecta al contenido —confusión de identidad, edipismo, exilio, deseo sexual y un largo etcétera— como a la forma, como demuestran sobre todo las elisiones no marcadas y los perturbadores cambios de niveles de realidad, en la que quizá sea su narrativa onírica más brillante. El capítulo 2 estudia —tanto en el contexto de películas comerciales (*Susana* [1950], *Una mujer sin amor* [1951]) como de otras más personales (*Los olvidados* [1950])— el melodrama familiar, su seguimiento y abandono de las tradiciones genéricas, así como el uso de estrellas y realidades contemporáneas mexicanas. El capítulo 3 destaca tres películas, dos de ellas mexicanas (*Ensayo de un crimen* [1955] y *Él* [1953]) y otra, su última película, francesa (*Ese oscuro objeto del deseo* [Cet obscur object du désir, 1977]), que se centran con mayor precisión en cuestiones sobre la masculinidad y sus diversos descontentos. El capítulo 4 invierte el proceso, abordando las tentativas de Buñuel en *Diario de una camarera* (Le journal d'une femme de chambre, 1964) y *Bella de día* (Belle de jour, 1967) de ver las cosas desde la perspectiva de la mujer.

Al dedicar el grueso de un capítulo al análisis de una película concreta se garantiza un estudio detallado centrado en el propio texto sin caer en abstracciones teóricas, pero también se corre el riesgo de incurrir en desafortunadas omisiones. No obstante, aunque aquí se ha prestado mucha más atención a aquellas películas sobre las que tradicionalmente se ha erigido la reputación de Buñuel —*Los olvidados*, *Él*, *Ensayo de un crimen*, *Diario de una camarera*, *Bella de día*, *El discreto encanto de la burguesía*, *Ese oscuro objeto del deseo*— otras, habitualmente ignoradas o rechazadas como trabajo poco original de motivación emprendido puramente por razones económicas, se mencionan con frecuencia, ya sea en análisis detallados (*Susana*, *Una mujer sin amor*) o cuando lo requiera el estudio. Al concentrarnos en estas películas nos hemos visto obligados a referirnos sólo superficialmente a otras películas interesantes como *La joven* (The Young One, 1960), *Aventuras de Robinson Crusoe* (1952), *Viridiana* (1961), *Tristana* (1970), *La vía láctea* (La voie lactée, 1969) y *El fantasma de la libertad* (Le fantôme de la liberté, 1974). Pero, aunque estas breves alusiones no hacen ni mucho menos justicia a las películas, se ha de tener en cuenta que la elección aquí efectuada ha pretendido dejar constancia de las muchas áreas de interés estético, temático, histórico o cultural en el cine de Buñuel en su conjunto.

En todas ellas subyace una profunda sensación de exilio, tema característico de casi toda la obra de Buñuel, que a veces trata indirectamente, por ejemplo en la narrativa de racismo contra un músico negro acusado de violación en *La joven*, y otras directamente, como la representación de Latinoamérica en la narrativa «europea» de *El discreto encanto de la burguesía*.[3] En el nivel más obvio, la huida de España a la que se vio abocado Buñuel al final de la Guerra Civil debido a sus simpatías republicanas —después de producir (que no dirigir) cuatro películas en Filmófono, la productora cinematográfica española más liberal durante los años treinta— y que primero le llevó a Estados Unidos y después a México, le redujo (hasta que fue demasiado tarde para aprovechar el cambio político tras la muerte de Franco) a la condición de nómada, su hogar material en otras tierras, sus recuerdos y deseos encerrados en la España de su niñez y juventud. En cierto sentido esto le llevó a adoptar, en lo tocante al compromiso con las realidades mexicanas, la mirada imparcial del forastero, una perspectiva que permanecería libre en gran medida de las presiones a que sus contemporáneos mexicanos (en el cine, sobre todo, Emilio «el Indio» Fernández) estuvieron por lo general sometidos. Buñuel se hallaba por tanto mejor situado para observar y comentar tanto las dificultades y fracasos, como los logros de la sociedad mexicana, pero sus esfuerzos no fueron siempre apreciados, ya que en ocasiones los intelectuales y otras figuras mexicanas no coincidían con la opinión, que Raymond Durgnat expresara con gran acierto, de que «cualquier intento de escapar a una cultura necesita ayuda de fuera de dicha cultura si ha de tener éxito» (Durgnat, 1968, pág. 95). Mientras que la crítica indirecta a través de las ironías de películas comerciales como *Susana* consiguió evitar la condena de los nuevos compatriotas de Buñuel, cuando ésta fue desnuda y directa, como en *Los olvidados*, provocó una clamorosa protesta nacional. Pero, naturalmente, el lugar de Buñuel en la cultura y la sociedad mexicanas sólo podía ser equívoco a lo sumo, ya que, por otra parte, cabe afirmar que, en cierto sentido, todas las películas que allí hizo retuvieron, en mayor o menor medida, su perspectiva española.

Los años de formación de Buñuel en España —descritos por Agustín Sánchez Vidal (1988) experta y minuciosamente— dejaron en él una huella que llevaría consigo durante su larga carrera en el exilio.[4] Aunque es cierto que, a diferencia de otros exiliados no se vio privado de su lengua materna, se vio no obstante separado de raíces y costumbres, inclinaciones intelectuales y placeres, haciendo películas en las que motivos recurrentes de viajes y diversas formas de reclusión expresan la soledad interior de alguien destinado a representar mentalmente, año tras año, los re-

---

3. Sobre el exilio y otras cuestiones relacionadas con Buñuel, véase el excelente libro de Marsha Kinder (1993).

4. Véase también, con respecto a los primeros años de la carrera de Buñuel, C. B. Morris (1980).

cuerdos de lo que acaba por convertirse en una patria de fantasía. El exilio, sin duda alguna, tiene muchas ventajas, ya que agudiza, a través de la distancia, la conciencia de las realidades no sólo de la patria de adopción, sino también del país que se ha dejado atrás.

Nacido con el siglo, Buñuel no tardó en decepcionar a sus padres al abandonar sus planes de estudiar la carrera de ingeniero y dedicarse, en cambio, a frecuentar el cine, una vocación tan vergonzosa que llegó a provocar el llanto de su madre. Sin embargo, a pesar de las traumáticas influencias culturales de su niñez, como por ejemplo los efectos ambivalentes de una educación católica, también estuvo expuesto en sus años de juventud a influencias culturales más creativas, incluyendo, claro está, la obra de compatriotas aragoneses como Goya y Gracián, cuyas sombras tanto se dejan notar en la obra de este director.[5] Buñuel llegó incluso a escribir el guión para una película biográfica sobre Goya,[6] reprodujo sus cuadros (en *Así es la aurora* [Cela s'apelle l'aurore, 1955] y *El fantasma de la libertad*) y se inspiró en el cuadro de Saturno devorando a sus hijos para añadir toques característicamente ingeniosos y subversivos en *Tristana*. Éstos no son sino nexos evidentes, pero además el humor macabro de Goya encuentra expresión una y otra vez en el conjunto de películas de Buñuel. La presencia de Gracián también resulta evidente, su actitudes cínicas y hastiadas de desengaño* frente a toda aspiración y logro humanos, incluyendo el amor, proporcionan a Buñuel el necesario antídoto contra las celebraciones más líricas del *amour fou* que acometieran los surrealistas franceses y que tanto le atrajeron.[7] Sin dejar la tradición española, la influencia de la novela picaresca, Valle-Inclán y Galdós también se percibe en su experimentación narrativa y en su interés por los personajes anticonvencionales —*Los olvidados*, *Nazarín* (1958) y *Tristana* están en deuda en diversos sentidos con aquellos textos y escritores—. Además, la fascinación de Buñuel por lo misterioso está inspirada, al menos en parte, en los románticos españoles, sobre todo en Zorrilla, cuyo Don Juan Tenorio es un motivo recurrente en la vida y el arte de Buñuel, y en Bécquer, una de cuyas leyendas es el punto de partida de una secuencia de *El fantasma de la libertad*.

Quizá fue el paisaje agreste** de Aragón lo que llevó a Buñuel hacia el *otro*, no sólo en lo que respecta a cuestiones de sexualidad, sino también de contexto. Béc-

5. Sobre la deuda de Buñuel con Gracián, véase Carlos Saura (1993).

6. El guión, con una introducción de Gonzalo M. Borrás Gualis, está publicado (Buñuel, 1992). El guión de *Là-bas* también se publicó por primera vez en la misma colección (Buñuel, 1990).

7. Sobre las conexiones entre amor y muerte, véase Pérez Turrent y de la Colina (1993, pág. 115): «Para mí, la fornicación tiene algo de terrible. La cópula, considerada objetivamente, me parece risible a la vez que trágica. Es lo más parecido a la muerte: los ojos en blanco, los espasmos, la baba. Y la fornicación es diabólica: siempre veo al diablo en ella». Esta descripción encuentra su perfecto equivalente visual en *Un perro andaluz* (Un chien andalou, 1929), en la que el joven presenta en cierta ocasión el retrato que Buñuel hace aquí del amante, y en *Susana*, en la que se describe una y otra vez a la antiheroína como el diablo.

* En español en el original. [*N. de los t.*]

** El autor incluye esta palabra en castellano en el original y comenta que el término *wild* —salvaje—, aunque insuficiente, es el que más se acerca en su idioma a la palabra española. [*N. de los t.*]

quer en España, pero también otros novelistas góticos —Lewis, Maturin, etcétera— inspiraron a Buñuel a introducir elementos góticos en su propia obra. *Los olvidados*, *El discreto encanto de la burguesía* y *Abismos de pasión* (1954) —esta última basada en *Cumbres borrascosas*, un texto muy querido por los surrealistas debido a su elogio del *amour fou*— son sólo tres de las películas que recrean una atmósfera cercana a Poe en la que prima el ensueño desquiciado y el misterio en los lugares más inesperados: las secuencias oníricas en *Los olvidados* y *El discreto encanto de la burguesía* no sólo reconstruyen escenas primigenias freudianas a través de su terror retórico, sino que también redefinen lo gótico por medio de puestas en escena y narrativas más contemporáneas: los páramos de *Cumbres borrascosas* se convierten en un árido paisaje mexicano en *Abismos de pasión*.

Lo que une todos estos cabos es el interés de Buñuel por Sade, una figura que le resulta infinitamente fascinante, no sólo a causa de sus apetitos y experimentos sexuales gargantuescos sino también debido a su, a los ojos de Buñuel, admirable deseo de libertad total e incondicional.[8] Y sin embargo, cuando Buñuel hace referencia a la fuerza liberadora de Sade en su propia obra —«La imaginación es libre; el hombre no» (en Pérez Turrent y de la Colina, 1993, pág. 32)— el trabajo de desconstrucción empieza, ya que, por muy fuerte que sea el ideal, la realidad sin duda alguna elude pocas de las habituales limitaciones del pensamiento y el comportamiento humanos. La búsqueda de la felicidad, el deseo de transgredir las estrechas normas de su educación provinciana de clase media, le llevaron a interesarse por Freud y el surrealismo, lo que coincidió con su amistad con Lorca en la Residencia de Estudiantes de Madrid, un pequeño Oxbridge español, en un periodo en el que Buñuel también conoció, entre otros, a Dalí, Gómez de la Serna (quienes tuvieron una profunda influencia en él)[9] y Giménez Caballero, que le ofreció el cargo de crítico cinematográfico en la *Gaceta literaria*, una tarea que alimentó su ya creciente interés por el cine y dio lugar a artículos sobre Abel Gance, Fritz Lang, Carl Theodor Dreyer y, en otras publicaciones, sobre las estrellas del cine mudo.[10] Buñuel tenía unos conocimientos exhaustivos sobre Freud (y también sobre Jung). Leyó *La interpretación de los sueños* en sus años de estudiante y también estaba muy familiarizado —como evidencian las películas *Él*, *Ensayo de crimen* y *Bella de día*— con muchos otros textos clave, incluyendo los que versan sobre la paranoia y la fe-

---

8. Sobre la introducción de Buñuel en las enseñanzas de Sade de la mano de Robert Desnos, véase Pérez Turrent y de la Colina (1993, pág. 29): «En Sade descubrí un mundo de subversión extraordinario, en el que entra todo: desde los insectos a las costumbres de la sociedad humana, el sexo, la teología». Sobre la idea sadeana de que sólo se puede ser auténticamente libre a través de la imaginación, véase Pérez Turrent y de la Colina (1993, pág. 32).

9. Queda constancia de las referencias admirativas de Buñuel a Gómez de la Serna en Buñuel (1982a, págs. 70-72) y Monegal (1993, págs. 25-38).

10. Sobre el apego de Buñuel a las estrellas del cine mudo, véase Pérez Turrent y de la Colina (1993, pág. 19). A este respecto cabe resaltar que a Buñuel le gustaba leer a Benjamin Péret el surrealista, sobre todo por su sentido del humor (Pérez Turrent y de la Colina, 1993, pág. 21).

minidad. Su interés por Freud (sobre lo que más tarde ironizaría mediante comentarios puestos en boca de personajes relativamente cómicos como el embajador de Miranda en *El discreto encanto de la burguesía*) emparejaba con las muchas referencias elogiosas del propio Breton en el *Manifeste du surréalisme* (Breton, 1988) y en otros escritos. Las narrativas de Buñuel, ya sea en su totalidad, como en *Un perro andaluz*, *Bella de día*, *La vía láctea* o *El fantasma de la libertad*, o en momentos específicos, como en, pongamos por caso, *Los olvidados*, *Tristana* o *Viridiana*, se basan en sueños. Los comentarios jocosos del propio Buñuel acerca de la técnica de meter un sueño para llenar un hueco no tienen por qué estar reñidos con el reconocimiento de los orígenes surrealistas de su interés por la teoría freudiana de los sueños y su potencial para explorar la poesía opaca, misteriosa y críptica del inconsciente, una fascinación que alcanzaría su tratamiento más complejo en *El discreto encanto de la burguesía*.

Puesto que a menudo estas películas se sustentan no sólo en imágenes oníricas o ensoñaciones sino también en la comedia, a menudo ha resultado interesante teorizar la vertiente cómica de las narraciones de Buñuel a través del que probablemente sea el análisis más brillante sobre la comedia, *El chiste y su relación con lo inconsciente* de Freud. Las películas de Buñuel rara vez incluyen los tipos de juegos de palabras analizados en la primera parte de esta obra, pero el ensayo de Freud sobre la comedia y sobre todo sus comentarios acerca del humor, son de gran importancia para un estudio de la «comedia del deseo» en Buñuel (en particular, *El discreto encanto de la burguesía* y *Ese oscuro objeto del deseo*).

El interés de Buñuel por la teoría freudiana siempre se complementa con su conciencia política y social.[11] Aunque coqueteó con el comunismo, nunca llegó a unirse al partido, pero estuvo dispuesto en todo momento a exponer las causas sociales y políticas de diversos problemas utilizando los sueños y la comedia como mecanismos para revelar las inhibiciones de la psique. Fuera de la pantalla, el propio Buñuel puso de manifiesto estas perspectivas:

> El surrealismo me ha hecho comprender que la libertad y la justicia no existen, pero me ha aportado también una moral. Una moral sobre la solidaridad humana cuya importancia para mí había sido comprendida por Éluard y Breton cuando me llamaban con humor «el director de conciencia» (Buñuel, 1985a, pág. 34).

El documental *Las Hurdes* (1932), y más tarde su primer éxito internacional en México, *Los olvidados*, están entre los ejemplos cinematográficos más logrados de denuncia social. Buñuel realizó estas dos películas con la relativa autonomía que se le concedió como recompensa por el éxito de taquilla de *El gran calavera* (1949).

---

11. Esto es algo que también reconoce Víctor Fuentes, quien considera que Buñuel siempre está interesado en «la realidad social... la problemática de la persona en relación con las demás personas» (Fuentes, 1993, pág. 32).

Con huellas de *El limpiabotas* (Sciuscià, 1946) de De Sica y de películas de Hollywood sobre delincuentes como *Forja de hombres* (Boys' Town, 1938) o *Angels with Dirty Faces* (1938), *Los olvidados* es una historia de terror moderna sobre los barrios bajos mexicanos, una narrativa sobre el abandono que apunta sin ambigüedad a la política de la indiferencia como responsable de la delincuencia.

No obstante Buñuel fue tanto un director de películas comerciales como de filmes de arte y ensayo y limitarse a despreciar los melodramas, comedias y musicales dirigidos al gran público como aberraciones motivadas por razones económicas sólo conduce a una distorsión del logro global de Buñuel. Como mínimo, estas películas resultan interesantes en lo que respecta tanto a los desafíos como a las transigencias de un director cuyos instintos no siempre se correspondían con los tópicos estéticos e ideológicos con los que se le identificaba. Pero también cabe destacar que estas películas, realizadas con una mezcla de respeto y —a través de la ironía, el humor y el sexo— subversión moderada, son también textos significativos, testimonios del interés de Buñuel por las formas populares y su atractivo para el público, que plantean importantes cuestiones acerca de la identidad y la sexualidad. La sección sobre el melodrama familiar sopesa las diferencias entre las culturas mexicana y europea: las películas se contextualizan dentro de los géneros populares del melodrama mexicano sin por ello desatender los elementos europeos de la narrativa (*Una mujer sin amor* está basada en una historia de Maupassant), la psicología (*Susana* parece tener una deuda considerable con las primeras teorías freudianas sobre la seducción de la hija) y el neorrealismo (*Los olvidados*, en cierto sentido, entabla un diálogo con, por ejemplo, *Roma, ciudad abierta* [Roma, città aperta, 1945]).[12] Todas estas películas, ya pertenezcan al cine de autor o al popular, son ejemplos fascinantes de la influencia de la cultura sobre las vicisitudes del deseo y la vida familiar. Se puede incluso decir que las limitaciones estéticas e ideológicas de las películas populares reflejan con menos ambigüedad a través de sus mecanismos de desplazamiento lo que es para Buñuel —curiosamente descrito por Fernando Rey como alguien que tiende a retroceder ante el exceso más que a caer en él (en Aub, 1985, pág. 461)— y para elementos dominantes de las culturas a las que habla (bien aprobatoria, bien subversivamente), la inseparabilidad de sexualidad y pecado, algo que retiene su impacto después incluso de la pérdida de la fe religiosa. En una conversación con Max Aub confiesa: «Para mí, toda la vida, el coito y el pecado han sido una misma cosa. Aun cuando perdí la fe. Es curioso, pierde uno la fe, pero no el sentimiento del pecado» (Aub, 1985, pág. 160). Los melodramas populares que Buñuel rodara en México son una fuente de información indispensable tanto sobre la historia del cine mexicano —en tanto que amplían, respetan y aportan comentarios críticos sobre algunas de sus formas— como sobre las preocupaciones más perdurables de este realizador, que se revelan desde diferentes perspectivas.

---

12. Buñuel afirma que aborrecía dicha película (1982a, pág. 278).

Uno de los aspectos más decepcionantes de la carrera de Buñuel como director fue su incapacidad, a pesar de todos sus esfuerzos mientras estuvo en Norteamérica, de superar su escaso impacto en el cine de Hollywood, que se limitaba a una escena, por otra parte característica, en *The Beast with Five Fingers* (1946) de Florey. *Las aventuras de Robinson Crusoe* y *La joven*, ambas en inglés, no pertenecen a la tradición de Hollywood pero sí que dejan entrever adónde podría haber llegado Buñuel por esta vertiente. Cada una en su propio estilo, al igual que su filme mexicano *El río y la muerte* (1954) —que como afirma Raymond Durgnat con gran acierto, es una especie de *western* mexicano— toman prestados y readaptan elementos de los géneros de aventura y melodrama hollywoodienses. Las películas populares, en las que utilizó los diferentes recursos del cine comercial (incluyendo estrellas como Jorge Negrete, Pedro Armendáriz y Katy Jurado), le hicieron soportar el mismo tipo de presiones y limitaciones que sufrían sus grandes contemporáneos residentes en Hollywood en calidad de emigrados: Sirk, Lang y Hitchcock, entre otros. Según él mismo admitió, el cine de Hollywood era capaz de producir las mejores películas del mundo: aunque detestaba peliculas militaristas como *De aquí a la eternidad* (From Here to Eternity, 1953), adoraba otras como *Jennie* (The Portrait of Jennie, 1948) y *El tesoro de Sierra Madre* (The Treasure of the Sierra Madre, 1947).[13] Pero quizá si Buñuel hubiera logrado triunfar en Hollywood, no habría realizado sus grandes películas de madurez, exentas en gran medida de limitaciones de producción, que son maravillosos experimentos formales, a pesar de que para entonces ya adoptaban una postura más ambivalente y tolerante frente a las excentricidades y defectos del comportamiento humano.[14]

Las dos últimas secciones del libro, centradas en la subjetividad y el deseo masculino y femenino, exploran hasta qué punto el enfoque de Buñuel va dirigido a mezclar la exposición despiadada e implacable de situaciones extremas —lo que lleva al público hasta el mismo límite de la experiencia— con una retórica de la compasión y la tolerancia. Una atmósfera de oscuridad y desesperación rige de un modo casi implacable algunas de sus películas: *Los olvidados*, *Abismos de pasión*, *Tristana* y *El bruto* (1952) entran en esta categoría. En la mayor parte de sus demás películas, sobre todo en las últimas, se despeja la oscuridad por medio del humor y de signos de humanidad, que revelan una convicción en que las coincidencias providenciales, las leyes aleatorias del destino, las limitaciones de las estructuras social y familiar, y los determinantes culturales dan forma, en gran medida, a nuestros caóticos deseos. Por esta razón hay muy pocos personajes en Buñuel que sean por completo malvados e irredimibles: «En mis películas nadie es fatalmente malo ni

13. Véase Buñuel (1982a, págs. 277-278).

14. Víctor Fuentes afirma que hay una diferencia entre los personajes de Buñuel y los de Hollywood en tanto que, en aquéllos, hay un «fracaso de los héroes de la voluntad, quienes, por el contrario, suelen salir triunfadores en el cine de Hollywood». Para más referencias a la época de Buñuel en Hollywood, véase Rubio (1992).

enteramente bueno. No soy... ¿cómo se dice ahora...? no soy maniqueo» (Pérez Turrent y de la Colina, 1993, pág. 52). Las referencias de Fernando Rey, quizás inicialmente sorprendentes, a la ternura de Buñuel y a lo que él considera el tema dominante de sus películas —«El ser humano tratado con terrible injusticia por la Naturaleza y por las estructuras creadas a su alrededor» (Aub, 1985, pág. 464)— resultan aptas como introducción a cualquier intento por comprender la lucha de sus personajes por conseguir un estado de gracia y plenitud, siempre en busca de los fantasmas del amor y de la libertad a través de los interminables laberintos de la subjetividad y el deseo.[15]

---

15. Joan Mellen tiene una opinión levemente distinta a este respecto: «La fe de Buñuel en la derrota histórica de su enemigo mantiene viva la esperanza en sus películas más oscuras, en las que el mandato de la burguesía parece interminable» (1978, pág. 11).

1. Caminos de ida y vuelta al abismo:
El discreto encanto de la burguesía y la «comedia del deseo»

¿Qué pasión hay, dime por tu vida, Fortuna amiga, que no se ciegue?

Baltasar Gracián, *El Criticón*

Sinopsis: en París, un grupo de amigos burgueses —el embajador de Miranda, el señor y la señora Sénéchal, el señor y la señora Thévenot, y Florence, la hermana de la señora Thévenot— se invitan los unos a los otros constantemente a cenas. El embajador y la señora Thévenot son amantes. Más tarde se une a este grupo un obispo que empieza a trabajar como jardinero en casa del señor y la señora Sénéchal. Las frecuentes reuniones de los amigos se ven interrumpidas por cinco sueños o ensoñaciones (las suyas o las de otros personajes) y, lo que es más misterioso, por planos recurrentes a lo largo de toda la narrativa de todos los personajes, excepto el obispo, paseando por un camino campestre. Los hombres del grupo, de nuevo con la excepción del obispo, se ven implicados en tráfico de drogas. Aunque acaban por ser arrestados, un alto cargo del gobierno ordena su excarcelación.

Al igual que el Sade del poema «El prisionero» (1949) de Octavio Paz (admirador de Buñuel y compatriota mexicano surrealista), el sexteto de amigos de *El discreto encanto de la burguesía* están al mismo tiempo libres y atrapados: libres gracias a su abandono sadeano a deseos egoístas y gracias también a sus privilegios económicos y sociales, atrapados por *le hasard* y por la cultura —su breve paseo por un anónimo camino vecinal indica una urgente necesidad de salir de la urbanidad racional—. Aunque esta imagen suele funcionar como una especie de contrapunto a la atmósfera de claustrofobia que construye el resto del filme, el camino parece no llevar a los amigos hacia ninguna parte, y en ningún momento se nos permite ver el final del viaje. El camino abierto queda como un interminable callejón sin salida, siendo el destino de sus viajeros fantasmas, como el Comala de *Pedro Páramo*, sólo el sueño de un mundo desaparecido (Rulfo, 1973).

Esta tensión entre los esfuerzos por alcanzar la libertad y las diversas formas de frustración y privación de dicha libertad es característica de muchas películas de Buñuel. Las narrativas de *La vía láctea*, *Nazarín* y *El fantasma de la libertad*, por ejemplo, tienen como motor la idea de un viaje o búsqueda, principalmente espiritual en las dos primeras, sobre todo psicológico y social en la tercera; *Las aventuras de Robinson Crusoe*, *La joven*, *El ángel exterminador* (1962) y *Los ambiciosos* (La Fièvre monte à El Pao, 1959) invierten el proceso aprisionando a los personajes física y psicológicamente, ridiculizando sus iniciativas de buscar libertades duraderas. En *Nazarín* la narrativa sigue un patrón de interminables humillaciones y entrampamientos a lo largo de un camino en el que el propio Nazarín (para cuya mente quijotesca la vida es una especie de viaje tras los pasos de Cristo), y sus compañeros son testigos de la reclusión de las personas en callejones o prisiones a veces literales, otras mentales o emocionales, cuyas esperanzas realistas de liberación se vienen abajo debido precisamente a los caminos que eligen para llegar a dicha libertad. De forma algo más positiva, en *Los ambiciosos* lo que para el protagonista, Vázquez, empieza como un mundo de rígido control autoritario y tiranía, acaba por convertirse en un entorno en el que alcanza una liberación temporal a través de la recuperación de ideales de sacrificio e idealismo, trascendiendo los límites físicos de la isla (como en *Las aventuras de Robinson Crusoe*, *La joven* o *Así es la aurora*) hacia el interior de sí mismo, aunque sólo momentáneamente, a través del triunfo de la moralidad sobre la corrupción.

Mientras que en algunas películas —*Los olvidados*, *Abismos de pasión*, *Tristana*— los procesos de descubrimiento y liberación, de búsqueda del propio yo perdido y de deseos que luchan por expresarse contra las represiones del superego son más bien pesimistas, en *El discreto encanto de la burguesía* la búsqueda titubeante de la libertad, de los instintos indefinidos de lo que Bakhtin ha denominado «festividad» (1968), de epifanías sobre el amor y sobre uno mismo, está mediada por una retórica más amable, a través de un tratamiento más cómico que satírico de las aspiraciones y prácticas de la burguesía. El propio Buñuel afirma que esta película evita el filo de la sátira, optando por el tono más suave e indulgente de la comedia: «No es una sátira, y mucho menos feroz. Creo que es la película que he hecho con un espíritu de humor más amable». Esto, por supuesto, ha sido objeto de censura por parte de críticos de orientación social, decepcionados al descubrir que la pólvora del viejo surrealista ya no estaba seca.

Quizá las últimas películas reflejan una adaptación más cómoda a la clase cuyos tics y tiranías había denunciado más vehementemente en su juventud. Sin embargo, a pesar de su tolerancia corrupta, *El discreto encanto de la burguesía* es una película que recurre a una amplia gama de recursos estructurales para enmarcar la expresión del deseo dentro de los mecanismos tradicionales del humor, los chistes y la comicidad, que resultan tan vibrantes aquí, casi al final de su carrera, como al principio de la misma. Como la mayor parte del resto de la obra de Buñuel, su comicidad tiene una deuda con Freud mayor de lo que el cineasta ha admitido. *El discreto encanto de la burguesía*, en ciertos aspectos su película más cómica, quizá es también la obra de Buñuel más compleja y más inexorablemente onírica.[1] Tanto el aspecto cómico como el onírico ejemplifican la exploración del inconsciente llevada a cabo por Freud.

Al igual que el tono cómico global a través del que se transmiten los sueños y los recuerdos oníricos (los del joven teniente de caballería, que debido a su estructura onírica incluiré de ahora en adelante entre los sueños auténticos del filme), así como el resto de los segmentos narrativos, los propios sueños son fundamentalmente portadores de significados sexuales y edípicos. Aunque los cinco sueños cubren en niveles manifiestos una amplia gama de obsesiones y ansiedades, en parte también son, a niveles latentes, directa o indirectamente edípicos.[2] Al igual que los sueños, en el fondo la comicidad también está relacionada, sea cual sea su forma aparente, con subtextos edípicos/sexuales latentes.

De forma patente, las películas de Buñuel desafían cualquier intento de clasificación dentro de las teorías unificadas de lo cómico. Mientras que algunas de sus primeras películas, como *Gran Casino* (1946), se centran en lo absurdo del género ranchero* mexicano o, en el caso de *Nazarín* o *Simón del desierto* (1965), en las excentricidades o alucinaciones religiosas, *El discreto encanto de la burguesía* estudia las idiosincrasias de la etiqueta referente al lenguaje y la vestimenta en las cenas y cócteles de la sociedad burguesa francesa de los años sesenta y setenta. La comedia de Buñuel parece corroborar aquí los comentarios de Freud sobre el humor (en la última sección del análisis de las relaciones entre los chistes y lo cómico), en los que, al distinguir el humor de la comicidad y los chistes, reflexiona sobre los mecanismos que proporcionan placer a través de emociones habitualmente dolorosas:

> Ahora bien, el humor es un medio de obtener placer a pesar de las emociones dolorosas que interfieren con el mismo; funciona como sustituto en la generación de estas emociones, se pone en su lugar. Las condiciones para su aparición se dan si hay una situación en la que, de acuerdo con nuestras costumbres, deberíamos vernos tentados de liberar una emoción dolorosa y si entonces actúan sobre nosotros motivos que suprimen dicha emoción *in statu nascendi*... El placer del humor, en el caso de que sea así, se produce —innegablemente— a costa de una liberación emotiva que no llega a producirse; surge de una economía en el gasto de emoción (Freud, 1983, pág. 293).

1. Para Agustín Sánchez Vidal (1984, pág. 353) la forma de esta película «trata de mostrar muy sutilmente la inseguridad de un orden basado en convencionalismos sumamente frágiles».

2. Acerca de la distinción entre niveles oníricos manifiestos y latentes, véase Freud (1982, pág. 381).

* En español en el original. [*N. de los t.*]

Don Quijote es uno de los ejemplos de Freud de personaje humorístico, un personaje que al principio es puramente cómico, un «niño grande», pero que a través de la adquisición gradual de sabiduría y nobles propósitos se convierte en un símbolo del idealismo, tomando en serio sus objetivos y deberes, y de esta serenidad es, precisamente, de donde deriva la comicidad de la situación. Del mismo modo, en el cine de Buñuel, Nazarín es en el fondo un personaje humorístico, cuyos errores y humillaciones nos permiten disfrutar de su compromiso serio pero a la larga vano con los ideales cristianos. Este tipo de humor se manifiesta también en *El discreto encanto de la burguesía* a través de la figura de don Raphael, el embajador en Francia de la ficticia república sudamericana de Miranda, hacia el que, como ocurre con respecto a sir John Falstaff, nuestra respuesta se origina en «una economía de desprecio e indignación» (Freud, 1983, págs. 296-297). Egoísta y traficante de drogas, adúltero y fascista, don Raphael adquiere un aura redentora a través del uso del ingenio, la elegancia y el encanto, cualidades todas ellas transmitidas por medio de la retórica aplastantemente favorable de las connotaciones de la figura de Fernando Rey, que en las películas de Buñuel adquiere a menudo una relevancia en cierto modo autobiográfica.[3]

El propio Fernando Rey ha resaltado estas similitudes en algunas de sus entrevistas, pero la cuestión es compleja. En varios sentidos, hay diferencias radicales que, más que unir, distancian a ambos. En lo que respecta a aspecto físico, edad y antecedentes, las diferencias son, como mínimo, superiores a las similitudes.[4] Pero la función narrativa de Rey en las cuatro películas que realizó con Buñuel admite la posibilidad de plantear cuestiones autobiográficas, mediante las que Buñuel bien redescubre y explora sus raíces españolas (como en *Viridiana* y *Tristana*), o bien reflexiona sobre su estatus como eterno *émigré*, ya sea en México o en Europa (como en *El discreto encanto* y *Ese oscuro objeto del deseo*). Por una parte tanto los antecedentes de Rey —nacido en Galicia, educado en Madrid— como sus primeros pasos en los melodramas franquistas de Cifesa —por ejemplo, *La princesa de los Ursinos* (1947), *Don Quijote de la Mancha* (1948), *Locura de amor* (1948), *Agustina de Aragón* (1950)— lo separan de Buñuel, cuyas simpatías surrealistas y neomarxistas, además de su origen aragonés, le definen tanto en la pantalla como fuera de ella. Por otra parte, sin embargo, compartían simpatías republicanas: el padre de Rey fue un oficial del ejército republicano y él mismo luchó en el bando republicano durante la Guerra Civil. Andando el tiempo, los papeles conservadores de Rey empezaron a dejar paso a otros más subversivos en el «nuevo» cine español: prestó su voz a *Bienvenido, Mister Marshall* (1952), por ejemplo. Para el público español las interpretaciones de Rey como Jaime en *Viridiana* o Lope en *Tristana* sugieren todo tipo de significados concretos, entre ellos el de que el marcado conservadurismo de

3. Virginia Higginbotham (1979, pág. 167) señala con gran acierto que esta comedia no se centra en una persona sino, más bien, como en las películas de Mack Sennett, en un grupo de personajes.

4. En «The Life and Times of Don Luis Buñuel», *Arena*, BBC, 11 de febrero de 1984.

este liberal confeso surge de la identificación con los papeles convencionales, en ocasiones autoritarios, de su periodo con Cifesa. Carente de este conocimiento, el público internacional tiene que basarse en mayor medida en los sistemas de signos que operan en las propias películas y en las resonancias intertextuales también presentes en otras películas internacionales, como por ejemplo *Los libertinos* (The Adventurers, 1970) o *French Connection, contra el imperio de la droga* (The French Connection, 1972). Lo que Rey representa, bien se formule a través del conocimiento de sus papeles en Cifesa o en el «nuevo» cine, bien centrándose en sus interpretaciones internacionales, se deriva de su identificación con una mezcla contradictoria de conformidad y transgresión. En sus cuatro papeles con Buñuel representa la autoridad. Su estatus de terrateniente (*Viridiana*), tutor (*Tristana*), embajador (*El discreto encanto de la burguesía*) o burgués adinerado y ocioso (*Ese oscuro objeto del deseo*) acentúa su identificación con la tradición y los privilegios. Las películas de Cifesa, en las que suele interpretar a algún tipo de patriota, resaltan estas tendencias de modo similar. En Buñuel su conservadurismo se proyecta no sólo a través de la función narrativa sino también por medio de su forma de hablar y vestir. En *El discreto encanto de la burguesía* las peculiaridades lingüísticas, amables pero vacuas o paternalistas, de don Raphael, encajan a la perfección con la dicción sosegada y elocuente de Rey de una variante culta del francés con acento claramente hispano. Además, al ceñirse a los códigos de vestimenta de la clase dominante descritos por Bourdieu (1984, págs. 200-201), la indumentaria de Rey, que deja de lado las preferencias más funcionales de la clase obrera y prioriza el efecto de la forma y la preocupación por introducir lo ceremonioso en todos los niveles de la vida diaria, aporta más indicios de sus afinidades burguesas. En las dos primeras películas, *Viridiana* y *Tristana*, el personaje de Rey atraviesa una mala racha, pero cuando, en la segunda, acaba por sonreírle la fortuna, no tarda en renovar su ropero con las prendas características de la elegancia burguesa. La imagen de discreto «consumo ostentoso» de Rey —expresión que según Thorstein Veblen (1970) describe las manifestaciones burguesas— alcanza su máxima perfección en *Ese oscuro objeto del deseo*. En esta película el apuesto diplomático burgués, el caballero acostumbrado a los salones internacionales de primera clase, se pasea por la narrativa vestido con trajes de diseño impecables y ropa de *sport* que parece sacada de las páginas de elegantes revistas de moda. Sin embargo, bajo la apariencia de clase media que transmite su lenguaje, sus gestos e indumentaria, siempre hay indicios de subversión que amenazan con poner en peligro la imagen de urbanidad conformista. La disciplina de una barba y un bigote recortados a la perfección queda minada por signos inconfundibles de sumisión carnal, como las mejillas algo rollizas y el aire jocoso e irónico de un hombre que quizá en el fondo es consciente de lo absurdo del lenguaje elegante y culto, y del comportamiento represivo del que esos rasgos físicos son una mera expresión visible.

Incluso en *El discreto encanto de la burguesía*, los comentarios o acciones más siniestras de don Raphael están rodeados de compensaciones seductoras. Cuando, por ejemplo, describe la necesidad que Miranda tiene de deshacerse de elementos disidentes, la forma despreocupada y burlesca con que establece una analogía con la acción de aplastar moscas, así como su *savoir faire* visual y verbal característico, atenúan la indignación ante las crueldades de muchos regímenes latinoamericanos auténticos cuyo espíritu, en un cierto nivel, él indudablemente representa.

Asimismo, en su trato con la terrorista, a la que primero inutiliza disparando con una escopeta de aire comprimido a los dispositivos mecánicos que ésta ha dispuesto a la entrada de la embajada, después acaricia los pechos y partes bajas mientras la registra para ver si va armada, y luego insta a utilizar su cuerpo como medio no político sino sexual de gratificar a los héroes de su país, la finura y la sobria imperturbabilidad del personaje suavizan los grotescos prejuicios políticos y politico-sexuales del burgués degenerado.

En las transgresiones de Raphael de las pautas del comportamiento moral o político se entrevé el terrorismo sadeano de un surrealista que una vez más declara momentáneamente la guerra a toda norma y cánon, y no sólo a aquellos que la mayoría de la gente consideraría reprensibles. En ocasiones Buñuel, en este sentido el Almodóvar de su época, busca el humor incluso del tipo más incorregiblemente antifeminista. Negándose a aceptar las prohibiciones ante los típicos temas tabú, Buñuel no tiene reparos (en una película realizada contra el telón de fondo del auge del feminismo de finales de los sesenta y principios de los setenta, primero en los Estados Unidos, y después en Francia y en el resto de Europa) a la hora de incluir una escena que en parte deriva su comicidad de la humillación sexual de una mujer. Aquí no hay nada parecido al nerviosismo o vacilación de su contemporáneo Woody Allen, otro analista cómico del deseo cuyas Annie Hall y demás heroínas suelen eludir esta clase de victimización cómica. Pero en la obra de Buñuel escenas como éstas encuentran su contrapunto en otras, como ocurre, por ejemplo, en *El discreto encanto de la burguesía*, en la que la Florence, interpretada por Bulle Ogier, demuestra en su rebeldía y sus transgresiones de diversas normas de etiqueta burguesas —reclamando las flores enviadas a los anfitriones de una cena pospuesta, mofándose de la racionalidad de la clase media a través de su interés en una ciencia tan claramente irracional como la astrología, o bebiendo en exceso y vomitando por la ventana del Cadillac que eternamente transporta al grupo a sus diversos compromisos— un feminismo embrionario que se enfrenta tanto a modos de comportamiento específicamente masculinos como burgueses más en general. Asimismo, en su última película, *Ese oscuro objeto del deseo*, el ataque de Conchita contra Mateo expresa la ira y frustración de la «nueva mujer» de los setenta no sólo ante la personalidad excéntrica de su maduro pretendiente, sino también contra todo su antifeminismo pasado de moda, tanto latente como manifiesto. Los gestos de desafío de Bulle Ogier contra el orden burgués encajan dentro de los patrones de transgresión edípica de la película. La película apoya tal desafío en un momento concreto, cuando los comensales convergen en la casa de Sénéchal para celebrar el primero de sus abortados banquetes, al dejar que la actriz se acerque hacia la cámara hasta quedar en un primer plano centrado (algo raro en Buñuel), tapando casi por completo al grupo reunido en el salón, y, con su expresión de tedio y despego, ofreciendo un comentario mudo pero rotundo sobre lo trivial de las aspiraciones burguesas y las conversaciones que están teniendo lugar en el resto de la habitación.

En esta misma escena la comedia burguesa de costumbres adopta un doble centro de interés a través de la humillación de Maurice, el chófer de Raphael. La exposición que hace François Thévenot de los defectos sociales del proletariado es un ejemplo más de la forma en que Buñuel trata el sentido del humor burgués. En la medida en que la humillación del desafortunado Maurice adopta la forma de un experimento sobre la etiqueta de la clase baja a la hora de beber —modos correctos e incorrectos de beber martinis secos— esta broma también tiene una dimensión autobiográfica, y a través de ella Buñuel se dirige a esa camarilla de cinco o seis amigos para los que él decía hacer sus películas y simultáneamente admite su complicidad en la formulación de leyes de buen gusto y prejuicios de las que caen víctimas los intrusos y poco sofisticados. Las ideas de Buñuel, que constituyen un pequeño tratado sobre la preparación, forma de servir y consumo del martini seco, su aperitivo preferido, aparecen documentadas con gran ingenio en *Mi último suspiro*: «Un bon dry-martini, disait-on à une certain époque en Amérique, doit ressembler à la conception de la Vierge. On sait en effet que selon saint Thomas d'Aquin le pouvoir générateur du Saint-Esprit traversa l'hymen de la Vierge "comme un rayon de soleil passe à travers une vitre, sans la briser". De même pour le Noilly-Prat, disait-on. Mais cela me semble un peu excessif» (Buñuel, 1982a, pág. 54). («Un buen martini seco, se decía en tiempos en América, debería parecerse a la concepción de la Virgen. De hecho, se sabe que según santo Tomás de Aquino el poder creador del Espíritu Santo penetró el himen de la Virgen "como un rayo de sol pasa a través de un cristal, sin romperlo". Se podría decir lo mismo de un Noilly-Prat. Pero eso sería ir demasiado lejos.»)

Puesto que Thévenot es más bien un viejo aburrido, Buñuel ridiculiza implícitamente sus fastidiosas excentricidades. No obstante, la metafísica del martini seco de Thévenot no deja de tener admiradores entre su público burgués y Maurice se convierte en el ingenuo objeto de burla de lo que, refiriéndose a los chistes verbales, Freud define como comedia tendenciosa. En esta escena se hace hincapié una vez más en la relatividad de la comedia. Lo que para el chófer no es más que un gesto simple y práctico —tomarse el martini de un trago—, constituye para los burgueses (ofendidos tanto por la crudeza del gesto como por la ignorancia de lo que en el fondo —según demuestra la película— no son sino códigos de etiqueta arbitrarios) la puesta en práctica de una ley cómica. Maurice es la encarnación del «ingenuo» de Freud, cuyos comentarios y actos hacen caso omiso de la inhibición porque no es algo que le afecte. Freud afirma (1983, pág. 241) que la «ingenuidad se observa sobre todo en los niños, y después se proyecta sobre los adultos ignorantes, a los que podemos considerar infantiles en lo que respecta a su desarrollo intelectual». En la película, sin embargo, la comicidad no se deriva de la *naïveté* del desdichado Maurice ni de su ignorancia del arte burgués de tomar cócteles sino, concretamente, de la exposición de la arbitrariedad de dichas normas, y de lo que Bergson habría denominado mecanización de aquellos que las convierten en baremo de sus vidas.[5]

Los protocolos de la ortodoxia burguesa prohiben a Thévenot expresar su reacción paternalista ante la metedura de pata de Maurice delante de éste. He aquí una inhibición que comparten la mayoría de los personajes burgueses de Buñuel: «No dejes nada por cortesía», dice un personaje femenino en *El ángel exterminador*, invocando la cortesía como el componente más importante de la discreción. Puesto que las verdades burguesas rara vez se expresan directamente, Thévenot aguarda a que Maurice se retire para hacerlo blanco de sus burlas. Sin embargo cabe resaltar que, con frecuencia, las iniciativas que amenazan los imperativos del orden burgués surgen, significativamente, de mujeres, que en las películas de Buñuel son más a menudo víctimas que agentes de la ley patriarcal y, como tales, sus más prestas saboteadoras, al menos en potencia. En el restaurante cuyo dueño yace muerto en una habitación anexa al salón en el que los convidados examinan el menú, los sollozos de los miembros de la familia del fallecido que están en torno al cadáver llevan a las mujeres a levantarse de la mesa en grupo, dejando que la curiosidad se imponga a sus modales y ganándose así la desaprobación de los comensales masculinos, uno de los cuales señala «vous allez être indiscrètes» («vais a cometer una indiscreción»).

La tensión entre la discreción y la indiscreción, ejemplificada por las barreras sociales que afectan un acto tan simple como el consumo de un aperitivo, se relaciona con otras estructuras cómicas más elaboradas de la película que conciernen a la comida y la bebida. Mediante el contraste entre la falta de tacto de Maurice y la sofisticación de Thévenot la película parece sugerir que el consumo apresurado del obrero y el deleite reposado del burgués plantean cuestiones sociológicas. Bourdieu (1984) las define en un estudio general de las costumbres y usos sociales en la Francia contemporánea. Para el obrero, las costumbres de consumo de comida y bebida derivan de un deseo de solidaridad con otros y del disfrute oportunista de placeres que habitualmente tiene vedados, algo motivado por una experiencia de privaciones y por la impredecible disponibilidad de artículos básicos. Para el burgués, por el contrario, vienen determinadas por la provisión ininterrumpida de todo tipo de bienes de consumo, una abundancia que le permite el consumo menos apresurado de artículos cuyo suministro no tiene por qué cesar:

> Resulta más evidente por qué el materialismo práctico, que se manifiesta particularmente en la relación con la comida, es uno de los componentes más fundamentales del carácter popular e incluso de la ética popular. El «vivir el presente» que se reafirma en el afán por sacar partido de los buenos tiempos y tomar las cosas como vienen, es, en sí

---

5. Carlos Barbáchano (1986, pág. 187) hace referencia a la forma en que Buñuel satiriza los vanos rituales burgueses.

mismo, una afirmación de la solidaridad con otros (que a menudo son la única garantía presente contra la amenaza del futuro), en la medida en que este inmanentismo temporal implica un reconocimiento de los límites que definen dicha condición (1984, pág. 183).

La búsqueda de distinción del burgués de clase alta en todas las cuestiones relativas al cuerpo halla su expresión más elaborada en el interés de la película por los rituales de preparación y consumo de alimentos. Como añade Bourdieu más adelante, el buen gusto por la comida, su disfrute, presentación y provisión ritual en las reuniones sociales, depende de las nociones de cada clase sobre sus efectos en el cuerpo, en especial en lo que respecta a fuerza, salud y belleza. Este filme, que se concentra en la burguesía más acomodada, manifiesta su opinión acerca de la diferencia de clases evitando, por ejemplo, destacar la preferencia de la clase obrera por los alimentos nutritivos y baratos que llenan el estómago y centrándose en, pongamos por caso, el gigote o los volovanes de la señora Sénéchal, o, en el menú de lenguado, pescadilla frita, raya, lucio y trucha que, en el restaurante del fallecido, hace hincapié en el buen gusto, la salud y el precio. El interés de esta película por las distinciones de clase basadas en la comida encaja con la elección de actrices —Stéphane Audran, Delphine Seyrig, Bulle Ogier— cuyas formas esbeltas vindican las dietas ligeras, poco calóricas y caras de las clases media y alta, a la vez que el trío de hombres burgueses, privados de una dieta proletaria que, basada en la carne, favorece una constitución musculosa apta para las tareas brutales del trabajo cotidiano, representan en sí mismos el ideal del refinamiento culinario. Ninguno de ellos tiene el aspecto de antihéroe proletario de matadero que transmite Pedro Armendáriz, el matón sin futuro criado con enormes platos de carne rebosantes de proteínas. De los tres, Thévenot y el embajador presentan un leve exceso de peso, que no es el indicio de energía física sino más bien de la falta de moderación que rige sus vidas en el cargado medio ambiente, interior y antinatural de su hábitat urbano, del que sus periódicos paseos campestres de sobremesa nunca llegarán a liberarles. La serie de compromisos para cenar a la que al parecer están eternamente condenados se asemeja más a un purgatorio materialista —que recuerda a algunas de las obras del gran muralista Diego Rivera— que a un ritual festivo para evadirse, aunque sea temporalmente, de las tareas y responsabilidades de la vida cotidiana.

Ni aquí ni en *El ángel exterminador* se proporciona aquella clase de liberación festiva que definiera Bakhtin en su obra sobre la comedia de Rabelais. Como las que se ven en el prostíbulo en *Bella de día*, las escenas de comidas de *El discreto encanto de la burguesía* consolidan, en vez de debilitar, la ley social. Las interrupciones de las comidas son en sí mismas prueba de la efectividad de los mecanismos de represión que inhiben el instinto y el deseo.[6] La muerte del dueño del restaurante, la falta de existencias incluso de las bebidas más básicas en el café, la confusión con

---

6. Para Durgnat, «el aturdimiento, antes que la prohibición, es la forma más evidente de represión moderna» (1987, pág. 375).

respecto a la fecha de la cita en casa de los Sénéchal, y las interrupciones, primero por un ejército en maniobras y después por unos terroristas, ya sea en las vidas conscientes o inconscientes de los convidados, reflejan que estas víctimas de la ideología son incapaces de encontrar solaz en el mundo potencialmente liberador de la comida. Aquí no hay nada, por tanto, de lo que Octavio Paz, al escribir en *El laberinto de soledad* acerca de la cultura mexicana, vio en la fiesta* como una abdicación de la razón, las preocupaciones temporales y las responsabilidades: «A través de la fiesta la sociedad se libera de las normas que se ha impuesto. Se burla de sus dioses, de sus principios y de sus leyes: se niega a sí misma» (1991, pág. 59).

Los banquetes que ofrecen a los comensales una evasión de sí mismos, una descarga de emociones acumuladas, un ataque saturnal a los monstruos de la razón, se convierten por el contrario en reproducciones inertes de la vida cotidiana, cuyos entumecidos patrones se erigen en equivalente fílmico del *Banquete en Wall Street* (1926), de Rivera, donde plutócratas ceñudos devoran no un banquete gargantuesco, sino una dorada cinta con la cotización actualizada del índice Dow Jones. En casa de la señora Sénéchal, los plutócratas de Buñuel no son agasajados con una cinta de cotizaciones sino con un gigote, pero en el banquete hay una etiqueta burguesa tan estricta que la liberación corporal e instintiva resulta prácticamente imposible. Sólo en el sueño del embajador, el último de una serie de cinco, en el que la cena se ve interrumpida por unos terroristas, hay una cierta conciencia de hasta qué punto el instinto ha quedado aplacado por la razón. El embajador sueña que, poco después de que le sirvan otra ración de gigote (aunque según él mismo admite prefiere el pescado, una identificación astrológica con Buñuel, que es piscis y cuyo día y mes de nacimiento comparte), un grupo de terroristas irrumpen en el comedor de los Sénéchal, ponen a los invitados en fila contra la pared y los ametrallan a todos, salvo al embajador. El embajador ha buscado refugio bajo la mesa del comedor, evitando de este modo correr la misma suerte que sus amigos, pero la gula se impone al instinto de supervivencia y al intentar alcanzar otro trozo de cordero desde debajo de la mesa los terroristas lo ven y se disponen a condenarlo al olvido eterno, tal y como acaban de hacer con sus compañeros de cena.

A este respecto son relevantes las ideas de Freud acerca del funcionamiento de las leyes de la comicidad como algo que afecta a la liberación normal de la emoción. En un plano medio, la postura humillante del embajador, agazapado bajo la mesa con un trozo de cordero medio crudo colgando de la boca, convierte su tribulación en comicidad. Por una parte, el sueño como expresión manifiesta de un deseo latente revela la hostilidad del embajador hacia sus amigos. Quizá finalmente enojado por los prejuicios de éstos contra Miranda —aquí símbolo de las falsas concepciones europeas del tipo de las que describió Edward Said (1987) en su estudio sobre las representaciones «orientalistas» del islam en Europa— y quizá harto de sus diversas ligerezas de carácter y comportamiento, Raphael sueña su destrucción vio-

_____

* En español en el original. [*N. de los t.*]

lenta. Sin embargo, la intensidad del ataque a la burguesía queda en cierta medida mitigada a través del reconocimiento del propio Raphael de su complicidad en sus leyes y prácticas, ya que el sueño representa sus propias actitudes y acciones de un modo mucho más humillante y crítico que las de sus amigos.

Aunque próximo a la sátira, este filme se refugia en modalidades más suaves y tolerantes de la comedia gracias a la introspección de Raphael, a pesar de que ésta permanece en niveles inconscientes y a pesar de que, en cuanto rescupera la conciencia, su primer acto, en nada afectado por las verdades más profundas de la pesadilla, es asaltar el frigorífico para tomar un tentempié a medianoche. En este caso la comicidad no sólo se deriva del desenmascaramiento del yo a través de mecanismos oníricos, sino también de un proceso de identificación. En el sueño, el comportamiento grosero y cobarde de Raphael se corresponde con las exageraciones del aspecto físico o el gesto asociadas con los payasos. Las descripciones que hace Freud del exceso que conduce a la comicidad proporcionan una perspectiva muy útil: «Ojos escudriñadores, nariz aguileña que cae hasta la boca, orejas de soplillo, una joroba —probablemente todos estos rasgos sólo producen un efecto cómico en la medida en que se imaginan los movimientos necesarios para resaltarlos» (1983, pág. 250).

Los defectos de Raphael se exageran en el sueño —el plano bajo la mesa con la carne colgando entre los dientes expone a la bestia carroñera bajo el culto diplomático— pero, al reírnos de esta imagen de excesivo egocentrismo y materialismo, nos sentimos al mismo tiempo más cercanos a él debido no sólo a la introspección que lo presenta de un modo tan poco atractivo ante nuestros ojos, sino también al impulso perfectamente normal de un individuo de mitigar los efectos de una pesadilla consolándose con un festín nocturno. El resultado es que probablemente la reacción del público ante Raphael no se caracterice por la superioridad y la «gloria repentina» que describía Hobbes, sino que más bien se acerque a la del tipo freudiano, que no insiste en procesos de distanciamiento sino de identificación, y según la cual el «sentimiento de superioridad no tiene ninguna relación esencial con el placer cómico» (Freud, 1983, pág. 256).

Aun así, por mucha comprensión que muestre la película por los fracasos o lapsus de la burguesía, el origen último de la comicidad, tanto si es de la clase «humorística» propuesta por Freud como si no, se deriva de su crítica de las normas y prácticas de un orden represivo.[7] En este caso la comedia, que ejemplifica la teoría universal de Freud, es una modalidad del inconsciente que logra sus efectos por medio de procesos de transgresión edípica y memoria preedípica. En sus contextos específicos, una buena parte de la comicidad de esta película surge de patrones de comportamiento infantiles y de la exposición de lo absurdo de la conducta edípica socializada de los adultos. En su aspecto más trivial esto implica escenas que tienen

7. Gwynne Edwards señala la «estilización de aspectos más bien ordinarios de la actividad burguesa» (1982, pág. 253).

una dimensión casi de *slapstick* en las que se sorprende a figuras de autoridad actuando de forma transgresiva o infantil. Así, coroneles del ejército fuman marihuana en las cenas; un obispo, como si llevase a cabo otra de sus tareas pastorales habituales, dispara tranquilamente contra un moribundo tras haberle administrado los últimos sacramentos; una comensal interrumpe una conversación refinada con disquisiciones vulgares sobre astrología. Con mayor sofisticación, la vacuidad de las normas del lenguaje burgués también son blanco de la comedia, como cuando, prácticamente a lo largo de toda la película, las idiosincrasias discursivas de la clase dirigente se ridiculizan de diversas formas. Lo que Bourdieu denomina el lenguaje fuertemente censurado de la burguesía (1984, pág. 176) alcanza quizá su mayor efecto cómico a través de la trivialización verbal de cuestiones complejas y de los saludos vacíos de significado, como la fórmula «Je suis ravi de vous revoir» («Qué maravilloso es volver a verle») que dicen personajes cuyos constantes reencuentros restan intensidad a la cortesía. Estas formas de tratamiento resaltan el sometimiento de la burguesía a las operaciones del discurso y actúan como una especie de prefacio a la trivialidad de todos los comentarios y diálogos subsiguientes. Este efecto es de doble filo: desde un punto de vista, el distanciamiento de la burguesía de las realidades profundas y cuidadosamente ponderadas, su «censura» de la complejidad (utilizando la argumentación de Bourdieu), se ve una vez más atacada; pero, desde otro, las trivializaciones y frases vacías y formularias parecen lúdicas, irreales, siendo su vacuidad signo, asimismo, de un cierto desengaño transgresor con respecto a los procesos más serios que buscan dar sentido a las realidades humanas mediante el lenguaje. En estas circunstancias, este tipo de patrones lingüísticos resultan aún más cómicos cuando, por ejemplo, la proletaria promete hablar sin tapujos, sin censura, acerca de su antipatía por Jesucristo. Aunque ella no se inmuta ante las consecuencias de una transgresión tan extrema, la mujer se ve censurada por el propio texto —en un ademán cómico del propio Buñuel— que se silencia deliberadamente, incapaz de desafiar de un modo tan directo a sus propios mecanismos y procedimientos de represión.

En otro momento en el que la burguesía busca refugio de la opresión de su propio discurso, se acuña una palabra sin sentido para simbolizar las inconfesables realidades de los deseos apremiantes. Cuando Raphael se refiere misteriosamente a los «sursiks» nos queda la duda de si, en el caso de que la proletaria hubiera podido expresar su animosidad contra Jesucristo libremente, su discurso reprimido e ideologizado habría estado a la altura de las circunstancias. En este contexto, la palabra absurda de Raphael, «sursiks», inventada en el calor del momento, cuando la llegada inesperada del marido de la señora Thévenot amenaza con frustrar una tarde de lubricidad sadeana (¿son las marcas de su piel signos de una irritación inocua o cicatrices, como las que tiene en las muñecas la amante del señor Husson en *Bella de día*, causadas en el transcurso de juegos amatorios violentos?), funciona simultáneamente como subterfugio y comentario sobre la insolvencia del discurso normal sobre el deseo. Sin embargo, incluso en este caso, la palabra «sursiks», que a través de

un jeroglífico verbal expresa al mismo tiempo el tono guasón de Raphael y su obediencia al decoro, refleja las estrategias del discurso burgués. El señor Thévenot se
da cuenta de que esta palabra es la táctica del embajador para retener a su esposa,
una jugada que sólo resulta posible gracias al respeto que todos los participantes
muestran hacia las leyes de la discreción, que acaba por imponerse incluso a los deseos sexuales de la señora Thévenot, obligándola a ahormar sus propias frustraciones y las de Raphael quedándose, sólo el tiempo justo tras la partida de su marido,
para informar a aquél de su respeto por la sublime ley de la discreción.[8]

La película rebosa de escenas como ésta, que se basan en la comicidad de los
deseos sexuales transgresivos. Mientras que el papel de François Thévenot le identifica como alguien que ha cedido casi por completo al materialismo, alguien prácticamente exento de todo impulso libidinoso, el embajador —más guasón, menos
ideologizado— acarrea las formas de transgresión menos absurdas que la película
ratifica. La comicidad que rodea a Thévenot surge de su desecación interna. En
casa, donde duerme en una cama individual —debido, deducimos, tanto a su indiferencia por el sexo como a su conformidad con la organización del *habitus* y el estilo de vida burgués de moda— sólo llega a infringir sus abrumadoras sublimacio-
nes en sueños. Sin embargo incluso allí los mecanismos de defensa le protegen de
sufrir daños más graves en una psique ya magullada por el descubrimiento de la infidelidad de su esposa con el embajador.

Los sueños, claro está, son campo abierto, sobre todo para la expresión relativamente libre de la sexualidad, y aquí se entremezclan con el modo de comicidad
liberal de Buñuel para ofrecer una atmósfera de transgresión edípica a través del
ridículo. El preludio al sueño laberíntico de Thévenot lo constituyen dos minina-
rrativas, una de ellas un sueño, la otra un recuerdo onírico en el que se hace referencia más directa al marco edípico. En este último un joven teniente de caballería se acerca al trío de mujeres, incapaz de contener el impulso de describir los
horrores de su niñez. Su audaz acercamiento, en sí mismo una señal de transgresión,
puede estar motivado en parte por un deseo de coquetear con una de ellas —aunque
no se llega a hacer ninguna declaración abierta en el transcurso de la charla— y en
parte por la intuición de que entre estas mujeres puede encontrar a una sustituta de
su madre que esté dispuesta a escuchar con compasión sus desventuras infantiles.
Según avanza la escena, la música que interpretan los músicos de Palm Court al fondo es significativamente el «Ave Maria» de Schubert. El contenido de esta narración trágica es terrible. El joven describe con todo lujo de detalles la dureza de una
vida de disciplina militar impuesta por un hombre que resulta no ser su padre natural. Sus progenitores auténticos han perecido, el padre en un duelo con el marido de
su madre, a la que sustituiría una institutriz de aspecto extremadamente severo, con

---

8. Para Aranda, la ironía (que no la agresión), una característica de las clases rebeldes, es una estrategia burguesa (1975, pág. 247). Para más consideraciones sobre la crítica social de Buñuel, véase Marie-Claude Taranger (1990, págs. 199-218).

el cabello negro como los cuervos e indumentaria carcelera. El niño ve al fantasma de su madre que le llama, escribe su nombre en el espejo de su dormitorio y le da instrucciones para que envenene a su padrastro. A pesar de su inverosímil comentario acerca de la «vie passionante» de la escuela militar, él se convierte, suponemos, en una persona con una eterna fijación hacia su madre que intenta encontrar a ésta no sólo en sus propios recuerdos sino también en las mujeres con las que se relaciona en la vida cotidiana.

Este marco edípico se mantiene en el sueño del sargento, narrado en la cena celebrada en casa de los Sénéchal en la que irrumpe el ejército. En este sueño el joven camina por una calle oscura. Suena la campana de una iglesia y se oyen ruidos de fondo indescifrables. El joven se encuentra con un amigo, Ramírez, que desaparece repentinamente; luego se encuentra con otro amigo, que le informa de que Ramírez murió seis años atrás. Más tarde se encuentra con una mujer a la que se dirige simplemente como «toi» («tú»), demasiado joven para ser su madre, pero a la que, una vez desaparecida, grita: «Où es tu, mère? Je te cherche parmi les ombres» («¿Dónde estás, madre? Te busco entre las sombras»). Antes de que se vaya, el joven hace referencia a su último encuentro, cuando ella le dio la espalda al volverse hacia la arena. Estas referencias surrealistas recuerdan el entierro de la pareja en la arena al final de *Un perro andaluz* y anticipan la seducción de la tía en *El fantasma de la libertad*, donde el sobrino ve el cuerpo desnudo de su tía, una mujer entrada en años, como la grácil silueta de una doncella núbil. En este caso la puesta en escena evoca la atmósfera de muerte, enterramiento y pérdida características de las novelas góticas que Buñuel tanto admiraba, quizá sobre todo de las de Poe, sobre cuya obra *La caída de la casa Usher* trabajó junto con Jean Epstein en París. Las visiones oníricas de Poe provocadas por el opio tienen cierto paralelismo con la preferencia a finales de los sesenta y principios de los setenta por las alucinaciones creadas por la marihuana. La lúgubre puesta en escena también recuerda, cuando el sargento vaga por calles lóbregas, el inicio fantasmagórico de *Pedro Páramo* (1955), escrito por otro de los autores latinoamericanos preferidos de Buñuel, y, como él, obsesionado con lo onírico: Juan Rulfo. Cuando el sargento le grita a su novia/madre, sus palabras recuerdan simultáneamente la pasión necrofílica de Poe por bellezas edípicas sepultadas y los experimentos narrativos y exploraciones temáticas de la memoria llevados a cabo por Juan Rulfo. En tanto que predice el episodio del sobrino y la tía en *El fantasma de la libertad*, esta película confirma las teorías freudianas tanto sobre los modelos edípicos en los que se basa toda relación sexual entre adultos como acerca de las fantasías románticas que implican a la propia madre, en las que «uno no presta atención a cómo es la madre en la actualidad sino a la imagen juvenil que de ella guarda en la memoria desde su niñez» (Freud 1982, págs. 232-233).

Como el sobrino en *El fantasma de la libertad*, el sargento está atrapado aquí en un proceso bidireccional que impone fantasías edípicas equívocas de juventud y belleza sobre su propia madre y las sustitutas de la misma. Tanto en este caso como en la secuencia posterior —que aunque no es un sueño se le da un contexto onírico en la posada en que pasa la noche la pareja furtiva— la narrativa explora las transgresiones sexuales del inconsciente, verbalizando las verdades censuradas del deseo, desafiando las normas y prácticas del orden edípico. En este caso los sueños, que definen los conflictos del estado de vigilia, no tienen en absoluto la fuerza liberadora de esa película que tanto admiraban Breton y otros surrealistas, *Sueño de amor eterno* (Peter Ibbetson, 1935). Esta película que Breton comparó en *L'amour fou* (1977, pág. 113) con *La edad de oro* (*L'âge d'or*, 1930), narra la historia de la huida de dos amantes de las tiranías y limitaciones materiales a que han sido sometidos sus cuerpos. Esto se consigue gracias a que se comunican entre ellos a través de los sueños. Pero los soñadores de *El discreto encanto de la burguesía* no disponen de formas comparables de liberación. Sin embargo estos momentos de regresión, potencialmente destructivos para el soñador, se convierten por el contrario, a través de la contextualización, en fuentes de comicidad que encuentran su espacio en una narrativa a la larga tolerante en la que las infracciones de las leyes sociales no tienen por qué llevar necesariamente al desastre sino que, a pesar de que los propios personajes no parezcan sacar provecho alguno, pueden ser muy iluminadoras.

En la escena de la narrativa onírica del teniente, los efectos cómicos que producen tanto el camarero al frustrar una y otra vez las peticiones de las elegantes damas, como la irreverente alusión de Florence a Freud, que afirma haber sufrido en su niñez no un complejo de Edipo sino un complejo de Euclides, reflejan las obsesiones surrealistas del propio Buñuel con los temas de frustración y edipismo, modifican el posible trauma por medio de los mecanismos mitigadores de la comedia, y funcionan como jocosas guías de las perspectivas edípicas de estos sueños. El material traumático del sueño del sargento también queda apaciguado por el marco cómico de la narración, mientras que la indisciplina regresiva de los oficiales que fuman marihuana e interrumpen sus ejercicios militares para ejecutar un sueño recuerda el deseo de los niños de que sus padres les cuenten un cuento antes de dormir.

Estos sueños conducen a una fantasía onírica más compleja, cómica y edípica (que recuerda el poema de Éluard «Mon amour», cuyo último verso dice «Je rêve que je dors, je rêve que je rêve), en la que François Thévenot sueña que su amigo Henri Sénéchal sueña que invitan al grupo de amigos a cenar en casa del coronel, donde acaban por insultar tanto al propio embajador como a la república de Miranda, incidente a raíz del cual Raphael dispara contra el coronel. Este sueño está dividido en dos partes: la primera parece ser un sueño de Sénéchal, en el que el grupo de amigos, que ahora incluye al obispo, creyendo que han estado sentados a la mesa del coronel esperando a que se sirviera la comida, de repente se encuentran en un escenario justo antes de que suba el telón para la representación de *Don Juan Tenorio* de Zorrilla (1844). La secuencia que conduce al momento en que sube el telón rebosa de detalles ingeniosos: en primer lugar, Sénéchal, luciendo lo que se describe como el sombrero que llevara Napoleón en la batalla de Wagram, insiste en que no le sienta bien y se lo pone al obispo, al que le sienta como un guante. Esto es del todo compatible con las convicciones de la película acerca de la perfecta unión entre Iglesia y ejército, ambos supeditados a leyes y disciplinas de diversos tipos, ambos socialmente opresivos. La visión del sombrero en la cabeza del obispo provoca en Alice, la esposa de Sénéchal, una risa incontrolada, lo que la identifica tanto a ella como a su marido con el «mauvais goût» («mal gusto») y, para la mente sobria del onírico Thévenot, con un comportamiento infantil y travieso. Al transferir sus sentimientos a un personaje del sueño, Thévenot, obliga al obispo a tratar a Sénéchal de crío: «un grand enfant vous faîtes» («os comportáis como un niño grande»).

Este sueño formula procesos de represión y liberación burguesas, ya que las actitudes irreverentes de Sénéchal tanto hacia el Estado como hacia la religión al principio son vistas por su esposa como «mauvais goût», de momento aún limitadas por códigos de etiqueta, comida, comportamiento, etcétera, antes de capitular finalmente a la comedia de la subversión eclesiástica y nacionalista. Pero la comedia de transgresión edípica sigue produciendo más estructuras complejas cuando Florence aparece retratada en el sueño como una persona violenta, quizá también sexualmente agresiva: la cámara sigue sus movimientos hacia un escudo colgado de la pared y en un plano medio se captan las caricias tiernas y aprobatorias que dedica a una colección de espadas inconfundiblemente fálicas fijadas al escudo.

La temática sexual de la primera etapa del sueño de Thévenot se expande en las complejas alusiones a Don Juan, pero no antes de que el sueño también haya encontrado la oportunidad de poner en su punto de mira al coronel y, a través de éste, al barniz social burgués de educada etiqueta que cubre una masa hirviente de insidiosos complejos, todos ellos relacionados de algún modo con las exigencias y repercusiones de la teatralidad y superficialidad de la ley patriarcal. Por tanto, la comida y la bebida del coronel, artículos que son normalmente vitales para un sentido burgués de la distinción, se ridiculizan comparando su sabor con el del caucho y la Coca-Cola. Aquí el blanco de la comicidad es la ley patriarcal que representan el coronel y un rival sentimental. Éste es el núcleo del sueño. Significativamente, Thévenot se sienta a la mesa, alejado de su esposa, que ocupa una silla junto a la del embajador. Cuando los invitados se dan cuenta de que son actores en un escenario, la cámara encuadra, desde atrás, el telón que sube y muestra un patio de butacas repleto, con un apuntador colocado en la parte frontal del escenario preparado para ayudar a los actores a recordar sus frases. Al darse cuenta de que después de todo no están en casa del coronel sino en un escenario, algunos de los comensales empiezan a marcharse, y al hacerlo se ve, de nuevo significativamente a Simone Thévenot y al embajador tocarse subrepticiamente brazos y cintura. François Thévenot, al otro extremo de la mesa, permanece aislado, como un típico personaje de comedia, el marido cornudo.

La comedia edípica de subversión, que se deriva del engaño de uno de los patriarcas burgueses de la película, guarda paralelismos con procesos similares dirigidos contra la Iglesia, símbolo definitivo del patriarcado. En este caso la comedia surge de la tentativa del obispo, ayudado por el apuntador, mientras todos los otros convidados empiezan a marcharse, de recitar las frases de la obra, siendo su disposición, al repetir dichas frases, similar a un acto reflejo indicio de la obediencia complementaria de la Iglesia a la autoridad y de su desprecio por el pensamiento independiente. Resulta del todo natural que a un hombre, que como obispo trabajador insiste en que se le pague según lo estipulado por el sindicato, se le vea aquí una vez más preparándose para someterse a un discurso ajeno pero autoritario.

La referencia a la obra de Zorrilla se debe en parte al recuerdo de la época de estudiante de Buñuel, pero en parte también a su prolongado afecto por la misma, y en especial por su protagonista, lo que se deduce de su participación en la producción de esta obra no sólo en 1920 en la Residencia de Estudiantes sino también más adelante en México, como su esposa Jeanne relata en su autobiografía (Rucar de Buñuel, 1991). En términos generales, lo que parece haber atraído a Buñuel de esta obra son sus muchos elementos surrealistas (Moix, 1983, pág. 14). Más concretamente, sin embargo, la referencia a esta obra surge de un modo natural de las ansiedades del soñador acerca de la relación de su esposa con el embajador, de paso planteando preguntas acerca del deseo masculino. Cuando se espera que los invitados a la cena empiecen a declamar las frases de la obra, la escena ha avanzado hasta el momento en que Don Juan ha invitado al fantasma del Comendador a comer. Esta escena es, a todas luces, muy apropiada como oscuro punto de referencia para un grupo de amigos que se invitan mutuamente a cenar una y otra vez. Sin embargo, las referencias a esta obra de teatro y esta escena en particular, en la que, aunque su amada acaba por rescatarlo, Don Juan está a punto de verse arrastrado al infierno, nacen de la necesidad que el soñador expresa inconscientemente de provocar la destrucción de su odiado rival. Además, al identificar al embajador con Don Juan, Thévenot deja ver la percepción que tiene del embajador y al mismo tiempo que reactiva los mecanismos edípicos del sueño.

Cabe destacar que del grupo inicial de amigos (el obispo se suma más tarde, empleado por los Sénéchal como jardinero), el único que no está casado es Raphael. Alienado de los demás a causa de su nacionalidad latinoamericana, también permanece en cierto sentido ajeno a la ideología de la pareja: es una figura donjuanesca, en mayor medida que los otros un rebelde del deseo. Por supuesto Don Juan ha sido un claro objeto de interés psicoanalítico: Otto Rank, Karen Horney y Melanie Klein han desarrollado, cada uno por su parte, sugestivas teorías a partir de las consideraciones de Freud. Según Horney, el interés de una mujer por el típico donjuán viene provocado por una «sobrestimación del amor» cuyo origen se encuentra en experiencias infantiles de rechazo que conducen a un deseo de autodemostrarse constantemente que se es deseable para un número infinito de hombres, algo mucho más fácil de alcanzar si los objetos de su deseo son donjuanes, que por definición no están satisfechos con una sola mujer (1967, pág. 208).

Por otra parte, en lo que respecta a las aproximaciones masculinas a este estereotipo, la argumentación de Melanie Klein, cuyo enfoque presenta leves diferencias con respecto al de la homosexualidad latente que postula Rank, resulta muy interesante a la vista de la temática edípica de esta película. A partir de su afirmación de que el típico donjuán teme la muerte de las mujeres a quienes ama, esta autora elabora una teoría acerca del comportamiento de este tipo de hombre, según la cual su continua necesidad de mujeres es un mecanismo de defensa:

> De este modo se prueba una y otra vez a sí mismo que su gran objeto amado (originalmente su madre, cuya muerte le infundía terror porque consideraba que su amor por ella era egoísta y destructivo) no es, después de todo, indispensable ya que siempre puede encontrar a otra mujer que le despierte sentimientos apasionados pero poco profundos... Al abandonar y rechazar a algunas mujeres da la espalda inconscientemente a su madre, la salva de sus deseos perniciosos y se libera de su dolorosa dependencia hacia ella, y al volcarse a otras mujeres y darles placer y amor lo que hace en su inconsciente es retener a la madre amada o recrearla (Klein, 1964, pág. 86).

Hay que tener en cuenta que todas estas comparaciones y definiciones de Raphael como Don Juan son una imposición de Thévenot, que en la rutina diaria de su vida consciente reprime los deseos de humillar y ridiculizar a la persona que le engaña con su mujer. Para el soñador, las asociaciones con Don Juan son predominantemente negativas. Y en este nivel estructural dual del sueño, el texto reconoce con gran habilidad el análisis freudiano de los mecanismos oníricos de condensación, transferencia, etcétera. Además, el sueño es en definitiva una fantasía en la que los propios mecanismos de defensa de Thévenot se aseguran de que la culpabilidad y agresividad liberadas a través de los deseos de venganza contra el embajador se transfieran a otra persona, convirtiendo a Sénéchal en este caso en chivo expiatorio de sus impulsos antisociales. Este patrón de autoprotección continúa en la segunda parte del sueño, en la que la agresión contra el embajador se dirige, por medio de los diversos invitados, hacia la casa del coronel (que ya no es un teatro) y, sobre todo, hacia el propio coronel.

Entre las diversas formas de humillación que se van amontonando sobre Raphael se encuentra su insistencia en que el sombrero de Napoleón, que ya no es un accesorio de atrezzo sino una pieza de gran valor en casa del coronel, es más bien afeminado. Sean cuales sean los sentimientos subversivos que pueda albergar Thévenot contra la representación napoleónica de la masculinidad machista, su proyección sobre Raphael de la crítica contra el sistema a través de sus dudas acerca de la sexualidad de Napoleón recuerda la descripción que hace Rank del donjuanismo como una forma de homosexualidad latente, y así la homosexualidad latente de este donjuán (la de Raphael) con la que la mente vengativa de Thévenot lo asocia de forma insultante es transferida a Napoleón.

La humillación de Raphael tiene por tanto un doble filo: la condena social por parte de sus iguales por poner en duda la virilidad de un héroe nacional; las sospechas sobre su destreza sexual a través de la transferencia sobre otro individuo de una homosexualidad latente socialmente inaceptable. Esto último se logra mediante la parodia del culto latinoamericano al machismo. Latinoamérica es, después de todo, la meca del machismo (véase Paz, 1991, págs. 97-100), donde no se puede lanzar mayor insulto al hombre convencional que dudar de su potencia o de la autenticidad de su heterosexualidad. Cuando Thévenot se venga en sus ensoñaciones del embajador de Miranda, la película pone de manifiesto los procesos de la mentalidad colonizadora, y aquí Buñuel se convierte por un momento no en el español exiliado en México, sino en el mexicano marginado en Europa, doblemente extranjero, cuyo desarraigo se refleja en los interminables y enérgicos paseos del grupo de amigos, una condición al mismo tiempo geográfica y metafísica, que también adquiere un significado anticolonial.

El resto del sueño, en el que sucesivos invitados, a los que sigue más adelante el propio coronel, lanzan un alud disimulado de insultos contra Raphael y Miranda, hasta el punto de irritarle tanto que dispara contra el coronel, es un mero detalle en toda una estrategia que, por medio de mecanismos psicológicos de autocomplacencia, ya han cumplido parcialmente su tarea de vengarse del embajador. Los dramáticos incidentes del sueño de Thévenot no tienen equivalentes en su vida consciente, en la que incluso después del sueño retoma sus actividades habituales, y la ronda de comidas y reuniones con el grupo de amigos, incluyendo a Raphael, continúa.

Pero si, a través de Thévenot, la película resalta quizá en lo negativo, en otras partes de la misma hay espacio de sobra para acentuar lo positivo. Hay personajes que, por muy comprometidos que estén en otros sentidos, son capaces de dejar actuar a su instinto y que, como la revolucionaria (a pesar de haber sido detenida por los secuaces del embajador), disfrutan de la libertad suficiente para luchar por la justicia. Por ejemplo, entre el grupo de amigos corruptos, los Sénéchal —a pesar de sus otros defectos— están dispuestos a transgredir las formas sociales, demorando el recibimiento de sus invitados en la primera escena del banquete al escaparse por la ventana de su casa para satisfacer en el jardín necesidades sexuales más acuciantes. Incluso un inspector de policía, en la cuarta de los cinco escenas oníricas de la película, sueña que sus prisioneros han escapado milagrosamente, revelando así su deseo inconsciente, si no consciente, de verse liberado de diversas leyes.[9] De un modo equívoco, y carente de la retórica lírica de otros surrealistas como, por ejemplo, Breton, la película logra ensalzar los placeres del deseo. Sobre todo en momentos como los rituales priápicos de los Sénéchal en el jardín, la comedia de represión y encierro, del trauma edípico y la frustración, se compensa con una comedia en

9. Para un estudio previo de estas cuestiones relacionadas con los sueños, véase Babington y Evans (1985, págs. 5-20).

la que el deseo se libera al menos momentáneamente. Incluso si a la larga no es posible escapar del abismo definitivamente —los paseos por el camino vecinal probablemente sólo conducen a una frustración y un desengaño mayores—, esta película se enmarca dentro de una tendencia más jocosamente tolerante, aunque en modo alguno optimista, de la obra de Buñuel, que expone con toda la claridad posible las gratificaciones y los riesgos del deseo.[10]

10. Acerca de la actitud equívoca de Buñuel hacia la burguesía, véase Pérez Turrent y de la Colina: «He conocido burgueses encantadores y discretos. ¿Ustedes creen que todo lo que ha aportado la burguesía es malo? No. Algo habría que conservar de ella» (1993, pág. 161).

2. Historias de amor en la familia: los melodramas mexicanos de Buñuel

¿No te das cuenta de lo felices que seríamos juntos?

Imitación a la vida (Imitation of Life, 1959), de Douglas Sirk

Las películas mexicanas de Buñuel se dividen en dos categorías: unas que como *Gran Casino, El gran calavera, Susana, La hija del engaño, Subida al cielo* (1951), *El bruto, Abismos de pasión* y *La ilusión viaja en tranvía* (1953) pertenecen a un cine de consumo* que en gran medida obedece a las leyes genéricas de los musicales, melodramas o rancheras* del cine comercial mexicano; y otras, como *Los olvidados, Él, Ensayo de un crimen, Nazarín,* que se zafan de las limitaciones comerciales y reflejan los intereses y las obsesiones más personales del autor surrealista. Sin embargo los dos Buñuel, el del cine comercial y el de las obras de autor, no se pueden polarizar de un modo tan simplista, ya que su esquizofrenia no es tanto una genuina paradoja de la identidad artística o personal (al estilo de la relación de Borges con su otro yo), como una categorización que espectadores y críticos han impuesto a su obra (Borges, 1979). Es cierto que el propio Buñuel ha fomentado a menudo esta esquizofrenia, llegando en ocasiones a descalificar películas enteras como trabajos carentes de interés. No obstante, en otras ocasiones, de acuerdo con los impulsos y prejuicios de un personaje de grandes contradicciones, afirma que estas películas alimenticias se hicieron no sólo mostrando respeto por las convenciones genéricas, los productores y el público, sino también teniendo muy en cuen-

---

* En español en el original. [*N. de los t.*]

ta la inteligencia y la satisfacción de los amigos. En un estudio sobre *Susana*, Buñuel señala:

> esas películas las he hecho sintiendo la responsabilidad de cumplir con el productor y no las «boicoteo» deliberadamente. Aparte de eso, puedo querer divertirme un poco y meter algunas cosas que hagan gracia a los amigos. No son «guiños» porque detesto al cineasta que parece decir «Miren qué listo soy». Digamos que meto recuerdos compartidos con algunas personas, «claves» inocentes. Si en *Susana* hay bromas, habré tenido buen cuidado de que la película entera no resultara una burla (Pérez Turrent y de la Colina, 1993, pág. 60).

Según admite el propio Buñuel, y según han reiterado y desarrollado los críticos que intentan justificar estas aberraciones supuestamente carentes del cuño del autor, las películas comerciales funcionan en varios niveles en los que mediante estrategias típicamente buñuelescas de humor e ingenio disimulado, se ironiza sobre las, a menudo banales, normativas genéricas. A este respecto la adaptación de Buñuel al cine popular mexicano guarda una estrecha semejanza con las estrategias de directores que, como Douglas Sirk, trabajaban dentro de las limitaciones de la industria cinematográfica de Hollywood. Aunque así lo hubieran querido, ni Sirk ni Buñuel habrían sobrevivido empleando una subversión abierta. Parece ser, más bien, que ambos aceptaron con entusiasmo el reto de hacer películas que, aunque fieles a las leyes comerciales y genéricas, conseguían ofrecer perspectivas alternativas fundamentalmente a través de modos diversos de ironía.[1]

Aunque hasta el momento los debates originados por los movimientos críticos posteriores a la teoría de autor, así como neomarxistas y feministas no han hecho mella en los estudios sobre Buñuel, conviene aquí resumir su influencia en el melodrama de Hollywood con objeto de clarificar el enfoque teórico de la siguiente sección sobre los melodramas comerciales (*Susana*, *Una mujer sin amor*) y de autor (*Los olvidados*). Los primeros enfoques posestructuralistas del melodrama de Hollywood ponían en entredicho cuestiones referentes a la coherencia autoral, haciendo hincapié en las contradicciones del propio género, señalando éstas como el ámbito en que la manifestación de lo reprimido proporciona significado al texto e identificando coherencia con resolución burguesa e incoherencia con subversión. Un enfoque neomarxista más radical consideraba incluso la incoherencia como una distorsión de la realidad de las relaciones sociales. Las interpretaciones feministas abarcan desde las críticas a la misoginia en el melodrama de Hollywood hasta los desarrollos más recientes y menos monolíticos en los que el lugar de la mujer se considera problemático, ya que se interrogan las operaciones del patriarcado tanto en la pantalla como fuera de ella. A pesar de que las teorías que reducen casi a la invisibilidad la presencia organizativa del autor en parte han perdido su capacidad de

---

1. Acerca de la ironía en Sirk, véase Babington y Evans (1990, págs. 48-58).

provocación, su ausencia casi absoluta en los estudios sobre Buñuel ha supuesto que, al prestar una atención excesiva al control global del autor sobre el texto, no ha habido lugar para la consideración de los mecanismos que funcionan más allá de dicho control.

Sin embargo, incluso en los melodramas comerciales es esencial no perder de vista el control del autor, por muy limitado que éste se considere, y buscar significado en los intersticios y tensiones que las exigencias y preferencias comerciales, genéricas y autorales presentan. Abordadas de este modo, las conexiones entre las películas comerciales y las autorales no son tan incompatibles como pudiera parecer en un principio. Por supuesto, las películas de autor son en sí mismas el resultado de diversas formas de negociación (la imposición a Buñuel de Catherine Deneuve como protagonista de *Bella de día*, por ejemplo), y su coherencia se ve fragmentada por toda clase de procesos tanto conscientes como inconscientes. Por otra parte, las películas comerciales que, especialmente a través de la forma, la sexualidad, el sentido del humor y, quizá por encima de todo, la ironía, reelaboran la temática de autor mediante los patrones e impulsos del cine popular, pueden resultar atractivas tanto a ese público minoritario de «amigos» como a la audiencia mayoritaria.

Entre los rasgos más llamativos de la temática del cine comercial destaca una preocupación por las cuestiones relativas a la familia. Éstas incluyen problemas generacionales, las relaciones entre los sexos, el adulterio y la independencia de la mujer, así como el análisis de las formas dominantes de masculinidad, que a menudo parecen corroborar la opinión de Eli Zaretsky de que «el ideal familiar burgués ocultaba dos contradicciones surgidas durante el desarrollo del capitalismo: la opresión de las mujeres y la subordinación de la familia a las relaciones de clase» (1976, pág. 44). Todas ellas forman parte de la dieta habitual del melodrama comercial mexicano de los años cuarenta y cincuenta, no de la forma problemática en que las trataba Buñuel, sino utilizadas de modo más directo, y adoctrinado por directores del momento como Emilio Fernández, Julio Bracho y Juan Oro, entre muchos otros. Acaparando no sólo los géneros y temáticas del cine comercial, sino también de sus estrellas —por ejemplo, Pedro Armendáriz (*El bruto*), Jorge Negrete (*Gran Casino*), María Félix (*Los ambiciosos*), Ernesto Alonso (*Ensayo de un crimen*), Miguel Inclán (*Los olvidados*)— los melodramas comerciales de Buñuel constituyen el envés del cine mexicano popular de los años cuarenta y cincuenta, ya que por un lado respetan y encarnan, mientras que por otro ponen en evidencia, sus objetivos, logros y fracasos. Dicho proceso, que estas películas necesariamente acallan, adquiere su carácter más feroz y sardónico en otras que, como *Él*, *Ensayo de un crimen* y, sobre todo, *Los olvidados*, consiguen zafarse de las limitaciones comerciales y artísticas más severas.

Las películas mexicanas de las décadas de los cuarenta y cincuenta que, como arguye Carl J. Mora (1989), proyectan los valores mayoritariamente conservadores de su público de clase media, pueden agruparse en tres apartados principales: melodramas familiares, comedias rancheras* y comedias propiamente dichas. Ni siquiera bajo el mandato más liberal de Lázaro Cárdenas (1934-1940) —cuyo apellido es curiosamente idéntico al del reformista político asesinado en *Los ambiciosos*— puede afirmarse que el cine mexicano adoptara un tono o una política más progresista. Sin embargo, no sería justo desdeñar todas las películas de este periodo asumiendo que están totalmente sometidas a la ideología dominante.[2] La exaltación de los valores tradicionales presente en los melodramas familiares protagonizados por Fernando Soler (también un patriarca en algunos de los melodramas comerciales de Buñuel: *El gran calavera*, *La hija del engaño* y *Susana*) o en las comedias rancheras* con Jorge Negrete, se veía en ocasiones amenazada por películas como *Distinto amanecer* (1943), de forma que los equivalentes del ambiente criminal, la violencia y las escenas nocturnas en la urbe iluminada con luces de neón típicos del cine negro socavan el ambiente de luminoso optimismo y fiesta* habitual en otros filmes. La figura de Negrete y su identificación con los alegres boleros* adquieren un tinte irónico tanto en *Gran Casino* como en *Susana*, películas en las que sus connotaciones de macho se van minando poco a poco a través de decorados, atuendos y composiciones sólo ligeramente más cursis que los originales. En otras ocasiones, la puesta en escena urbana de ciertas películas, no sólo *Distinto amanecer* sino también, pongamos por caso, *Crepúsculo* (1944) y muchas otras, pone en tela de juicio los contextos rurales más líricos de filmes como *María Candelaria* y *Flor silvestre* (ambos de 1943), donde la fotografía estilizada y conmemorativa de Gabriel Figueroa (director de fotografía de Buñuel en *Los olvidados*, *Él*, *Nazarín*, *Los ambiciosos*, *La joven*, *El ángel exterminador* y *Simón del desierto*) está orientada a representar la esencia idealizada de México y el reflejo de sus armonías naturales y ancestrales en el orden social y sus diversas instituciones. Entre ellas se incluye quizá sobre todo la familia, que junto con la patria* y la religión, se convierte en uno de los principales blancos de la crítica de Buñuel (Pérez Turrent y de la Colina, 1993, pág. 29). Las comedias populares protagonizadas por Cantinflas y «Tin Tan», el primero un pelado* proletario y el segundo un pachuco* más enterado —en palabras de Mora, el «mercachifle arribista» (1989, pág. 82)— también aportaron vitalidad y humor corrosivo a un género a menudo satisfecho con reflejar normas e ideas preconcebidas. Estas películas y, más tarde, los filmes de cabareteras* de sexualidad más explícita, énfasis en la música afrocubana y camareras resueltas, también lograron en ocasiones cuestionar las prácticas dominantes. Al menos en estos casos los personajes femeninos usan su sexualidad como un instrumento de poder, en vez de verse convertidas en meros artículos de consumo y exhibición, como ocurre, por ejemplo, en *Medias de seda* (1955), un melodrama de carácter claramente explotador en el que la protagonista, Rosario Durcal, no parece cumplir otro propósito que el de mostrar a la menor ocasión sus piernas desnudas y su prodigioso busto.

---

2. John King (1990) firma un buen estudio general del cine latinoamericano.

* En español en el original. [*N. de los t.*]

Adaptándose a las tendencias de algunos de los melodramas populares más serios, las películas de Buñuel, incluso las más rutinarias, respetan las limitaciones de las leyes genéricas, al tiempo que comentan, a través de la hipérbole, la comicidad o la contradicción de las actitudes vigentes frente a la sexualidad, las estructuras sociales y, quizá de un modo destacado, las relaciones y conflictos generacionales.[3] La liberación del individuo de la autoridad paterna, que Freud describe en su ensayo «La novela familiar del neurótico» como uno «de los resultados más necesarios aunque más dolorosos producidos durante el desarrollo» (1981a, pág. 221), constituye la acción de numerosos filmes. En una vertiente más comercial, películas como *Susana*, *El gran calavera*, *Una mujer sin amor* y *La hija del engaño* se centran en un momento u otro en este tema, a menudo destacando la neurosis de los individuos que no consiguen negociar su liberación (*Una mujer sin amor*, *La hija del engaño*) o ironizando sobre los que parecen ser ritos de tránsito más provechosos (*El gran calavera*, *Susana*). Estas cuestiones también aportan su fuerza temática al provocador y anticomercial melodrama *Los olvidados*, pero incluso más adelante, después de que Buñuel cortara sus ataduras oficiales con el cine mexicano (a partir de 1965, tras *Simón del desierto*), los padres siguen buscando a sus hijas, los hijos a sus padres, e hijos, hijas, madres y padres se buscan entre sí, como ocurre, por ejemplo, en, *Tristana* o *El fantasma de la libertad*.

La versión más cómica de este proceso tiene lugar en *El fantasma de la libertad*, donde la broma pseudocervantina de una pareja que busca a su hija que en realidad está allí a pesar de que ellos no la puedan ver, tiene relación con la típica obsesión de Buñuel con los errores de percepción, aunque en este caso haga también referencia a los conflictos familiares. La variante más trágica de este proceso, en cierto sentido no tan reminiscente de Cervantes como de Quevedo, de cuyo antihéroe Pablos en *El Buscón* (1626) también se dice en cierto momento de la narración que está metafóricamente «buscando [a] mi padre», aparece en *Los olvidados*. Esta película, tan inspirada por Freud como por cualquier otro prototipo cinematográfico o literario, se estructura en torno a sucesos que implican a un grupo de delincuentes, todos los cuales buscan de algún modo liberarse de sus padres o de los sustitutos de éstos, al tiempo que desean obtener su reconocimiento.

Entre los personajes más sobresalientes de *Los olvidados* está Jaibo, que, abandonado de niño y a pesar de la amargura y el resentimiento que tiene contra la madre que no llegó a conocer, la recrea en su imaginación mientras planea seducir a la madre de su amigo Pedro como equivalente edípico idealizado de la

---

3. Daniel Díaz Torres y Enrique Colina (1972, pág. 158) hacen mención del humor como medio para subvertir la forma melodramática popular. Señalan asimismo que, mientras que para Buñuel el conflicto entre impulsos eróticos y leyes sociales es una fuente potencial de liberación, para el melodrama comercial constituye una confirmación de la alienación (*ibíd.*, pág. 162).

Virgen María, proceso éste que recuerda en grado sumo los comentarios de Freud al final de su ensayo sobre las historias de amor en la familia «La novela familiar del neurótico»:

> Si estudiamos a fondo la más común de estas historias de amor imaginarias, la sustitución de ambos progenitores o sólo del padre por gente de clase social más elevada, nos encontramos con que estos nuevos padres aristocráticos cuentan con atributos que se derivan en su totalidad de recuerdos reales de los auténticos padres de clase humilde; de modo que en realidad el niño no se deshace de su padre sino que lo exalta. De hecho todo el esfuerzo de sustitución de un padre por otro superior sólo es una expresión de la búsqueda que lleva a cabo el niño de aquellos días felices del pasado en que su padre le parecía el más noble y fuerte entre los hombres y su madre la más adorable y encantadora de las mujeres (1981a, págs. 224-225).

Puesto que Jaibo no ha conocido ni a su madre ni a su padre, la fantasía de los padres nobles e ideales adquiere todavía más fuerza. La comparación con la Virgen María, una presencia generalizada en las narraciones de Buñuel (su retrato cuelga en los lugares más improbables, como en el matadero en *El bruto*), tiene resonancias equívocas. Además de fuente de fantasía edípica, también es una figura de pureza, como deja bien claro Julio Alejandro, guionista de Buñuel en *Abismos de pasión*, *Nazarín*, *Viridiana*, *Simón del desierto* y *Tristana*:

> Hay algo que le emociona profundamente: el dogma de la Inmaculada Concepción. No como dogma, sino como inclinación y sentimiento hacia la pureza. Para él la pureza es algo muy importante. Entonces, en el misterio de la Inmaculada Concepción ve, simple y llanamente, una exteriorización de este sentimiento (1980, pág. 44).

Incluso *Simón del desierto*, una película imbuida de ascetismo y mística gira en torno a cuestiones edípicas, ya que parece reconocer lo maravilloso incluso en las relaciones madre-hijo, como pone de manifiesto la secuencia en que Simón, transmutando las mortificaciones de la experiencia visionaria en festivos rituales edípicos, fantasea con que ha descendido momentáneamente de su santa columna para corretear por el árido paisaje, perseguir fogosamente a su madre, bailar y apoyar la cabeza sobre su regazo en una vulgar imitación al estilo del Nuevo Mundo de las poses de madona y niño renacentistas. En otros casos, sin embargo, la incurable orientación del melodrama mexicano hacia la exploración de las relaciones de familia lleva a Buñuel a centrarse en la confrontación entre buenos y malos padres, el lugar de la mujer en el orden social y la negociación o el rechazo de ese orden. En *La hija del engaño* el mal padre provoca la ruptura de la familia y en *El bruto* y *Una mujer sin amor* el adulterio de la esposa, aunque no la disolución del matrimonio. En las tres películas los espacios cerrados de la puesta en escena, sobre todo en *El bruto*, acentúan formas psicológicas y sociales de subyugación.

Ciñéndose a las tradiciones del género, sobre todo a sus variantes hollywoodienses, los melodramas de Buñuel se caracterizan por el exceso. La forma melodramática es sinónimo de hipérbole verbal y visual. Las emociones, por ejemplo, según describe Peter Brooks en *La imaginación melodramática*, se «representan por completo ante nuestros ojos» (Brooks, 1984, pág. 41). En esta dramatización del regreso explosivo de lo reprimido, el melodrama imita los mecanismos y procedimientos del inconsciente, de los mundos oníricos, algo muy atractivo para un autor surrealista que busca impactar a su público por muy pesadas que le resultaran, a otro nivel, las limitaciones que el modo deriva de su deuda con las inclinaciones y la retórica del cine comercial. El uso de la música constituye un ejemplo de la forma en que, por encima de los instintos más comedidos del autor, estas prácticas ayudan en realidad a iluminar los rincones más oscuros del inconsciente.

El propio Buñuel infravalora *Abismos de pasión* por esta razón (Pérez Turrent y de la Colina, 1993, pág. 85). Pero aquí el exceso de música, como por ejemplo en los melodramas de Hollywood de Sirk o Minnelli, realza la emotividad de la narrativa; los motivos repetitivos de *Tristán e Isolda* aportan un complemento acústico al pomposo estilo visual de truenos, rayos y vientos ululantes, sobre todo en las escenas que siguen a la muerte de Catalina y llevan hacia el propio fallecimiento de Alejandro junto a la tumba de ésta en un clímax de *amour fou* necrofílico. Constreñido por la poética de un género comercial, Buñuel no controla el montaje definitivo de la película ni del sonido, pero en filmes como *Abismos de pasión*, *Susana*, *Una mujer sin amor* o *El bruto* las limitaciones del autor resultan provechosas ya que otras prioridades llevan a las películas más allá del control personal de su director, hacia un ámbito más amplio. Los conocidos prejuicios de Buñuel, para quien en los géneros no musicales la música restaba impacto visual y verbal a la narración, se ven aquí supeditados a otras consideraciones.

Pero si la inevitable capitulación de Buñuel ante las tradiciones musicales del género parece absoluta en *Abismos de pasión*, su rendición al formato del final feliz del melodrama parece menos incondicional. A excepción de *El bruto*, *Abismos de pasión* y *Los olvidados*, que acaban trágicamente, los melodramas de Buñuel tienen un desenlace feliz pero viciado de ironía. A pesar de que los personajes melodramáticos, por lo general representados como víctimas que no entienden un mundo enigmático, retoman sus lugares en el orden social, su aceptación de los valores de dicho orden suele ser tan exagerada o cómica que sugiere una ironía encubierta, estrategia que suscita dudas no acerca de la aceptación de ese orden por parte de los personajes, sino acerca de las premisas en las que aquél está tan firmemente basado.

Para el público mayoritario, no se ha opuesto ninguna resistencia al texto ni a sus reflexiones ideológicas. Para el público minoritario, los «amigos» de Buñuel y sus equivalentes en las salas de cine o delante de las pantallas de vídeo del mundo entero, la resistencia, más encubierta, más cauta, es tan evidente aquí como en las películas más claramente de autor sobre las que se ha erigido su reputación crítica.

2.1. *Susana*: la seducción de la hija

> Primeramente, pues, hija mía, considera que tú tienes a Dios por padre y por esposo a Cristo, y por madre y hermana a la Virgen y Madre suya.
>
> Juan Luis Vives, *Instrucción de la mujer cristiana*

Tres de los melodramas comerciales mexicanos de Buñuel —*Susana, El gran calavera* y *La hija del engaño*— hacen hincapié en las relaciones entre padres e hijas (esquema que se mantiene en la película en inglés de tono más personal *La joven*). Mientras que *El gran calavera* y *La hija del engaño* exploran los lazos naturales entre padres e hijas, *Susana* expone la relación entre un padre y una sustituta de la hija. En estas tres películas el personaje del padre lo interpreta Fernando Soler, un actor con cierta popularidad e influencia antes de la llegada de Buñuel a México, que en ciertos aspectos es una versión menos irónica de Fernando Rey, su equivalente patriarcal en las películas posteriores del director. En *El gran calavera,* el padre indulgente y benévolo interpretado por Fernando Soler disfruta de una relación con su hija llena de dulzura y sinceridad, idealizada hasta rayar en la fantasía. En este caso, a diferencia de lo que ocurre con su papel en *Una mujer sin amor*, realizada sólo dos años antes, la Virginia de simbólico nombre interpretada por Rosario Granados, hija y novia del proletario Pablo, rebosa encanto y recato, devoción y fidelidad, siendo emblema de pureza, como señala Agustín Sánchez Vidal (1984, pág. 115), de amor verdadero, la Virginie para el Paul de su novio Pablo. En lo que respecta al interés de la película por las cuestiones de clase, Virginia es el personaje que por encima de todo se identifica con las transgresiones contra las normas sociales. En lo tocante a la relación con su padre, es el miembro de la familia más próximo a él, su aliado más atractivo e incondicional.

Como siempre, la ironía de Buñuel reviste las banalidades psicológicas y narrativas (el guión está basado en una comedia de Adolfo Torrado). Virginie conseguirá a su Paul, pero, ¿no acabará la *petite fille* patricia, por hartarse de la vida con un héroe proletario cuya profesión consiste en conducir una camioneta destartalada pregonando con un altavoz un surtido de artículos chabacanos por el centro de la ciudad de México? *El gran calavera*, otro de los textos oníricos de Buñuel, aunque no en el sentido formal surrealista de, pongamos por caso, *Bella de día* o *Un perro andaluz*, en los que toda la narrativa parece impulsada por mecanismos oníricos, se acerca más a los patrones del melodrama cómico de Preston Sturges, subvirtiendo su propia temática sobre la plenitud del amor a través de la comicidad y la ironía. Como en muchas obras de teatro de Shakespeare, Tirso y Calderón, *El gran calavera* recurre a una metáfora onírica espacial en la parte central del argumento, donde los personajes principales experimentan un proceso de transformación del que emergen renovados para tomar el lugar que les corresponde en el orden social. Los reveses del mundo proletario son equiparables a las confusiones que se producen en el bosque cercano a Atenas en *El sueño de una noche de verano* o en el palacio del Duque en *El pretendiente al revés*, pero la retórica de Buñuel, como la de Shakespeare y Tirso, socava el tono optimista al meditar sobre la durabilidad de las lecciones aprendidas en el mundo onírico, el regreso de los personajes a un orden social que, después de todo, permanece intacto y las incompatibilidades de clase y temperamento que el texto ha dejado entrever pero que, por razones comerciales sin duda determinadas por la ideología, rechaza abordar de forma directa.

Mientras que el *El gran calavera* prefiere un enfoque más amable, *La hija del engaño* proyecta una imagen sistemáticamente negativa del comportamiento humano, reservando sus momentos más positivos para la última secuencia. A diferencia de lo que ocurre en *El gran calavera*, donde la relación padre-hija es uno de los diversos lazos familiares que la película estudia, *La hija del engaño* se ciñe, una vez que las relaciones con la esposa han llegado a su fin, a la búsqueda —literal, emocional, ideológica— de la hija por parte del padre. La condición humana, en especial en lo que respecta a las relaciones familiares, vuelve a tomar aspecto infernal en una película de Buñuel. Al volver a casa una noche y encontrarse a su mujer en la cama con un amante, Quintín la echa a la calle, abandona a su hija de apenas un año —cuya paternidad, según falsamente afirma ahora la esposa, es ilegítima— a la puerta de una casa obrera y se convierte en propietario de un club nocturno que más tarde bautiza como «El infierno». Al abandonar la seguridad de una vida de subordinación al orden burgués, Quintín se convierte en el inverosímil rebelde social de la película, ultrajado por el injusto pago de un sistema en el que confiaba, decidido a sustituir los sacrificios y abstinencias que exige ese sistema por excesos desesperados que ejemplifican el deseo del hombre inocente de que, ya que se le castiga, que al menos sea con razón. En este melodrama familiar, Quintín es una variante secular y más cómica de Paulo, el asceta desesperado en *El condenado por desconfiado* (1635) de Tirso, cuya aparente recompensa por diez años de servicio a Dios en el desierto es la perdición y que, al igual que Quintín, se deja llevar por el deseo de hacer que el castigo se corresponda al crimen. El castigo que Quintín se impone a sí mismo, que consiste en la marginación de la sociedad convencional, la aversión a las relaciones sexuales y familiares y el desahucio al sórdido mundo de los clubes nocturnos de baja estofa, acaba revocado gracias a que su esposa le confiesa en el lecho de muerte que Marta, después de todo, es su hija. A partir de ese punto, la melodramática búsqueda de la hija perdida tiempo atrás se convierte —a través del suspense y el patetismo del rastreo, más tarde el descubrimiento y finalmente el tierno abrazo— en una narración cuya temática, que ya no se ocupa de las hostilidades sexuales desplazadas de los adultos, aborda el tema de la sustitución, en los más profundos entresijos del afecto paterno, de la madre malvada e impía por la hija idealizada.

Fiel al desenlace *deus ex machina* del melodrama, el final de esta película es deliberadamente superficial. Increíblemente, en una ciudad de varios millones de habitantes, dos personajes, después de veinte años de separación y de pertenecer a mundos completamente distintos, se reúnen de nuevo gracias a un milagro del destino. Además de satisfacer la permanente afición de los surrealistas por *le hasard*, el destino actúa aquí no sólo como confirmación de las arbitrarias leyes del melodrama, sino también de su gusto por las intensas emociones que provoca la reaparición de amigos, parientes o amantes desaparecidos hace mucho tiempo. El final feliz arbitrario de *La hija del engaño* refleja los patrones de los melodramas de Hollywood de los años cuarenta y cincuenta de Ophuls, Stevenson, Sirk y Minnelli, entre otros, y que evitan un desenlace pesimista respetando las leyes de un género popular en su mayor parte conservador. Sin embargo, al igual que sus ilustres equivalentes hollywoodienses —no la morralla, sino aquellas películas realizadas por directores que se las arreglaron para estampar su personalidad en el material poco prometedor que a menudo les imponían los estudios— y a través de sus estrategias subversivas basadas en el exceso, la ironía, la comicidad y la sexualidad, *La hija del engaño* consigue ceñirse a la retórica naturalizadora del género y, a la vez, poner en evidencia el principio de arbitrariedad que rige sus propios procedimientos. Para el espectador poco crítico, el final se ciñe al familiar esquema de restablecimiento del orden que predomina en este género. Pero al ver estas películas en el momento de su estreno, ningún espectador crítico, especialmente los que conocían la trayectoria cinematográfica previa de Buñuel en Europa, pudo por menos que mostrarse escéptico —específicamente a la vista de sus muchos indicios previos de subversión suave— con respecto al significado de este final tan conservador y afectado. En *Escrito sobre el viento* (Written on the Wind, 1956) de Sirk, por poner un ejemplo, el final —con la unión definitiva entre el Mitch de Rock Hudson y Lucy, la recatada aventurera que interpreta Lauren Bacall y que a lo largo de la película no ha logrado interesarse por su apasionado, pero conformista pretendiente— plantea tantas cuestiones como las que llega a resolver. En *La hija del engaño* la reconciliación del padre y la hija, tras años de arraigada misantropía en aquél y momentos después de que haya tratado de matar a un hombre sin saber que es el marido de su hija, parece tan ridícula que socava la pulcritud del final de forma radical y, aun a un nivel superficial, la visión, gratificante por naturaleza, de un padre que recupera a su hija largo tiempo perdida.

La hija soporta las cicatrices causadas por el enajenamiento de sus padres naturales y la victimización a manos de su familia adoptiva (sobre todo del mal padre, sustituto del auténtico), y hasta el momento desconoce que, en un acto de crueldad, su padre natural la abandonó a la puerta de unos desconocidos. Mientras tanto,

Quintín se ha convertido en un *amargao*,* un misógino desquiciado cuya actitud hacia las mujeres va desde del desprecio a la crueldad, al que ni siquiera los ruegos de su mujer agonizante para que le informe del paradero de su hija desaparecida años atrás consiguen conmover, y que, echando mano de ese tópico que tanto gusta a los misóginos de todo el mundo, aconseja a una desconocida (que luego resulta ser su hija) en plena calle que no se meta en asuntos de hombres y se vaya a casa a remendar calcetines. El lugar del padre en la vida íntima de la hija lo ha ocupado un marido, en un proceso por el que la ausencia paterna ejerce de nuevo un efecto nocivo sobre una niña cuyos traumas ocultos perpetuarán el ciclo de desequilibrios en las relaciones sexuales de los adultos.

Consciente de la incompatibilidad entre cuestiones tan trascendentales como éstas y de lo simplista del final feliz convencional, el texto obliga a Quintín a romper el marco de la narración, a dar un paso adelante y dirigirse al espectador: «¿Oyen ustedes? Nada me sale bien». Quintín se refiere aquí a su frustración por no poder conocer todavía a su nieto —ya que Marta, su hija, aún tiene que dar a luz— pero, a través de él, y a través de su falta de respeto por las leyes del realismo, se advierte al público de que las típicas resoluciones felices del melodrama se han de ver como meras estrategias para satisfacer las aspiraciones humanas de reconciliación y orden. La licencia cómica que se toma el personaje al transgredir una ley estética acarrea un mensaje aún más profundo que el que él mismo transmite acerca de su inalterable destino de *amargao*.*

> Sinopsis: Susana se escapa de un reformatorio. Haciéndose pasar por una huérfana desamparada busca refugio en un rancho en el que tres hombres, el dueño de la finca (Guadalupe), su hijo (Alberto) y el capataz (Jesús), caen rendidos ante sus atractivos sexuales. Cuando Guadalupe acaba por echar de casa a su mujer, Carmen, para que Susana pueda ocupar el lugar de ésta, la policía da con la joven, descubre su auténtica identidad y vuelve a encerrarla. La vida en el rancho recupera la supuesta normalidad.

El desenlace arbitrario es también una característica de la que quizá sea la narración más provocativa de Buñuel sobre la relación padre-hija: *Susana*. Jesús G. Requena ha descrito este filme como «eminentemente subversivo, animado por un gesto de violencia sobre el propio género en el que se inscribe» (1980, pág. 16). Aquí no es la hija auténtica, sino una putativa, la que se convierte en la sustituta de la hija, no la auténtica, una figura extremadamente perturbadora y sexual sobre la que deben triunfar no sólo el padre sino también el resto de la familia como requisito previo para que el orden familiar pueda ser restaurado. Según Buñuel, el sexo es una amenaza para el orden, ya que pasa por encima de cualquier barrera:

---

* En español en el original; se refiere al subtítulo de la película: *Don Quintín, el amargao*. [*N. de los t.*]

«Dans une société organisée et hierarchisée le sexe, qui ne respecte aucune barrière, aucune loi, peut à chaque instant devenir un facteur de désordre et un véritable danger» (Buñuel, 1982a, pág. 21).

(«En una sociedad organizada y jerárquica, el sexo, que no respeta ninguna barrera ni ley, puede convertirse en cualquier momento en una fuerza perturbadora y en un auténtico peligro.»)

Estos comentarios forman parte de una discusión sobre la hostilidad de la Iglesia hacia la sexualidad en general, pero adquieren también relevancia en esta narración sobre una mujer malvada, una chica salvaje huida de un reformatorio que irrumpe en la vida de un piadoso hogar católico causando estragos allí por donde pasa, mientras ella sigue insumisa tanto a las leyes del recato sexual como a las de la justicia criminal.[4] Pero puesto que para Buñuel la libertad únicamente es posible en el ámbito de la imaginación, este lascivo ángel exterminador sólo logra una liberación temporal de sus diversas cortapisas; su vuelta al final de la película al reformatorio del que había escapado deja el camino libre para que la familia se reafirme en su mojigata forma de vida.

El hogar del ranchero, compuesto por Guadalupe, el cabeza de familia, su mujer Carmen, su hijo Alberto, Felisa la criada, Jesús el capataz, y otros sirvientes y ayudantes anónimos, epitomiza a través de su claustrofóbica puesta en escena el gran alcance y la influencia del orden burgués. El propio rancho y las diversas dependencias y graneros que lo rodean contrastan vivamente con los terrenos adyacentes. Los edificios representan orden y contención, conceptos que, como el de autoridad, se ven reforzados por la ironía de nombres como «Guadalupe», «Carmen» y «Jesús», mientras que la tierra proyecta una puesta en escena teñida de deseo, en ocasiones de una turbulencia irresistible simbolizada por la característica atmósfera melodramática de truenos, rayos y lluvia que perturba la calma del campo periódicamente. El deseo sexual se expresa además de otras formas, sobre todo a través de las actividades de cuidado o caza de animales. Como en el «Romance sonámbulo» (1928) de Lorca, amigo de Buñuel, aquí la tierra virgen esconde diversos peligros, entre los que se incluyen pruebas de resistencia para los hombres, mientras que el hogar es un ámbito de seguridad, a veces de estasis e incluso de muerte. En el «Romance sonámbulo» el héroe anónimo encuentra la plenitud viril fuera de casa en sus diversas escapadas por mar y tierra, pero curiosamente estas correrías se identifican con la criminalidad, algo que, por contradictorio que parezca, se aprueba temporalmente, pero de lo que el héroe debe liberarse antes de volver al orden domesticado y femenino del hogar. La casa,* el espacio privado al que vuelve, es un

---

4. La criada, que asocia constantemente a Susana con el diablo, constituye una reversión a otra época. Asunción Larvin, en sus escritos acerca de la sexualidad en el México colonial, señala: «En el siglo XVII aún se creía que el diablo adoptaba forma de animal o incluso de persona para tentar a los humanos» (1989, pág. 51).

  * En español en el original. [N. de los t.]

símbolo de orden, ya que legitima y da sentido a su vida de acción, y simultáneamente de muerte. Allí ha fallecido su amada y allí vuelve sólo cuando se sabe al borde la muerte.

En el cine de Buñuel a veces se deja entrever esta dicotomía característica de la poesía de su amigo, y sobre todo aquí, donde los tres protagonistas masculinos están atrapados en una dinámica de impulsos aparentemente conflictivos entre las responsabilidades domésticas y familiares y las actividades en el exterior a través de las que buscan liberarse y poner a prueba su virilidad. De los tres, Guadalupe y el capataz Jesús parecen adoptar una actitud más relajada frente a estos conflictos, logrando reconciliar su domesticidad y el compromiso con las actividades viriles en el campo. Jesús, de quien Guadalupe depende para el buen funcionamiento del rancho, es una suerte de heredero natural, cuyo temperamento y habilidades son más adecuados para el trabajo en el rancho que los del hijo, Alberto, un chico que dista mucho de ejemplificar los ideales viriles de su padre, perdido en un mundo afeminado de lecturas, más cercano a la teoría que a la práctica de la agronomía.

El ambiente de Jesús es un mundo brutal de graneros y establos, el de Alberto la tranquila reclusión de un estudio lleno de libros. Jesús se muestra altivo; confía plenamente en su masculinidad, y por tanto el aspecto acicalado que le dan el enorme sombrero, la ropa oscura, el pañuelo anudado al cuello y otros complementos no es en modo alguno indicio de una sexualidad vacilante, sino de una masculinidad tan relajada y rotunda que se permite ciertas ostentaciones visuales a través de atuendos barrocos y atildados. Sin asemejarse en nada a aquellos vaqueros de Hollywood como «Lash» La Rue, Roy Rogers, Gene Autry, el Llanero solitario o Cisco Kid, cuya llamativa indumentaría sugería cierta ambigüedad sexual, Jesús se pavonea jactándose de su orgullo viril. Él representa la versión más seria del charro,* el vaquero mexicano, que aquí resulta menos irónica que la imagen que Buñuel presentara de Jorge Negrete, el decano de todos los charros,* en *Gran Casino,* o la caricatura que realizara Walt Disney de Panchito, el gallo charro* de sombrero calado y pistolas al cinto en *Los tres caballeros* (The Three Caballeros, 1945), una película diseñada para promover la política de cooperación con el país vecino en los Estados Unidos. Al lado de Jesús, Alberto tiene un aspecto gris; no lleva un atuendo narcisista que lo distinga y ni su físico ni su fisionomía despertarían la envidia de ningún charro* que se precie.

Guadalupe, el hacendado* maduro y grueso de aspecto tan poco atractivo como el de su hijo, a pesar de carecer del dinamismo apuesto de Jesús, nunca da la impresión de que su autoridad patriarcal sea vacilante, ya que al igual que el capataz y a diferencia de Alberto, también él se identifica con los animales y la caza. En su primera aparición en la película se le ve impaciente por el nacimiento de un potro; en escenas posteriores aparece cazando. Pero por muy bien que

---

* En español en el original. [*N. de los t.*]

Guadalupe y Jesús parezcan sobrellevar las contradicciones entre el hogar y el campo, la película destaca las contradicciones de un sistema en el que las exigencias de una de las partes no sirven necesariamente como guía para comportarse adecuadamente en la otra. Así se demuestra cuando el orden del hogar se viene abajo a causa de una criatura que proviene de la naturaleza, cuya fuerza radical algunos describen como infernal, pero que el texto propone como el retorno de lo reprimido, como la puesta en evidencia de las muchas contradicciones del orden burgués.

Susana es otro de los personajes marginales de Buñuel, una saboteadora ideológica que intenta arrancar la máscara de una feminidad socialmente constituida, haciendo reconocer al público su propia complicidad. Esta mujer compendia tanto en aspecto como en comportamiento el exceso melodramático, y su presencia perturbadora en la narrativa es una buscada subversión del realismo. Mientras que en otros casos son, por ejemplo, los sueños o la comicidad los métodos por los que el texto pone en evidencia sus propios mecanismos y su marco de inteligibilidad, aquí eso se consigue sobre todo a través del exceso en la caracterización de la sexualidad incontrolable de Susana.[5]

En un estudio sobre el melodrama de Hollywood, Geoffrey Nowell-Smith hace referencia al proceso según el cual las emociones reprimidas, que la narrativa normalmente mantiene bajo control, se liberan a veces a través de la música o de la puesta en escena, que funcionan como sustitutas del cuerpo del paciente:

> La deuda emocional que no puede acomodarse dentro de la acción, ya que está subordinada a las exigencias de la familia, la línea sucesoria o la herencia, se expresa tradicionalmente en la música y, en el caso del cine, en ciertos elementos de la puesta en escena. Ello supone que la música y la puesta en escena no se limitan a potenciar la emotividad de un elemento de la acción: en cierta medida lo sustituyen. Aquí el mecanismo es asombrosamente similar al de la psicopatología de la histeria. En la histeria la energía que va unida a una idea reprimida retorna convertida en un síntoma corporal. El «retorno de lo reprimido», se presenta no en el discurso consciente, sino desplazado al cuerpo del paciente. En el melodrama, donde siempre hay cuestiones que no se pueden expresar en el discurso ni en las acciones de los personajes de la trama, cabe la posibilidad de una conversión en el cuerpo del texto (1987, págs. 73-74).

En *Susana* el exceso, la liberación explosiva de deseos insatisfechos, se produce por una parte a través de la utilización de la banda sonora de Raúl Lavista, una música muy romántica inspirada en Tchaikovski y Brahms, por otra mediante una puesta en escena natural y tempestuosa y, sobre todo, a través del cuerpo, en especial la voz, los ademanes, los atuendos y la interpretación exagerada —lo que en un

---

5. Víctor Fuentes (1993, pág. 58) hace referencia a la temática de la culpa presente a lo largo de la película.

estudio general de la interpretación melodramática Peter Brooks ha denominado la «representación plástica de la emoción» (1984, pág. 47)— de la propia Susana. Todo esto contribuye a la exteriorización de los sentimientos, en este caso la ira y la frustración contra las limitaciones que el orden social impone a la subjetividad femenina, simbolizadas por el principio y el final de la película, momentos ambos en los que vemos a la protagonista presa en el reformatorio. Al igual que en el melodrama de otros países, en las tradiciones mexicana —por ejemplo, *Naná* (1943), *María Candelaria*, *Doña Bárbara* (1943), *La trepadora* (1944)— y española —por ejemplo, películas de Cifesa como *Agustina de Aragón* o *La leona de Castilla* (1951)— el protagonismo de la mujer en la narrativa garantiza al menos cierta atención a cuestiones relativas a las mujeres.

A lo largo de toda la película el cuerpo de Susana representa una formulación, compleja y con un alto grado de erotismo, del retorno de lo reprimido. Su primera aparición, con ropas que apenas cubren su lozana figura, contrasta notablemente con el aspecto momificado de sus carceleras, las celadoras del reformatorio estatal. La negación de su propio cuerpo por parte de las guardianas corre pareja con las actitudes de las mujeres de la hacienda de Guadalupe hacia sí mismas y hacia Susana. En el rancho, tanto Carmen, la esposa, como Felisa, la criada, se visten con una sobriedad característica de una sexualidad reprimida que queda subrayada por la constante retahíla de avemarías de Felisa, con las que pretende exorcizar todo tipo de peligros carnales. Sobre este mundo remilgado cae un ángel dominado por la libido, cuyos muslos semidesnudos, enlodados en el campo que asola la tormenta, se convierten no sólo en objetivo de las miradas de los hombres hambrientos de sexo que viven en el rancho, sino también en una erupción de lo femenino, del cuerpo de la mujer, en un mundo tiranizado por el decoro. Susana, no tanto un personaje creíble desde un punto de vista psicológico como una versión secular de una figura de los grandes autos,* representa la sexualidad femenina consciente de sí misma, deseada y temida, perseguida y prohibida, tanto por el texto como por el orden social del que emerge dicho texto y para cuyo consumo se ha diseñado.

Embarcada en el proyecto —abocado al fracaso— de recuperación del espacio femenino, Susana se esfuerza constantemente por imponer su vibrante sexualidad en el entorno que la rodea. El ademán característico de bajarse el ya descarado escote indica además de exhibicionismo, una forma de subversión ideológica. Desde su primera aparición, encarcelada con la única compañía de unas ratas y una tarántula, sus *alter ego*, Susana responde a los más crudos estereotipos negativos asociados con la figura melodramática de la *femme fatale*, la mujer devoradora,* cuyo mejor ejemplo en el melodrama mexicano lo constituye María Félix en *Doña Bárbara*.[6] Además de

---

* En español en el original. [*N. de los t.*]

6. Al parecer María Félix fue una mujer excesivamente «devoradora» para Gérard Philippe, que se quejó a Buñuel de su excesivo entusiasmo en los besos de las escenas románticas de *Los ambiciosos* (Rucar de Buñuel, 1991, pág. 88).

exhibir su cuerpo, Susana invierte los papeles sexuales y toma la iniciativa siempre que lo considera posible o necesario. En una de las primera escenas, queriendo llamar la atención de Alberto, pasa junto a su habitación, mira a través de la ventana abierta y le provoca para que le haga proposiciones diversas. La composición de este plano invierte el modelo habitual de cortejo en el cine (el chico fuera, la chica dentro). En este caso, Alberto está en el interior, separado de su pretendiente femenina por las rejas de la ventana del dormitorio. En su elogio poético Alberto identifica a Susana con el exterior, lo que resulta su comunión con la naturaleza, un espacio que la película ya ha definido como masculino: «Eres como una hierba del campo, Susana. No se sabe cuándo ni cómo crece, hasta que uno se fija en ella». La identificación de Susana con la naturaleza no hace de ella una Guadalupe ni una Chingada,* sino un monstruo telúrico perteneciente a la cultura popular, una Coatlicue o Cihuacoatl, la mujer serpiente de la mitología indígena, la diosa insaciable que devora hombres.

La ambivalencia de esta imagen, del entendimiento entre la mujer y la naturaleza, libre y sin embargo constreñida, encuentra su equivalente dentro de la casa. En un momento determinado, Guadalupe, el cazador, vuelve a casa y se acerca a Susana, que está terminando una tarea doméstica. En este plano Susana aparece algo más arriba que Guadalupe, hacia la izquierda del encuadre, sobre una plataforma elevada dentro de casa, limpiando los vidrios de una puerta de cristal, mientras que Guadalupe se encuentra a la derecha del encuadre limpiando el rifle. Susana presenta su aspecto característico de vampiresa burlona, algo así como una Virginia Mayo de la parte pobre de la ciudad con su lujurioso cabello ondulado cayéndole sobre los hombros desnudos y el rostro lo bastante pintado como para que incluso el más benévolo de los patriarcas le hiciera una «severa reprensión de las pinturas, afeites y arreboles de la cara» (Vives, 1944, pág. 54), Susana va ahora de caza mayor, acechando al gran cazador blanco, el mismísimo Guadalupe. Haciendo caso omiso de los que la instan a ser el extremo casto de la dicotomía virgen/ramera, Susana no tiene intención alguna de estar a la altura del significado bíblico de su nombre, que Alberto le explica, y prefiere el reto y las compensaciones, potencialmente más satisfactorias, de ser una mujer perdida.

Las ambigüedades de las interpretaciones sociales de la subjetividad femenina se expresan aquí muy económicamente de forma visual, a través de la identificación de Susana con la limpieza y la transparencia. Aquí la mujer aparece como subordinada e insustancial, una fantasía del deseo masculino, la esclava sumisa e impura de la pasión cuya esencia, como señala Ortega por medio de una metáfora tomada de Cervantes, es del todo diáfana y refleja únicamente la sustancia del hombre:

* En español en el original. Véase una explicación más detallada de la figura de la Chingada en la nota 7, de págs. 62-63. [N. del ed.]

La esencia del cristal consiste en servir de tránsito a otros objetos: su ser es precisamente no ser él, sino ser las otras cosas. ¡Extraña misión de humildad, de negación de sí mismos, adscrita a ciertos seres! La mujer que es, según Cervantes, «un cristal transparente de hermosura» parece también condenada a «ser lo otro que ella»: en lo corporal, como en lo espiritual, parece destinada a ser un aromado tránsito de otros seres, a dejarse penetrar del amante, del hijo (1976, págs. 131-132).

Cuando Susana está junto a la puerta sacando brillo a los cristales, su erotización y el efecto que causa en el patrón, que la está admirando, resaltan más gracias a la pose y la acción de éste. El significado fálico del rifle resulta incluso más evidente cuando el hombre se incorpora y comienza a acariciar el cañón. Transparente, servil, impura, el único recurso de Susana consiste en desquitarse utilizando todas estas asociaciones negativas. A la larga las fuerzas a las que se enfrenta resultan ser demasiado poderosas, pero antes de su rendición —patea, lucha, grita hasta el final— sigue el juego de la fantasía que más gusta a su guardián patriarcal, poniéndose a la altura de la imagen que Guadalupe tiene de ella como sustituta erotizada de la hija, la nínfula que él seducirá como padre.

A lo largo de la primera parte de la película, tras ser admitida en la casa donde le dan cobijo a causa de la tormenta y aceptando la versión que ella da sobre su misterioso pasado— del abandono de un amante infiel, a Susana la llaman repetidamente «niña», «muchacha» e «hija»,* y la animan a que se dirija a sus benefactores como padres. Desde un principio (aunque más tarde el policía revela que la joven tiene veinte años), se hace hincapié en su puerilidad, como demuestra el comentario de Carmen: «Eres muy joven, una niña casi. Tú eres como mi hija. Desde este momento te protegeremos». En otro momento, Guadalupe pregunta a su esposa: «¿Qué piensas hacer con esta muchacha?». Y la propia Susana, cooperando maliciosamente en su propia opresión, fomenta esta relación padres-hija señalando: «Para mí es usted más que mi madre, a quien no conocí, señora».

Susana pertenece a la tradición que incluye hijas sexualmente precoces de una variedad de edades: en Hollywood, Shirley Temple, Carroll Baker y Sue Lyon, entre otras, y, en el cine español, Marisol o Rocío Dúrcal. La configuración de estas figuras filiales se ve más clara tras la lectura de las descripciones que Freud y algunos posfreudianos (como Juliet Mitchell, Jessica Benjamin y Karen Horney) hacen de los diversos procesos a través de los que una hija formula sus relaciones con el padre y la madre. La creencia de la hija en la castración de la madre la lleva primero a recurrir al padre, sustituyendo su deseo de tener pene por el deseo de tener un niño, antes de someterse al proceso de socialización que supone el complejo de Edipo, que a la larga confirma, según dice Juliet Mitchell, «su identificación (que no apego) preedípica con la madre. En vez de adoptar las cualidades de agresión y control, adquiere el arte del amor y la concilación. Al no ser heredera de la ley de la cultura, su tarea consiste en asegurarse de que la humanidad se reproduzca den-

* Los tres términos en español en el original. [*N. de los t.*]

tro de la circularidad de la familia supuestamente natural» (1982, pág. 405). Ésta es la ruta por la que, en términos de Freud, la hija se somete al proceso de socialización. Las revisiones del propio Freud de su teoría de la seducción de la hija —en las que llegó a pensar que las confesiones de sus pacientes femeninas respecto a que habían sido seducidas por sus padres eran más fantasía que realidad— parecen aportar a esta película una buena parte de su complejo trasfondo teórico. En *Susana*, al igual que en *Tristana*, Buñuel introduce la figura de la hija rebelde que intenta derrocar el orden social en el que ha crecido, y que al final se ve derrotada por una ideología resistente, convirtiéndose, en el caso de Tristana, en una «otra» hiperbólicamente monstruosa que incorpora todas las fantasías angustiosas sobre la mujer castradora, y en el caso de Susana, volviendo a la celda de la que se las arregló para escapar únicamente de forma temporal. Su seducción del padre, pagando al patriarca con la misma moneda, refleja el deseo de atacar a la madre, en este caso no necesariamente porque, según la clásica teoría freudiana, la culpe de no tener pene, sino porque Carmen es una mujer que al parecer soporta, y como consecuencia fomenta, una ideología de victimización. Aunque no se menciona la relación de Susana con su auténtica madre, sus tratos con las figuras maternas (las celadoras del reformatorio; Carmen, la esposa de Guadalupe) indican que hay razones para recurrir a la argumentación de Estela Welldon, en su estudio sobre las relaciones entre madres e hijas, de que la promiscuidad de la hija (Susana flirtea con los tres hombres del rancho) se explica por medio de la necesidad de «buscar en los hombres lo que echa en falta en su relación con la madre» (1992, pág. 48). Pero Susana también la ataca, si nos ceñimos al estudio de Jessica Benjamin acerca del deseo femenino, debido a sus ansias por identificarse con el padre y con su papel en el mundo exterior (1990, págs. 114-123). Si Carmen es el símbolo de la falta de poder, el objeto de las fantasías sádicas de Susana, la mujer cuyo lugar intenta usurpar, Guadalupe representa el mundo exterior, el espacio público más allá de la celda de su feminidad socialmente impuesta, el ámbito del poder dominado por el hombre. Ésta es la esencia del deseo de Susana, y su estrategia para conseguirlo es la de la hija seductora, que hiperboliza al mismo tiempo su feminidad y su infantilismo, un proceso que la lleva a cuestionar la pasividad de la mujer y al final a ser castigada por ello.

Para Guadalupe, por otra parte, el síndrome de Lolita, la seducción por parte de la sustituta de la hija, conlleva no sólo, como en la pasión de Lope por Tristana, el deseo de desflorar a una chica que no está contaminada por el «recuerdo de las relaciones sexuales con otra persona» (Freud 1981d, pág. 265), sino también una búsqueda de alguien que aún no ha sido formado por la experiencia, lo bastante inexperta como para someterse ciegamente a la autoridad del padre y a través del cual pueda dar rienda suelta a su fantasía de inmortalidad. Este personaje que, como su nombre indica, ha estado demasiado tiempo a los pies de la virgen de Gudadalupe,[7] es el anciano

----

7. Octavio Paz (1991, págs. 101-103) señala la importancia para el catolicismo en México de las fi-

que ahora busca una virgen más secular en Susana. Al igual que Tristana, Sévérine —la «collégienne précoce» («colegiala precoz»)— en *Bella de día* y Evie en *La joven*, entre otras, Susana es una fantasía de la niña, que se ofrece al padre como una obediente hija del deseo. Mientras que Jesús —más cercano a ella en edad y experiencia, y en modo alguno deslumbrado por su disfraz de hija— la trata con dureza, y mientras que Alberto es demasido inocente para ver ninguna realidad más allá de la obsesión adolescente, Guadalupe encubre sus apetitos más viles con los ademanes y la retórica del padre afectuoso, enmascarando de este modo su verdadero deseo para subyugarla y abusar de ella. Los comentarios de Karen Horney acerca de la tendencia masculina a identificar la mujer con la infantilidad y el sentimentalismo con el fin de mermar su autoestima (1967, pág. 146) parecen encontrar su formulación perfecta en la actitud de Guadalupe hacia Susana. La hostilidad del hombre hacia su madre (en este caso Carmen es una figura materna tanto para Guadalupe como para los niños) tiene su origen en la prohibición de actividades instintivas que ella impone, lo que conduce al niño a albergar impulsos sádicos contra el cuerpo de la madre. Además, mientra que en el caso de la chica la ansiedad surge del sentimiento de que sus genitales son muy pequeños en comparación con el pene de su padre, los temores del niño de que el tamaño de su pene es demasiado pequeño para los genitales de la madre le impulsan a temerlos y le provocan sentimientos de incapacidad, rechazo y vejación. A resultas de ello el hombre busca figuras filiales infantiles, no maternales e histéricas. En esta película Susana es esa figura filial no maternal e histérica de exceso melodramático, a través de cuya presencia se exponen simultáneamente las limitaciones del realismo y el origen de la obsesión por la hija presente en la sexualidad masculina.

El tratamiento de las otras dos mujeres se basa en su representación como matriarcas. Felisa, la sirvienta, ha sido objeto de una colonización ideológica tan profunda que le resulta imposible emitir un discurso que no esté motivado por los tópicos de la superstición religiosa. Cualquier cosa misteriosa o levemente perturbadora (una de las palabras favoritas de Buñuel en este contexto es «inquietante») se considera obra del diablo; cualquier bendición, acto de la divina providencia.[8] Ligeramente menos piadosa, y siguiendo la tradición de una larga serie de melodramas mexicanos a menudo protagonizados por la formidable matriarca Sara García (por ejemplo, *Cuando los hijos se van*, 1941), Carmen raya en la parodia como prototipo de la madre cristiana, que pierde voluntariamente su individualidad en aras de la devoción por su marido y su hijo. Su función tiene un doble filo: en ocasiones se la

---

guras de la virgen de Guadalupe (el papa Benedicto XIV declaró a Nuestra Señora de Guadalupe patrona de Nueva España en 1756) y de la «Chingada», que es la madre violada.

8. Como señala Wallace Fowlie, la *inquiétude* era un motivo característicamente surrealista: «El hombre del siglo XX está obligado a vivir en un periodo de amenaza bélica o de guerras literales de una magnitud cósmica tal que su estado de ánimo es cualquier cosa menos sosegado» (1963, págs. 17-21).

ensalza como la «perfecta casada»* y madre,[9] y en otras se explora su interioridad y los valores en ella proyectados del orden social al que pertenece. La imagen tradicional de la madre como criadora y supervisora del bienestar moral y físico de su familia, se presenta aquí de un modo predominantemente positivo, aunque tres escenas en particular exponen con rotundidad no sólo las frustraciones de toda una vida de abnegación, sino también la amargura que se deriva del reconocimiento de que el amor y los cuidados, tan desinteresada y voluntariamente prodigados, se han recibido con escasa gratitud, casi con desdén.

En las tres ocasiones Susana es la causa de la frustración y la ira de la madre. En primer lugar, Carmen responde a los bruscos comentarios de su hijo exclamando: «Tú, tan bueno y cariñoso siempre». En segundo lugar, reprende a su marido, a estas alturas ya también loco de lujuria por Susana, con un «¡Ay! ¡Qué hombres!», justo después del comentario «¡Ay! ¡Qué mujeres!» del propio Guadalupe, una frase que, análoga a los ásperos comentarios previos de su hijo, intenta mantener las distancias ante lo que ambos consideran la interferencia de una mujer en asuntos de hombres. A pesar de que en un cierto nivel la retórica de la película, en el fondo, se compadece de Susana, la ingratitud que dispensan a la madre los beneficiarios de sus abnegaciones personales y profesionales de toda una vida pone de manifiesto las deficiencias de un orden social en el que tales injusticias resultan inevitables. Desde cierto punto de vista, la película admite y aprecia los sacrificios de la madre, reconociendo su contribución a la estabilidad del hogar, algo de importancia vital si tenemos en cuenta que, como demuestra Buñuel en otras ocasiones, sobre todo en *Los olvidados* y *La hija del engaño*, la carencia del amor y la atención que aquí se dan por supuestos puede tener consecuencias desastrosas para una familia. Desde otro punto de vista, por el contrario, la película parece afirmar que toda una vida destinada exclusivamente al sacrificio por la familia trae consigo riesgos más graves que los comentarios ingratos y desconsiderados a los que se ve sometida la madre en estas escenas. Al público mexicano de los años cincuenta, la perspectiva de pobreza y miseria para una mujer sin oficio ni beneficio a la que su marido hubiera echado de casa no debía parecerle, en una época menos acostumbrada que la nuestra a la idea de la mujer trabajadora, algo inverosímil. Aunque desde la Revolución se habían llevado a cabo muchos avances en la emancipación de la mujer —la figura de Felipe Carrillo Puerto (1874-1924) reviste un interés especial a este respecto— las actitudes de la sociedad mexicana hacia la mujer, sobre todo hacia las madres, seguían siendo, incluso en las décadas de los cuarenta y cincuenta, bastante conservadoras. Las mujeres habían ocupado cargos políticos desde 1916, año en

---

* En español en el original. [*N. de los t.*]

9. Haciéndose merecedora, en palabras de Fray Luis, de la gratitud de su familia, «porque al oficio de la buena mujer pertenece, y esto nos enseña Salomón, aquí hacer un buen marido y criar buenos hijos, y tales, que no sólo con debidas y agradecidas palabras le den loor, pero mucho más con sus obras buenas» (Luis de León, 1963, pág. 132).

que Rosa Torres se convirtió en presidenta del Consejo Municipal de Mérida; se habían fundado asociaciones feministas; áreas como el Yucatán se habían convertido en centros para la liberación de la mujer; y las leyes de divorcio —aunque algunos las considerasen como un arma de doble filo que daba carta blanca a maridos poco escrupulosos para legalizar su irresponsabilidad— ofrecían a las mujeres una alternativa a los matrimonios difíciles.[10] Aun así, la ideología de lo que Evelyn P. Stevens ha llamado marianismo* —un culto a la «superioridad espiritual femenina, que predica que las mujeres son semidivinas, moralmente superiores y espiritualmente más fuertes que los hombres» (1979, pág. 91)— garantizaba que fuese cual fuese el estatus de las madres, éstas seguían en gran medida confinadas a contextos domésticos, y sólo ejercían influencia en cuestiones familiares, aunque incluso en este área estaban sujetas a la ley patriarcal.

En *Susana*, cuando, en una tercera escena, se le permite expresar su furia y desahogar sus frustraciones contra Susana, Carmen representa a todas las resignadas madres cuyos esfuerzos no se agradecen. La madre, símbolo de paciencia y aguante, se convierte por un momento en furiosa vengadora, cogiendo un látigo y asestando a Susana una sarta de azotes que constituyen tanto una protesta contra el comportamiento ingrato que debido a la presencia de esta provocadora mujer muestran su marido e hijo hacia ella como al mismo tiempo un gesto en nombre de todas las mujeres sometidas a las diversas represiones del orden social, en especial las de naturaleza sexual. El estudio general de Simone de Beauvoir acerca del resentimiento de la madre contra la intrusión de una mujer desconocida en la vida de su hijo tiene relevancia, sobre todo en sus referencias diabólicas, en lo que respecta a las actitudes de Carmen frente a Alberto en esta película:

> El peligro que acecha a la dedicada madre se expone sin miramientos: la esposa del hijo va a privarla de todas sus funciones. La hostilidad que siente hacia esta extraña que «le arrebata» a su niño se ha descrito en numerosas ocasiones. La madre ha ensalzado el proceso brutal e involuntario del parto a la altura de misterio divino, y se niega a admitir que una decisión humana pueda tener más peso. A sus ojos los valores están establecidos desde tiempo atrás, ya que su origen está en la naturaleza: malinterpreta la valía de una obligación contraída con plena libertad. Su hijo está endeudado con ella de por vida; ¿qué le debe a esa mujer que ayer ni siquiera conocía? Debe ser alguna clase de brujería lo que le ha permitido convencer a su hijo de la existencia de un lazo de unión que hasta ahora no existía; es intrigante, interesada, peligrosa (1969, pág. 319).

Como también señala Estela Welldon, «la maternidad constituye un vehículo excelente para que algunas mujeres ejerciten actitudes perversas y tergiversadoras hacia su descendencia, y se venguen de sus propias madres» (1921, pág. 63). A pe-

---

10. En Macías (1978) se pueden consultar detalles acerca del auge del feminismo en México.

* En español en el original. [*N. de los t.*]

sar de que en este caso Susana no es hija de Carmen, se desarrolla aquí un drama de hostilidades transferidas en el que se expresan los diversos resentimientos tanto de la madre como de su descendencia. El abuso del poder materno sobre el hijo —como también se ve en *Ensayo de un crimen*, *Tristana* y *Los olvidados*, entre otras películas— provoca en el niño el deseo de vengarse en una espiral de perversión cada vez mayor. Como siempre según Buñuel, los orígenes de la perversión residen en la cultura y, en lo que atañe a la maternidad, en las interpretaciones y demandas que la sociedad le impone. Cuando Carmen se ensaña a latigazos con Susana, da la impresión de que el filme se dirige hacia un desenlace radical y subversivo, que desvela y ataca las injusticias de un sistema de victimización. Y a pesar de que se evita la subversión abierta por medio de la restauración de un cierto orden, las escenas de su pérdida de control, así como el caos creado en secuencias previas, tienen un impacto que la débil resolución no acaba de borrar.

2.2. *Una mujer sin amor* y el amor romántico

> De manera que el hombre que acertare con una mujer de valor, se puede desde luego tener por rico y dichoso, entendiendo que ha hallado una perla oriental.
>
> Fray Luis de León, *La perfecta casada*

Sinopsis: la narración describe la vacuidad del matrimonio de Carlos, un anticuario de edad madura, acusadamente materialista y poco romántico, y Rosario, su joven esposa. Un ingeniero joven e idealista entra en su vida y tiene una aventura con Rosario, de la cual nace Miguel, hermano de Carlitos, hijo legítimo del matrimonio. Años después, habiendo rechazado la oportunidad de abandonar a Carlos por Julio, Rosario se entera de que éste ha muerto dejando su fortuna a Miguel, cuya paternidad sólo ella conoce. Carlitos, que sospecha de su auténtico parentesco con Miguel, acusa a su madre de adúltera y después de una pelea se reconcilia tanto con ella como con Miguel. Pero con la muerte del marido, el matrimonio inminente de Miguel y la partida de Carlitos, al final de la película Rosario se prepara para llevar una vida en soledad.

La mayoría de los críticos están de acuerdo en considerar con Buñuel que la película *Una mujer sin amor* «es la peor de las que he hecho» (Pérez Turrent y de la Colina, 1993, pág. 61). Los críticos, sin embargo, se dejan llevar demasiado de la modestia de Buñuel a este respecto y no tienen en cuenta otros de sus comentarios más generales acerca del gran cuidado y la atención que dedicaba incluso a sus proyectos más comerciales. Buñuel aceptó esta película, al igual que *Susana*, por razones económicas: como medio para financiar otros proyectos más próximos a sus auténticos intereses. Hay quien piensa que su estructura de melodrama popular la excluye de cualquier estudio serio de la obra del gran surrealista. Sin embargo, a pesar de sus varios desaciertos, en buena medida debidos al absurdo plazo de veinte días que se le concedió para su realización, esta película es otra elegante meditación sobre las actitudes hacia la familia y hacia sus distintas formas de reprimir el deseo.

La secuencia de los créditos confirma la sombría semántica del título. Mientras van apareciendo los nombres del personal en el lado derecho del encuadre, una mujer solitaria está junto a una ventana, y su reflejo en el suelo, levemente desplazado hacia la izquierda de dicha ventana, constituye la única fuente de luz en la habitación. Esta imagen, una suerte de preludio de la narración, presenta de forma condensada la actitud de la película con respecto a las restricciones y oscuridades del matrimonio burgués y las lúcidas realidades de la vida más allá de éste. Dentro de las limitaciones del melodrama mexicano, esta película reformula los lugares comunes de narraciones más respetables acerca del adulterio (*Anna Karenina, Madame Bovary, David y Betsabé*, etcétera),[11] aunque en este caso la actitud ambivalente del cine popular con respecto de los deseos transgresores garantiza, al igual que en *Susana*, que el final es, de nuevo, ambiguamente feliz.

En la descripción de las relaciones de Rosario con su marido y su amante, la película cubre el área temática de lo que, al hablar del amor romántico o ideal, Jessica Benjamin ha descrito como la certeza de que «el hombre le permitirá acceder a un mundo que de otro modo le estaría vedado a la mujer» (1990, pág. 116). El matrimonio de Rosario y Carlos presenta todos los indicios, como él mismo señala furioso, de un matrimonio de conveniencia. En este caso conveniencia supone abandonar la pobreza a cambio de los deberes del sexo y la maternidad, así como del acceso al mundo público en el que vive su marido normalmente. Por lo general, sin embargo, en las narraciones románticas estas ventajas no compensan si no hay amor. Así lo prueba esta historia, y la mayor parte de la película se concentra en los acontecimientos que llevan a la esposa a tener una aventura extraconyugal, así como en las consecuencias de la misma.[12]

A la larga, claro está, deseos transgresores como el adulterio sólo pueden recibir aprobación temporal en películas populares hechas en gran medida a la sombra de una ideología que antepone los valores familiares a los personales. Por este motivo, Rosario se ve obligada a rechazar la posibilidad de plenitud romántica para cumplir con sus deberes maternales, impidiéndosele escapar con Julio. Este sacrificio parece aún más extremo a causa de la caracterización unidimensional y negativa del marido que encaja con la exageración inherente a la estructura melodramática de la película. Con objeto de realzar los sacrificios que la madre hace por su hijo, se presenta a Carlos como un materialista violento y vulgar, a través del cual se saca partido de la probable ambivalencia del público mismo hacia el conflicto entre el

11. Las películas de Hollywood más conocidas basadas en estas novelas son *Ana Karenina* (Anna Karenina, 1935), *Madame Bovary* (Madame Bovary, 1949) y *David and Bathsheba* (1951).

12. Agustín Sánchez Vidal (1984, pág. 146) considera esta película parte de una trilogía del melodrama familiar que incluye también *El gran calavera* y *Susana*.

ansia de plenitud romántica, por un lado, y la responsabilidad hacia la familia por otro. Como padre, Carlos se comporta con sadismo negándose a escuchar la explicación que Carlitos le da sobre su infracción escolar, abofeteándolo y encerrándole en su habitación, menos interesado en el bienestar del chaval que en el efecto que el comportamiento de éste podría tener sobre su propia reputación. Aquí no hay ni rastro del «buen padre» de Melanie Klein, el hombre que no sólo cumple los deseos de su mujer al haber tenido el hijo sino que también «disfruta a través de la gratificación de sus deseos femeninos compartiendo el placer maternal con su esposa» (Klein y Riviere, 1964, pág. 81). Muy al contrario, lo que resulta más chocante del trato que Carlos dispensa a Carlitos es el desplazamiento de «los impulsos sádicos hacia la madre» (*ibíd.*, pág. 81), sin intención alguna de resarcirla. Con el paso del tiempo, cuando el niño se hace adulto, la actitud de Carlos cambia; las hostilidades reprimidas hacia su madre (que en la película no se ven ni se mencionan) y su desplazamiento en las humillaciones a las que sometía a su mujer, Rosario, ya no son ahora, en la vejez, tan urgentes como antaño. La individualidad del niño, que, en cualquier caso, ahora se corresponde más con las ideas del padre respecto al éxito y categoría (Carlitos se hace médico), supone que el reflejo de su propio estatus ya no se identifica con los fracasos de un niño díscolo.

La brutalidad se une a la grosería en su primer encuentro con Julio que, en esta versión de la novela de Maupassant *Pedro y Juan* (que André Cayatte también llevó a la pantalla en 1943), ha rescatado a Carlitos de la intemperie donde éste buscaba refugio huyendo de un hogar en el que su padre le ha castigado. La novela no incluye ninguna de estas escenas preliminares que definen a Carlos como una figura brutal de la que la esposa desea huir desesperadamente y a Julio como la alternativa romántica en la que ella pone todas sus esperanzas. En la obra de Maupassant los niños tienen ya unos treinta años y no hay espacio para el lirismo ni el sentimiento, cualidades tan esenciales en el melodrama cinematográfico, sobre todo en la narrativa centrada en la mujer. También cabe destacar que el título de la película desvía la atención de los chicos para destacar la historia de la mujer, su subjetividad y sus sacrificios heroicos, lo que a la larga expone las contradicciones de una cierta ideología mexicana para la que la mujer, como dice Octavio Paz, está hecha «a la imagen de los hombres... sólo un reflejo de la voluntad y el deseo masculinos» (1991, pág. 41).

En la escena en que Julio es invitado a la casa, donde Carlos expresa su gratitud por haber recuperado a su hijo sano y salvo, Rosario y Julio aparecen a menudo en el mismo plano, lo cual rompe el esquema según el cual o bien se ve a Rosario sola, o bien a Julio y Carlos, pero nunca Rosario y Carlos aparecen juntos en un plano. El distanciamiento de la pareja casada, expresado aquí de forma visual, se ve confirmado también por el diálogo ya que los burdos comentarios de Carlos en apoyo de los típicos comportamientos masculinos hacen que Rosario se sienta profundamente avergonzada: «Es usted joven. Apuesto que es usted mujeriego y jugador». Los comentarios estúpidos de Carlos y sus suposiciones machistas con respecto a Julio, y, de hecho, con respecto al comportamiento masculino en general, recuerdan a tantos otros hombres que en numerosos textos literarios se erigen en abanderados de una ideología, como el marido de Ágata, Nicanor Cruz, en *Todo verdor perecerá* (1941). Puesto que ya no puede gozar de los típicos deportes favoritos del hombre, las mujeres y el juego, Carlos busca el disfrute de forma indirecta a través de la narración anticipada de las hazañas de Julio. El contraste entre el marido intolerablemente grosero y el joven encantador y sensible —que se revela mediante el diálogo, la composición visual, el aspecto y el comportamiento— parece diseñado para que la decisión de Rosario de quedarse con su esposo resulte más heroica, realzando su sacrificio y cimentando la pasión consustancial al género. Esta negación de la oportunidad de rendirse al amor romántico encaja perfectamente con la fascinación de este género por el exceso.

A pesar de su convencionalismo melodramático, lo trágico de la situación de Rosario provoca todo tipo de ambigüedades acerca de las opciones que se les ofrecen a las mujeres. Mientras que en un melodrama convencional el texto suele considerar el amor romántico, sean cuales fueren las aptitudes de los amantes, como fuente potencial de felicidad, sobre todo para la mujer, en *Una mujer sin amor* este sentimiento acaba por quedar tan sujeto a inhibiciones y tiranías diversas como el matrimonio. El *amour fou*, al que Buñuel otorga una fuerza más al estilo de Gracián que al de Breton, puede tener una cierta justificación regenerativa momentánea, pero a la larga queda viciada por otras actitudes e ideas preconcebidas. La negativa de Rosario a escapar con Julio constituye simultáneamente una deferencia por parte del texto a la ideología de la maternidad y un abandono de las ilusiones del amor romántico.

En la superficie, Julio representa la alternativa ideal a Carlos. Mientras que Carlos se identifica con la ciudad y su corrupción —es propietario, significativamente, de una tienda de antigüedades—, Julio es un campesino ilustrado, un hombre que sigue las enseñanzas de Rousseau, y no un ingeniero de ciudad que, descontento, con las frustraciones de la vida urbana, busca la barbarie* de la naturaleza y el amor. La película establece una serie de contrastes entre los paisajes (sociales) urbanos identificados con el matrimonio, de los que es símbolo, y los ambientes (antisociales) al aire libre asociados con el adulterio. Mientras que a Carlos se le relaciona con interiores y con la ciudad, cuyos límites definen los comportamientos socialmente aceptados, a Julio se le asocia sobre todo con las transgresiones que simboliza la naturaleza.[13] Pero en ocasiones hay una cierta confusión, ya que los espejismos y frustraciones de uno se entrecruzan con el sosiego y la estabilidad del otro.

Durante la merienda en el campo —una atención para con Rosario y Carlitos mientras Carlos está en un viaje de negocios—, Julio hace referencia a los bosques

---

* En español en el original. [*N. de los t.*]

13. En *Adultery in the Novel: Contract and Transgression,* Tony Tanner hace referencia a la idea de la conexión del matrimonio con «la aparición de la capacidad del hombre para establecer límites» (1981, pág. 60).

circundantes como propios, para después reformular levemente el comentario y contentarse con una expresión de identificación con la naturaleza, en esta ocasión un terreno en el que trabaja en calidad de ingeniero. En una escena posterior la asociación de Julio con el aire libre vuelve a ponerse de manifiesto durante una conversación con Rosario a la orilla del río, encuentro durante el que finalmente decide no abandonar a su hijo ni a su marido. Las identificaciones de los amantes con la tierra virgen establecen paralelismos entre el adulterio y los imperativos de la naturaleza, pero también indican, como sugiere Tony Tanner, que «no hay literalmente ningún lugar permanente en el mundo del devenir cíclico social y natural en el que los amantes adúlteros puedan encontrar un sitio, un ámbito propio» (1981, pág. 34). Como si fueran fugitivos, Julio y Rosario sólo encuentran refugio en la mutua compañía; sus tentativas de poner orden en la turbulencia y frustración de sus vidas corren el peligro de reproducir un cuadro de anomalías similar al de las que sobre todo Rosario, al igual que Emma Bovary y otras heroínas literarias y cinematográficas antes que ella, quieren liberarse.

Madre y esposa, obediente a las exigencias de un marido desconsiderado, Rosario está al borde de agravar su subordinación a través de un romance en el que su identidad y *raison d'être* volverían a ser definidas, si se admite la noción de Paz de que la mujer mexicana «simplemente no tiene voluntad» (1991, pág. 43), principalmente a través del sometimiento a las prioridades de otro hombre. Por consiguiente, cuando Rosario se encuenta en la oficina de Julio —espacio oficial de éste y no la puesta en escena pastoral de sus deseos más íntimos— hace un comentario que confirma su servilismo hacia actitudes que han destruido cualquier ambición o iniciativa de autonomía que pudiera haber albergado en el pasado: «Mi casa es ésta, mi marido eres tú». Estas palabras invocan declaraciones de amor conocidas y genuinas, afirmaciones del deseo de estar en compañía de la persona amada eternamente, sentimientos cada una de cuyas sílabas confirman una devoción inquebrantable. Pero, en el contexto de los diversos mecanismos de ironía y exceso que funcionan en este texto, su resonancia va más allá de las verdades literales del amor. Los comentarios de Rosario también constatan, a la luz de su exilio interior a causa del adulterio, la provisionalidad del espacio que ocupa la adúltera en el mundo social. Sacrifica su lugar en la ciudad y en el tejido social, simbolizado por su estatus como esposa y madre en el hogar de su marido, por una alternativa desconocida. Arriesga la estabilidad del matrimonio —de sus privilegios así como de sus desventajas— a cambio de lo inestable del deseo adúltero.

En una vertiente más positiva, el adulterio implica no sólo transgresión sino también emoción, un acto a través del que sentirse vivo de verdad, la gratificación de un impulso en el que se reconoce la incertidumbre y el peligro aunque no necesariamente, como defiende de Rougemont (1956), la muerte. Pero en un sentido más negativo, claro está, la pasión adúltera suele ser un ansia desesperada e indefinida de liberarse de las tiranías en las que el objeto del deseo se convierte en pantalla para fantasías de ideales irremediablemente reñidas con la realidad de los individuos sobre quienes se proyectan. Una ilusión de este tipo se apodera de Rosario, que, como muchas adúlteras de ficción antes que ella, no consigue reconciliarse con la realidad de su infelicidad ni admitir la necesidad de evaluar su propia valía como individuo al margen de otras consideraciones referentes a sus relaciones con sus hijos o con otro hombre. Por tanto, su subyugación a Carlos casi vuelve a formularse en su relación con Julio, ante quien parece estar dispuesta a sacrificar su individualidad y su espacio propios. Renunciará no sólo a su casa sino también a su propia subjetividad en aras de su hombre. Ésta es la parte negativa, ya que lleva hasta el extremo el supuesto de que en el amor romántico uno se descubre a sí mismo a través de la realidad del amante, una ideología que aquí raya en la autoanulación; así de vacía está la vida de la mujer melodramática, sin familia ni amor, y así de paranoico es su miedo a la soledad. Rosario es el equivalente cinematográfico de la heroína mexicana típica de las revistas para mujeres, cuyos atributos son dependencia, inutilidad, humildad y pasividad. Como señala Cornelia Butler Flora: «La heroína en la ficción de las revistas latinoamericanas para mujeres, sea cual fuere su clase social, tiende a mostrarse bien orgullosa y arrogante —para que un hombre de carácter la ponga en su sitio—, bien cariñosa y abnegada, esperando pasivamente a que llegue el hombre adorado» (Butler, 1979, pág. 69).

Cuando Rosario y Julio tocan el tema de la soledad, Rosario comenta que la soledad no existe si se tiene un hijo, ya que la rutina diaria del cuidado del niño elimina la posibilidad de la introspección. Las implicaciones de este comentario sugieren no sólo las muchas satisfacciones de la maternidad sino también la sensación de que incluso cualquier labor pesada es tolerable como modo de evitar enfrentarse a la realidad de su situación. Sin embargo, puesto que la película no puede aprobar abiertamente la introspección femenina (ya que podría llevarla a meditar sobre la forma en que su propia subjetividad está condicionada por la sociedad), no se hace mención del potencial liberador de la soledad. Hasta que al final las circunstancias la obligan a enfrentarse a ella, Rosario aprende a evitar la soledad, a mantenerse ocupada con sus responsabilidades como esposa y madre. Aun así, como en *Sólo el cielo lo sabe* (All that Heaven Allows, 1955) de Sirk, otra narración centrada en la mujer, que relata los sacrificios de una madre por sus hijos, *Una mujer sin amor* se resiste a los mecanismos regresivos del género y al final enfrenta a Rosario con las incongruencias y la confusión que dominan su vida. En *Sólo el cielo lo sabe* la madre contempla un aparato de televisión sin imagen, mientras que los hijos, por quien sacrificó innecesariamente a su amante, ya han crecido, se han ido de casa y han olvidado que ellos lo censuraron por considerarlo inadecuado como marido para su madre; en *Una mujer sin amor*, Rosario se ve obligada a enfrentarse a su propia soledad, rechaza la compañía de sus hijos, reconoce al fin la importancia de la introspección y examina su pasado y la dirección que ha tomado su vida. Al mostrar a Rosario triste y melancólica, se nos induce a pensar que, ni aunque hubiera dejado a Carlos por Julio, quizá hubiera podido liberarse, por muy buen compañero que hubiera resultado éste, de esa espiral de subyugaciones autodestructivas.

En este caso la resistencia a las conformidades ideológicas del género no viene provocada por recelos acerca de las intenciones o la personalidad del amante-héroe Julio, cuyo aire sensible y atento cuenta claramente con la aprobación de la película. Sin embargo, precisamente debido a que Julio es un parangón casi imposible de masculinidad sensible, pueden plantearse preguntas acerca de los contrastes y exageraciones simplistas del melodrama, así como sobre las ironías situacionales de la película, que nos permiten intuir que aunque en un primer momento Rosario habría disfrutado de un *Liebestraum* ideal, el efecto de una unión tan basada en las virtudes de su compañero la habría llevado de nuevo a una enajenación de su propio papel como mujer, y de aspecto relacionado con su propia subjetividad, en el tejido de la sociedad mexicana contemporánea. La sensibilidad extrema de Julio se refleja incluso en su trabajo como ingeniero, aquí representado como una vocación que se identifica con una sensibilidad no sólo práctica sino también estética y creativa, donde el diseño de edificios se convierte en otro indicio de feminización permisible. Por si fuera poco, la película amplía las dimensiones de su ironía situacional en las idílicas escenas pastorales, sobre todo a través del uso de un grupo coral, algo que sigue patrones ya establecidos en el melodrama mexicano (por ejemplo, *Flor silvestre*) y que el propio Buñuel había utilizado en un tono más burlón en *Gran Casino*, realzando el ambiente pasional a través de la música:

> ¿De qué sirve querer / con todo el corazón? / ¿De qué sirve sufrir el deber / respetando un amor? / Pa' mí sólo eras tú. / No por nadie jamás / Eras sólo pa' mí / y besando la cruz / te lo puedo jurar.

La letra de la canción que interpreta el trío plantea dudas acerca del deber y la fidelidad. Esta canción hace referencia claramente al momento decisivo en que la esposa se debate entre su fidelidad al marido y al amante idealizado. La música impregna el aire nocturno, intoxicando a la pareja mientras arropan a Carlitos en la cama. La ironía de la letra, con su suave cadencia y sus armonías agridulces, se deriva del reconocimiento, por parte de los propios amantes, de que sus sentimientos mutuos alcanzan su punto álgido cuando Carlitos se duerme. Aquí queda claramente implícito que, además de buscar el uno en el otro la plenitud del amor romántico, Julio busca en Rosario una madre mientras que ella busca en él a un buen padre. En un principio Julio se acerca a Rosario a través del Carlitos, a quien rescata —lo que contrasta con el rechazo demostrado por su auténtico padre, que preludia la huida del chico— y con el que más tarde traba amistad y se va a pescar y a pasear en barca. Tanto en este momento como más adelante a través del legado que hace a Miguel, su hijo natural, Julio aparece como el buen padre, símbolo de ecuanimidad y justicia, que obtiene satisfacción y placer al liberar su propia feminidad mediante las experiencias compartidas de la crianza y el cuidado de un niño. Rosario ya le ha oído contestar a las groserías de Carlos acerca de las mujeres y el juego con un comentario acerca de lo mucho que le gustaría enfrentarse al reto de la vida familiar:

«Me apasionaría tener una familia». La descripción que hace Melanie Klein de los complejos procesos relacionados con la atracción sexual sirve para resaltar las particularidades de la relación entre Julio y Rosario: «La idea que la mujer tiene de su padre, sus sentimientos hacia él —admiración, confianza, etcétera— pueden desempeñar un papel predominante a la hora de escoger compañero sentimental» (Klein y Riviere, 1964, pág. 88). Más adelante esta autora señala que, si la relación entre el padre y la hija es en cierto modo insatisfactoria, otros modelos masculinos de su infancia (por ejemplo, un hermano, primo o compañero de juegos) podrán modificar o incluso suplantar al ideal auténtico. Su argumentación evita la simplificación al no limitar los comportamientos de búsqueda de modelos a la etapa in-   fantil, y de hecho añade que «las relaciones normales entre adultos siempre tienen elementos frescos que se derivan de la nueva situación —de las circunstancias y las personalidades de la gente con la que entramos en contacto, y de su respuesta a nuestras necesidades emocionales e intereses prácticos como gente madura—» (ibíd., pág. 89).

En cualquier caso —ya sea como resultado de una experiencia infantil o adulta— la búsqueda de Rosario de la figura del buen padre no consigue imponerse a su creencia en la santidad del matrimonio, que aquí se ve como portador de significados sociales de gran importancia de los que, como arguye Tony Tanner, es siempre sumamente difícil liberarse:

> El matrimonio... es un medio a través del cual la sociedad intenta armonizar los patrones de pasión con los patrones de propiedad; en la sociedad burguesa no se trata sólo de conjuntar religión y dinero... sino también de incluir libido y lealtad, además de todas las otras posesiones y productos, incluyendo los niños. Para la sociedad burguesa el matrimonio es un contrato que todo lo contiene, todo lo organiza y todo lo incluye... La importancia radical del matrimonio deja claro por qué fue el adulterio y no la seducción... lo que se convirtió en una cuestión tan crucial (1981, pág. 15).

La negativa de la narración a contemplar un acto de transgresión tan extremo contra el orden social le permite dirigir su atención hacia la complejidad de las relaciones madre-hijo. Dichas relaciones resultan incluso más interesantes cuando Carlitos empieza a sospechar la verdad acerca de Miguel. Hasta este momento, y desde que aparece convertido en adulto, la narración utiliza a Carlitos como medio de cuestionar los principios en los que se basan los hombres para definir y escoger sus objetos de deseo. En una de las primeras escenas en las que aparece Carlitos de mayor, se le ve cortejando a una colega y pidiéndole que se case con él. A estas alturas ya es, al igual que Miguel, médico, y está preparado para sentar la cabeza. Aunque él mismo es objeto de los avances de un enfermera más bien descocada, a la que rechaza en parte por su actitud pero también debido a su inferioridad social, Carlitos tiene la vista puesta en una colega que rechaza diplomáticamente sus atenciones con el comentario: «¿Por qué cambiar la amistad por el amor?». Dirigido a Carlitos, este comentario también parece tener su punto de mira en el público: ¿de verdad merecen más la pena las vicisitudes y los abundantes reveses del amor que la seguridad de la amistad? Por supuesto, sólo una respuesta equívoca es posible, ya que los melodramas familiares como éste, de Buñuel o de cualquier otro director, sólo pueden medrar con la complicidad parcial del público en el ensalzamiento, a cualquier precio, del amor romántico o ideal. En este caso el objeto del deseo de Carlitos da la impresión de adecuarse a la descripción de Freud del patrón narcisista, en el cual, a diferencia del anaclítico, la elección de compañera que lleva a cabo el hombre no refleja el parecido de ésta con su madre, sino consigo mismo (1984a, págs. 80-85). Tanto Carlitos como Miguel se sienten atraídos por una mujer que en muchos sentidos parece distinta a su madre, lo que en el fondo indica un rechazo inconsciente de la asimilación de ésta a una ideología de la maternidad que se ha negado cualquier otra forma de satisfacción, sobre todo en lo que a carrera respecta. El narcisismo de Miguel queda compensado por otras tendencias más amables y extrovertidas que lo hacen mucho más accesible y deseable como marido que Carlitos, cuyos resentimientos e inflexibilidad lo convierten en una versión, más educada y posiblemente con mejores modales, de alguien tan tradicional como su padre.

Carlitos, que al intentar (sin lograrlo) escoger su objeto de amor, rechaza inconscientemente a su madre y busca una pantalla narcisista para su deseo (lo que según Freud no es necesariamente incompatible con otras tendencias más anaclíticas), proyecta de este modo su miedo latente a las mujeres, haciendo así que adquiera un mayor patetismo la decisión de la madre de abrumar a los hijos con todo el peso de su atención emocional. El narcisismo de Carlitos tiene su origen, de acuerdo con el texto, en los sacrificios que su madre ha hecho por él. Se nos permite deducir que, al haber rechazado la posibilidad de escapar con Julio, Rosario ha sobrevalorado su amor por los hijos, primero por Carlitos, pero más tarde también por Miguel, lo que ha llevado al primero a ver a las mujeres como seres dedicados a la gratificación de deseos narcisistas, un proceso cuyos efectos impiden al niño y más tarde al adulto responder a la realidad de la mujer.

En cuanto Carlitos sospecha la infidelidad de su madre, estos sentimientos de hostilidad reprimida hacia las mujeres —sentimientos derivados de una atención maternal claustrofóbica— adquieren un tono menos ambiguo en su modo de tratar tanto a Luisa, la novia de su hermano, como a su madre. Luisa se convierte en blanco de puyas sarcásticas acerca de la perfidia y el materialismo irredimibles de todas las mujeres: «¡Qué seres sentimentales y desinteresados son las mujeres!». En la boda de su hermano brinda, una vez más con sarcasmo, por «la fidelidad de la mujer». Sus fijaciones infantiles aún sin resolver, en las que se mezclan el temor y el deseo hacia su madre, se formulan visualmente cuando Rosario, que ya empieza a percibir las sospechas de su hijo, intenta una noche calmarlo, gesto con el que sólo consigue agravar su hostilidad después de que éste la haya descubierto absorta en la lectura de una de las viejas cartas de amor de Julio.

La reacción extrema de Carlitos contra la infidelidad pretérita de su madre tiene una multitud de posibles causas interrelacionadas. Entre ellas se incluye la lealtad natural del hijo hacia a su padre, la sensación de vergüenza y rechazo que provoca el engaño de una madre, y una identificación más general con el orden social cuyos valores se han ultrajado tan escandalosamente. El fracaso de Carlitos con las mujeres, que Luisa simboliza al rechazarle, su aire más bien severo, su brusquedad con la enfermera y, sobre todo, la identificación con su padre a través del nombre de pila, destacan su incapacidad de aceptar la protección o incluso sobreprotección de la madre, un patrón de comportamiento que confirma lo que Karen Horney, tras los pasos de Freud, ha definido como el miedo del niño hacia las mujeres, a las que ve como un sexo cuyo objetivo es rechazar y ridiculizar al hombre (1967, págs. 133-146). El rechazo que sufre Carlitos, el adulto/niño, y que es permanente en el caso de Luisa, ya que ésta prefiere a Miguel, y sólo temporal en el de Rosario, que a pesar de toda su protección y abnegación llegó a sopesar la posibilidad de abandonarle por Julio, confirma sus temores más oscuros. El hecho de que Luisa prefiera a Miguel y Rosario a Julio, a pesar de que al final ésta se niegue a abandonar a su hijo, va inevitablemente ligado a una fantasía en la que aparecen rivales más viriles y mejor dotados. La mera posibilidad de que Luisa y Rosario le rechacen provoca una mayor ansiedad, ya que el deseo de probar su hombría se ve frustrado. Como señala Karen Horney, cuanto más le rechazan, menos capaz es el hombre de satisfacer esa necesidad interna: «En el comportamiento sexual vemos que la simple sed de amor que lleva a los hombres a buscar a las mujeres se ve a menudo eclipsada por una arrolladora necesidad interior de probar su hombría una y otra vez tanto ante sí mismos como ante otros» (1967, pág. 145). El patrón de ira y ansiedad reprimidas no puede romper el círculo vicioso; Carlos, el padre, se convierte en Carlitos, el hijo, que vuelve a convertirse de nuevo en el padre y supedita la realidad de las mujeres a la tiranía de fijaciones infantiles.

Ninguna de estas cuestiones relativas a las neurosis que sufren hombres como Carlitos queda resuelta en el desenlace, que una vez más, como en *El gran calavera*, *Susana* y *La hija del engaño*, se ciñe al modelo de arbitrariedad —los dos hijos se abrazan al grito de «¡Hermano!»— característico del melodrama. La ironía complica la mayor parte de los finales felices de Buñuel, ya sea en las películas de autor o en filmes comerciales como éste. En la obra de autor *Diario de una camarera*, el comentario irónico sobre un futuro de felicidad conyugal para los protagonistas emparejados —Célestine con el capitán, Josef con una prostituta— corre a cargo de una tormenta eléctrica. En el melodrama comercial *Una mujer sin amor*, los recuerdos de la narración y sus exageraciones en cuanto a personajes, puesta en escena y música (los exuberantes compases de la música al estilo de Brahms compuesta por Raúl Lavista tiñen la soledad forzosa de Rosario), al igual que la arbitrariedad del repentino cambio de opinión del hijo neurótico que consiente en olvidar y perdonar el pasado, restan valor al desenlace. Ahora Rosario tiene una fotografía de Julio en la repisa de la chimenea de su solitaria casa. Pero en una película dedicada en gran medida a la definición del comportamiento adulto como algo elaborado a partir de los residuos de la infancia, un gesto de reconciliación semejante no tiene mayor credibilidad que la realidad —en oposición a la fantasía romántica o idealizada— del hombre por cuyo amor una mujer prefirió acabar recluida en casa.

2.3. *Los olvidados* y «lo siniestro»

¿Quién es la Chingada? Ante todo es la madre.

Octavio Paz, *El laberinto de la soledad*

Sinopsis: Pedro y Jaibo forman parte de una banda de delincuentes en la ciudad de México. Roban a un ciego (don Carmelo), que acaba por hacerse amigo de un joven indio al que ha abandonado su padre. Asaltan a un lisiado indefenso y Jaibo asesina a otro chico, al que acusa de traición. Pedro busca desesperadamente el amor de su madre, pero ella no le muestra ningún afecto porque es fruto de una violación. Ella convence a Pedro para que se entregue a las autoridades, que le envían a un reformatorio. Jaibo, el huérfano, seduce a la madre de Pedro. Los dos chicos vuelven a encontrarse fuera del reformatorio. Jaibo mata a Pedro para robarle el dinero que le ha confiado el director del reformatorio. Al final, la policía mata a tiros a Jaibo.

Tras la escasa repercusión de los primeros melodramas mexicanos de Buñuel, el estreno de *Los olvidados* en 1950 provocó el mismo tipo de explosión que *La edad de oro* en París en 1930, y luego *Viridiana* en España en 1961. Intelectuales radicales de izquierdas arremetieron contra la película por su aparente defensa de los valores burgueses; figuras públicas y políticos mexicanos de primer orden pidieron la expulsión de Buñuel del país (el director ya tenía la nacionalidad mexicana por aquel entonces). Jorge Negrete, estrella de *Gran Casino* y presidente del Sindicato de Actores, informó a Buñuel de que si él hubiera estado en México en aquel momento habría impedido que se realizase semejante película. Sin embargo, con el paso del tiempo, después de que Pudovkin la alabara en *Pravda* y recibiera el premio especial de la crítica en Cannes, *Los olvidados* ocupó su lugar como una de las obras de autor clave en la trayectoria de Buñuel.

Al no verse obligado a trabajar dentro de las limitaciones de las formas populares y comerciales, Buñuel evitó escoger un guión basado en una narración literaria, abandonó otro proyecto (*Mi hermanito, jefe*), y, siguiendo el consejo de su productor Oscar Dancigers, prefirió realizar una película basada en artículos periodísticos acerca de la misera urbana (incluso el detalle que se reproduce al final de la película del cadáver de un chico encontrado en un vertedero), descendiendo al submundo de las partes más duras de la ciudad de México, acompañado de Luis Alcoriza, el guionista, y Edward Fitzgerald, el director artístico, para pasar unos seis meses familiarizándose con estas áreas e incluso consultando a psiquiatras acerca del problema de la delincuencia. En su retrato de la miseria urbana a través de las vidas de los delincuentes Jaibo, Pedro y sus compañeros, y por medio de la historia de un niño —que más tarde conoceremos como Ojitos— a quien sus nuevos amigos abandonan, la película refleja las realidades de la vida mexicana contemporánea dejando al descubierto la traición de sucesivos gobiernos supuestamente comprometidos con la reforma social. En la época en la que se rodó la película Miguel Alemán era presidente de México. Su presidencia (1946-1952) coincidió, como señala Carl J. Mora (1989, pág. 75), con la edad dorada de la industria cinematográfica mexicana así como con un periodo de prosperidad económica que, quizá inevitablemente, no se dejó notar demasiado en las vidas de los más pobres. El mandato presidencial de Alemán se recuerda, entre otras razones, por un progreso sin precedentes en México de los programas de construcción de carreteras (Niedergang, 1971, pág. 265). Durante su mandato también se fundó la Universidad de México, pero, para los de abajo,* los analfabetos y desposeídos de la época, los avances en construcción de carreteras y educación superior difícilmente pudieron suponer consuelo alguno. En las vidas de los más miserables, ni siquiera se notaron las tentativas de la reforma de carácter social de Lázaro Cárdenas, uno de los anteriores presidentes. Para cuando se rodó *Los olvidados*, la política de Cárdenas de reparto de la tierra entre los indios —de acuerdo con Niedergang, tuvo como resultado la transferencia de 15 millones de hectáreas a más de 80.000 granjeros (1971, pág. 272)— ya se había invertido, y Ojitos, el pequeño indio del campo (de Los Reyes) simboliza la derrota del socialismo a manos de instintos más *porfirianos* de gobiernos posteriores.

El espíritu de Porfirio Díaz, que seguía vivo en la sociedad mexicana, lo representa en *Los olvidados* el músico ambulante don Carmelo, cuya ceguera y escuálido aspecto son expresión no sólo de desventaja económica y biológica, sino también de la supervivencia en la sociedad mexicana de un ideal político empobrecido, corto de miras y a la larga destructivo. Interpretado por Miguel Inclán, un veterano de la maldad melodramática en las películas mexicanas, Carmelo constituye el ataque indirecto de Buñuel contra un «sólido» gobierno de derechas, una crítica intertextual intransigente de películas en favor de Porfirio como la obra de Oro *En tiempos de Don Porfirio*, el filme de mayor éxito en taquilla en 1939, que protagonizara Fernando Soler, patriarca inflexible en los melodramas de Buñuel de finales de los cuarenta y principios de los cincuenta.

Al abandonar Cárdenas su cargo y desaparecer con él las orientaciones socialistas experimentales del cardenismo,* la trayectoria política del país adoptó una índole más burguesa, caracterizada por la restitución del respeto por la ley, el orden y la religión, así como por una actitud más amistosa para con los Estados Unidos, tendencias sin duda alguna reflejadas en la popularidad de los melodramas y las comedias familiares de la década de los cuarenta, con su representación de realidades mexicanas subordinadas a procesos ideológicos de negación y utopismo. A este respecto, como ha observado Mora (1989), el efecto de la presencia e in-

---

* En español en el original. [*N. de los t.*]

fluencia de Eisenstein en la industria cinematográfica mexicana tras la malograda filmación de *¡Que viva México!* (1931-1932) ha tenido un valor ambivalente. El estílo lírico de Eisenstein, que se ganó la aprobación del gran muralista Rivera e inspiró a directores como Emilio «el Indio» Fernández, condujo a la creación de imágenes de extraordinaria belleza, sobre todo en la representación del paisaje y la vida indígena, fomentando al mismo tiempo la distorsión de las realidades contemporáneas a través de un tono exageradamente conmemorativo y utópico. Esta tendencia quizá tenga su ejemplo más vigoroso en *María Candelaria*, una película —junto con *Nosotros los pobres* (1947)— con la que *Los olvidados* parece mantener, a ciertos niveles, un estrecho diálogo. Si *Nosotros los pobres* constituye un punto de partida para el ataque de Buñuel contra el tratamiento sentimental de la delincuencia, *María Candelaria* quizá le indujo no sólo a reconsiderar el tratamiento del indio —sobre todo a través de su enfoque de la pareja romántica intepretada por Pedro Armendáriz y Dolores del Río— sino también a idealizar el campo por medio de la fotografía, inspirada en Eisenstein, de Gabriel Figueroa. En *María Candelaria* Miguel Inclán interpreta otro de sus papeles de malvado —esta vez como el tendero mestizo* cuya crueldad provoca la tragedia que se cierne sobre la pareja india, pobre pero noble—, que eclipsa su versión en absoluto sentimental del buhonero ciego en *Los olvidados*.[14] Da la impresión de que Dolores del Río, que se negó a trabajar bajo la órdenes de Buñuel en *Doña Perfecta* (prefiriendo a Roberto Gavaldón), también queda desconstruida en *Los olvidados* a través de la actriz Stela Inda: la frente amplia, la tersa piel de sus pómulos prominentes y la melena retinta, espesa y rizada recuerdan y en cierto modo redefinen los rasgos indígenas más finos y levemente más etéreos de Dolores del Río. El aspecto ajado y urbano de Estela Inda —idóneo para una madre que tiene que sacar adelante a su familia por sí misma— confiere un tono más áspero a su aura de mujer cuyas necesidades sexuales no se han visto mermadas por la violación, la pobreza y la muerte, y cuyas relaciones tanto con sus propios hijos como con otros —sobre todo con un Jaibo dominado por el ello— no quedan comprometidas por ninguno de los elementos más superficiales que rodean a una estrella como Dolores del Río.

En películas como *María Candelaria* y *Flor silvestre* estas cualidades encuentran su correlación visual en la fotografía de Gabriel Figueroa, cuyos paisajes líricos y utópicos, en los que destaca el cielo abierto del nuevo mundo, se dejan deliberadamente de lado en *Los olvidados* en favor de una imagen de privación urbana, que aun así mantiene su valor estético. Lo más que el filme le permite acercarse a captar las formas y texturas de la naturaleza se aprecia en una escena en la que unos

---

* En español en el original. [*N. de los t.*]

14. Aunque Pedro Armendáriz no aparece en *Los olvidados*, Buñuel cuenta con él en *El bruto*, película que desconstruye sus papeles de héroe estereotipado en películas como *María Candelaria*, *Distinto amanecer*, *Flor silvestre*, etcétera.

enormes cactus se abren paso hasta el encuadre, realzando en un primer plano la urgencia y violencia del deseo sexual. Aquí no hay ni rastro, por tanto, de las riberas cubiertas de carrizos ni de los horizontes surcados por nubes de *María Candelaria*, ya que la mayoría de los planos exigen una iluminación y composición adecuadas a la tierra baldía en la que viven los desposeídos de México.

Estos procesos desmitificadores están inspirados en una narración subversiva, en parte realista, en parte estilizada, que se basa sobre todo en formas de expresionismo europeas, aunque también, en menor grado, de Hollywood, y, en un sentido más general, en las tradiciones de lo gótico (no sólo los clásicos ingleses y americanos de los siglos XIX y XX que escribieran Poe, Lewis, Maturin, las Brontë, etcétera, sino también sus variantes hispánicas en las obras de Quevedo, Goya, Rulfo y Cortázar, entre otros), que aquí adquieren una suerte de cualidad amenazadora heredada de uno de los pintores preferidos de Buñuel, Zurbarán (Buñuel, 1982a, pág. 51).

En este caso la realidad está bajo la presión constante de la irrealidad, ya que escenas que exigen una estética tremendamente estilizada enjuician y cuestionan el predominio de otras que parecen, al menos superficialmente, corroborar el prólogo de la película, en el que se asegura que los incidentes de la narración están basados en personas reales que viven en ciudades auténticas. Muchos críticos —por ejemplo Buache (1973) y Oms (1987)— han puesto de manifiesto los paralelismos entre *Los olvidados* y otras películas sobre delincuentes. *Los olvidados* podría incluso interpretarse como un comentario crítico acerca, sobre todo, de las películas de Hollywood de este género. Comienza con un prólogo que en ciertos aspectos recuerda al de *Forja de hombres* —«Ésta es la historia del padre Flanagan y del hogar para jóvenes que construyó en Nebraska. Hay un lugar como la Ciudad de los Muchachos. Hay un hombre como el padre Flanagan»— pero ya aquí se distingue un enfoque diferente. Mientras que Hollywood prefiere un tono dramático individualizado, *Los olvidados* opta por el documental realista e imparcial. En cuanto a la narrativa, mientras que Hollywood transmite una ideología romántica en la que, a través de los mecanismos de la ley patriarcal (sobre todo la religión, encarnada en la persona del padre Flanagan, interpretado por Spencer Tracy, que actúa con el beneplácito de otros pilares de la sociedad: la prensa, los servicios sociales, la policía, y la empresa capitalista), los delincuentes se redimen de sus malos actos, *Los olvidados* no ofrece un optimismo semejante, pues afirma que incluso cuando los individuos tienen intención de reformarse, las circunstancias suelen ponerse en su contra. De este modo, Pedro busca la redención, pero Jaibo vuelve para acabar con él.

Las referencias a «personajes auténticos»* y el estilo visual del inicio documental de *Los olvidados* (que también se aprecia en películas como *La edad de oro*, *Las Hurdes* y *Los ambiciosos*) responden al deseo no sólo de exponer los horrores de la vida contemporánea, sino también de hacer un guiño lúdico e irónico, incluso en

---

* En español en el original. [*N. de los t.*]

la más oscura de sus películas, a las formas cinematográficas realistas y neorrealistas (sobre todo en su vertiente italiana, caracterizada por Rossellini y De Sica) y de meditar sin tapujos sobre las relaciones entre película y espectador.

Es posible que las tensiones entre realismo y fantasía, que implican una narración intrincada y una subversión estructural, estén relacionadas con la fascinación de Buñuel por los elementos maravillosos o fantásticos de lo común, una tendencia compartida con algunos de sus coetáneos literarios latinoamericanos, sobre todo con Cortázar (una de cuyas historias, *Las Ménadas*, tenía planeado filmar). Se trata de una tendencia que quizá se entienda mejor a través de las ideas de Freud en «Lo siniestro» (1990), que también ayudan a clarificar las inquietudes de la película por las vicisitudes de la vida familiar.

Los constantes comentarios de Buñuel acerca de sus preferencias por un cine de misterio e imaginación se oponen a sus propias concesiones al documental y el realismo. Incluso al final de su vida, insistía en que el surrealismo estuvo siempre caracterizado no sólo por la moralidad y la revolución sino también por la poesía (Buñuel, 1982b, pág. 132). En su conferencia «El cine, instrumento de poesía», Buñuel señala: «El misterio, elemento esencial de toda obra de arte, falta, por lo general, en las películas» (*ibíd.*, pág. 184), y más adelante, mostrando un aprobación que dista mucho de ser absoluta, se refiere a la influencia del neorrealismo:

> El neorrealismo ha introducido en la expresión cinematográfica algunos elementos que enriquecen su lenguaje, pero nada más. La realidad neorrealista es incompleta, oficial; sobre todo razonable; pero la poesía, el misterio, lo que completa y amplía la realidad tangente, falta en absoluto en sus producciones. Confunde la fantasía irónica con lo fantástico y el humor negro (*ibíd.*, pág. 186).

El influjo del neorrealismo en *Los olvidados* no puede descartarse con tanta facilidad como le gustaría a Buñuel. Aun así, también es innegable que la contribución de dicho movimiento a esta película queda, utilizando una palabra de Buñuel, «completada» por la influencia del sueño y la fantasía. Los orígenes del neorrealismo yacen entre las ruinas del fascismo alemán e italiano tras el final de la Segunda Guerra Mundial, y responden a la necesidad de los intelectuales italianos de izquierdas de «romper con la herencia cultural del fascismo y en concreto con los esquemas artísticos retóricos que no parecían tener relación alguna con la vida tal y como se vivía» (Cook [comp.], 1985, pág. 36). Este movimiento promovió una estética, en modo alguno uniforme, de autenticidad visual, que dependía en gran medida del rodaje en exteriores y el uso de actores no profesionales, así como de temáticas profundamente comprometidas con la reforma social, centradas en la experiencia humana cotidiana. A este respecto *Los olvidados* presenta numerosos paralelismos con *El ladrón de bicicletas* (Ladri di biciclette, 1948) o *Roma, ciudad abierta*. Jaibo y Ojitos están interpretados por actores no profesionales, hay una buena cantidad de metraje rodado en exteriores, y la película transmite un mensaje

—aunque quizá no en sus niveles más profundos— acerca de la injusticia social. Sin embargo, en su evocación de las realidades de los barrios bajos* de la ciudad de México, *Los olvidados* va más allá de la prosa del documental y entra en la poesía del gótico mexicano, transformando la escoria en metáfora, lo vulgar en fantástico, lo conocido en desconocido e inquietante. Este proceso ya resulta evidente en *Suburbios* (1923), uno de los textos literarios del joven Buñuel:

> Suburbios, arrabales, casas últimas de la ciudad. A este conglomerado absurdo de tapias, montones, casitas, jirones mustios de campo, etcétera, se refieren estos motivos... El bostezo inacabable del suburbio, sus ojos ribeteados y marchitos, son siempre el maleficio tremendo de la ciudad... Los habitantes han sido víctimas del mordisco rabioso que les produjo el alma del suburbio (Buñuel, 1982b, págs. 91-92).

Aranda afirma (1975, pág. 254) que este texto se escribió bajo la influencia de obras realistas del siglo XIX, pero, incluso si está en lo cierto, consigue impactar por medio de metáforas (bostezos, ojos, etcétera) que desdoblan la realidad observada —vista a través de las perspectivas de la razón y la imaginación—, un proceso que resulta muy evidente en la filmación de las escenas en exteriores, y también de otras, en *Los olvidados*. El propio Buñuel recurre a Breton para aclarar este proceso: «Lo más admirable de lo fantástico es que lo fantástico no existe, todo es real» (1982b, pág. 186).

Buñuel hace hincapié en que su compromiso con la fantasía y el misterio no conlleva el repudio de las preocupaciones de la vida cotidiana, lo que coincide con la opinión de Breton de que el surrealismo es un *sous*-realismo además de un *sur*-realismo, en el que la propia realidad es el centro de atención. Uno de los modos más impactantes en que *Los olvidados* se convierte en reflejo de las realidades de la vida cotidiana tiene que ver con el uso del lenguaje popular, sobre todo en el discurso de la pandilla de delincuentes, que otorga a los chavales una identidad en la rebeldía, la solidaridad o la diferencia. Las películas de Buñuel se centran en las relaciones habituales entre hombres y mujeres, pero lo hacen por medio de complejos procesos de misterio y fantasía, metáfora e imaginación. Sus películas utilizan el lenguaje del discurso creativo, no del simple documental.[15]

En *Los olvidados* los misterios de la experiencia humana, la afrenta al orden burgués, y el estudio de la vida familiar se expresan a través de procesos melodramáticos filtrados a través del género gótico. Según David Punter (1980), «gótico» es un término complejo que, en su definición específica de las novelas escritas entre finales del siglo XVIII y principios del XIX, evoca una poética de terror, escenarios lúgubres, acontecimientos sobrenaturales, heroínas perseguidas, monstruos,

---

15. Monegal hace hincapié en este particular: «Buñuel es ante todo un poeta. No sólo antes de ser otra cosa, porque su vocación frustrada fuera la de escritor, sino por haber aplicado a su obra cinematográfica una concepción estética que desarrolló en el ejercicio de la literatura» (1993, pág. 15).

vampiros y hombres-lobo. Sin embargo este término ha ampliado sus horizontes considerablemente para dar cabida a los escritos del siglo XX, tanto en inglés como en otras lenguas, y se ha extendido al cine, sobre todo al expresionismo alemán y al cine de terror de Hollywood y de la Hammer británica. Las películas de terror, que en parte se inspiran en la poética de las novelas del siglo XIX, conservan en algunos casos los marcos de época, pero en ocasiones también recurren a un contexto contemporáneo para la representación de lo monstruoso. En ambos casos, al igual que en los textos literarios contemporáneos, hay una inclinación característica por mencionar y mostrar aquello que no puede nombrarse ni verse, por la transgresión contra el tabú, por el caos que se impone al orden, por el desafío a la autoridad establecida, y por la confusión entre formas naturales y socializadas de comportamiento humano, todo ello expresado a través del humor negro y de una forma reñida con el realismo. Aunque no sea una película de terror en el sentido estricto del término —ya que no alcanza el cupo de elementos genéricos necesarios—, *Los olvidados* comparte sin embargo muchas de las motivaciones y características de la literatura y el cine de terror góticos.

Al meditar sobre los horrores monstruosos y rutinarios de la vida cotidiana, la película se basa —a veces indirecta (a través del contexto deshumanizado, su interés en la sexualidad y la violencia y por medio de su inquietud por la percepción y la respuesta del público) pero en ocasiones también directamente (sobre todo en la escena del sueño de Pedro acerca de su madre, Julián y Jaibo)— en los elementos ortodoxos de este género.[16] *Los olvidados* debe considerarse como parte de la atracción —más amplia e influida por Sade— de Buñuel por este género, interés que le llevó a elaborar un guión a partir de *El monje* (1796) de Matthew Lewis (que utilizaría como base para una película Ado Kyrou, y no el propio Buñuel, en 1972), en el que el director aragonés incluyó una escena de un cuento de Bécquer, en la que se dejan sentir los elementos góticos. Por su parte, *Abismos de pasión* no es sólo un melodrama centrado en la familia sino también —con su escenario original lóbrego, frío y nórdico, transferido al mundo desecado, asfixiante y sureño de la sociedad mexicana— el compromiso más firme de Buñuel con el gótico. Pero mientras que, con un marco inalterado del siglo XIX, violentas galernas, personajes crispados por la pasión, violencia y necrofilia, *Abismos de pasión* (la versión de Buñuel de *Cumbres borrascosas*) se ciñe más estrictamente a las normas del prototipo, *Los olvidados*, con un marco contemporáneo, parece más dispuesta a revelar lo que Freud describe como elementos «siniestros» de la vida cotidiana.

El ensayo de Freud sobre «Lo siniestro», al igual que una buena parte de su obra, yace en el núcleo de las películas de Buñuel. Las referencias que en él se hacen a manos cortadas deben ser al menos en parte responsables respecto de la recu-

---

16. Agustín Sánchez Vidal describe el sueño de Pedro sobre su madre del siguiente modo: «Es una pesadilla que Buñuel maneja habilísimamente, jugando con todo el potencial irracional afectivo (y trágico) del Edipo» (1984, pág. 130).

rrencia de este motivo en *Un perro andaluz* y *El ángel exterminador*. En lo que que se refiere más específicamente a la temática de esta película, el interés de Freud por el simbolismo del ojo —inspirado por un análisis de la historia de Hoffmann sobre el «hombre de la arena»*— tiene una importancia tan crucial como su más detallada argumentación, sobre los sentimientos contradictorios de seguridad e inseguridad que se derivan de las actitudes hacia lo conocido y lo desconocido.[17] La definición que hace Freud de lo siniestro como «esa variante de lo aterrador que retrotrae a lo que se conoce desde hace tiempo y resulta familiar» (1990, pág. 340) confirma la idea de que lo siniestro también se deriva de la proyección de miedos y deseos inconscientes sobre el entorno y gente con la que uno entra en contacto. Como señala Rosemary Jackson, «las escenas aterradoras de la literatura siniestra las producen ansiedades ocultas que guarda en su interior el sujeto, quien más adelante interpreta el mundo según sus aprensiones» (1981, págs. 64-65).

El interés de esta película por la percepción —lo que refleja el énfasis tanto del arte gótico en general como del ensayo de Freud sobre lo siniestro en particular— realza los esquemas de metamorfosis a través de las que contextos, objetos o personas conocidas y comunes en la vida cotidiana se transforman en fuentes de ansiedad o temor. Se trata de un patrón incesantemente repetido en otros filmes. En *Nazarín*, por ejemplo —una película que subraya pero también ironiza y pone en tela de juicio la influencia benévola del cristianismo— Beatriz ve en ocasiones, a través de un personaje tan similar a Cristo como Nazarín, a un redentor benigno. Sin embargo en un punto crucial, ve en un sueño a un Cristo desdeñoso y riente rayano en lo siniestro, un Cristo al estilo de Baudelaire; la hostilidad reprimida y las obsesiones sexuales de Beatriz transforman la imagen familiar del Buen Pastor en una figura desconocida —aunque también familiar en su subconsciente— y amenazante.

En *Los olvidados*, los planos subjetivos y el constante uso de los ojos y de metáforas relativas a ellos obligan al espectador a ver lo familiar como extraño o, mejor dicho, como proyección de rarezas e inquietudes reprimidas. Este proceso de metamorfosis alcanza su formulación más compleja en el uso que hace la película de la puesta en escena, los animales y los personajes femeninos. Las abarrotadas chabolas de los inquilinos locales, los espacios abiertos de tierra baldía, las calles estrechas y lóbregas de las escenas nocturnas, y la presencia ominosa del edificio inacabado —quizá la imagen más poderosa de lo siniestro, cuyo armazón desnudo deja al descubierto una estructura interna de indiferencia acerada y de hostilidad en medio de un mundo cruel e inhóspito— constituyen proyecciones de inquietud y malestar, una revelación de la oscuridad en el corazón de la vida urbana moderna.

---

* El hombre que, en los cuentos infantiles de ciertas tradiciones, espolvorea arena en los ojos de los niños para que se duerman. [*N. de los t.*]

17. Las metáforas sobre el ojo son un rasgo muy frecuente en el surrealismo. Véase, por ejemplo, Éluard (1939).

Al igual que las estructuras físicas, los diversos animales de la película —perros, burros y pájaros (una paloma, gallinas y un gallo)— forman parte de este patrón de metamorfosis kafkiana. Por ejemplo, en plena noche aparecen misteriosamente unos perros que siguen a Ojitos y a Pedro tras su encuentro con el padre de Julián. Pero lo que aquí parece común se convierte más tarde, a través del montaje y el vestuario, en algo inquietante y extraño. En algunos casos esta cualidad adquiere un tono de humor negro, como cuando, mientras la madre de Pedro y Jaibo hacen el amor en el interior, la cámara pasa por corte a dos perros que bailan, logrando que los cursis atuendos de payaso y las posturas de los canes constituyan un agrio comentario tanto sobre los deseos animales de la pareja que copula en el interior de la habitación como sobre lo irracional y absurdo de instintos que satisfacen a los amantes y al mismo tiempo los convierten en patéticos bufones.[18] En otras ocasiones este proceso tiene una dimensión mucho más siniestra, como cuando, justo al final, un perro pasa por encima del cadáver de Jaibo.

La burra, asimismo, se convierte por contexto no sólo en la criatura inofensiva y cariñosa de las postales navideñas o de las historias de Juan Ramón Jiménez o Robert Louis Stevenson, sino también en una figura de maternidad vicaria —Ojitos, famélico, mama de sus ubres hasta dejarlas secas— para unos chicos que, como Peter Pan, buscan madres ausentes y sustitutas de las mismas. Después de que Jaibo mate a Pedro en plena noche, la burra alerta a Meche de lo que ha sucedido. Al percatarse de que ha ocurrido algo en el cobertizo a raíz de lo cual han quedado libres los animales, Meche insta a su abuelo a que tome parte en el asunto. Mientras el abuelo y Meche llevan el cadáver de Pedro a lomos de un burro camino del vertedero, la trayectoria del grupo en un plano general recuerda —como sugiere Marcel Oms con gran acierto (1987, pág. 116)— la huida a Egipto de la Sagrada Familia. En retrospectiva, por tanto, Pedro se convierte en una evocación oscuramente irónica del Niño Dios sacrificado y Meche, la sustituta de la Virgen normalmente reconocible y próxima, o *heimlich* («íntima»), que, al convertirse en cómplice de un acto no de atención maternal, sino, muy al contrario, de cobardía y traición —llevando a Pedro al vertedero para evitar el interrogatorio de la policía—, revela la amenaza oculta de una infancia que no está exenta de los contagiosos males de las circunstancias materiales.

Pero quizás el uso más complejo de los animales tenga que ver con las apariciones de diversos tipos de pájaros. Si en las película de Buñuel los insectos son los actores no humanos más característicos, los pájaros (que aparecen amenazadores, por ejemplo, en *Diario de una camarera* y *Abismos de pasión*) son los más ominosos. Él mismo confiesa, fuera de la pantalla, su actitud contradictoria respecto a los pájaros:

---

18. El perro como comentario simbólico sobre la actividad amorosa humana vuelve a aparecer en *Tristana*, cuando, antes de seducir a su pupila, Don Lope echa al perro del dormitorio.

[...] sentía rechazo. Un ave de cualquier clase, un águila, un gorrión, una gallina, los sentía como elementos de amenaza. ¿Por qué? No sé. Es algo irracional, relacionado quizá con mi infancia. Pero las aves nocturnas, sobre todo un búho, o una lechuza, me resultaban simpáticas, me atraían (Pérez Turrent y de la Colina, 1993, pág. 51).

En *El ángel exterminador*, una mujer, al salir de un armario que los invitados atrapados han convertido en excusado de forma provisional, exclama que ha visto el campo, un abismo y un halcón. Buñuel da una explicación autobiográfica a este comentario al decir que en el pueblo aragonés de Molinos en el que creció solía haber un excusado junto a un precipicio, que se asomaba al abismo. Cierto día, mientras hacía de cuerpo en dicho lugar, vio pasar un halcón negro. Este detalle tiene su lugar surrealista en el ambiente claustrofóbico de *El ángel exterminador*. Pero es también otra indicación de un recelo de los pájaros que halla expresión obsesiva en una película. Curiosamente, quizá, a la vista de los amenazantes búhos o monstruos semejantes a búhos de Goya (por ejemplo, *Caprichos* números 36, 43, 61 y 72), las aves nocturnas le gustaban más. Pero los monstruos alados diurnos son tan habituales en Goya (por ejemplo, *Capricho* número 75, *Disparate* número 13) como en los bestiarios de pesadilla de El Bosco. Para Buñuel, paradójicamente, las aves diurnas son las criaturas de pesadilla, pero sea cual sea la explicación más apropiada para entender la psicopatología de su director, en las películas de Buñuel se utilizan los pájaros en esquemas diversos relacionados con las nociones, en parte inspiradas en Freud pero también determinadas por la sociedad, de lo siniestro. La asociación de los pájaros con la violencia o la muerte es un lugar común en el arte occidental (por ejemplo Hitchcock en *Psicosis* [Psycho, 1961] o *Los pájaros* [The Birds, 1963]), pero es posible que Buñuel tuviera como fuentes más inmediatas, aparte de Goya y El Bosco, las tradiciones mitológicas y clásicas (por ejemplo, Júpiter con forma de cisne, etcétera) y las referencias de Lorca a los gallos en el *Romancero gitano* (1928), sobre todo en un poema acerca de las «piquetas del gallo».* En el argot castellano también se produce una identificación de las aves con la sexualidad: «pájaro»* significa «pene» y se dice que una mujer desvergonzada es «más puta que las gallinas».* Cuando a esto se suman los recuerdos de la infancia de Buñuel en Aragón, entre ellos los miedos de los niños a que los pájaros les picasen en los testículos mientras hacían sus necesidades, se observa sin duda alguna una mezcla de fuentes visuales y verbales lo bastante potente como para hacer que el más duro de los surrealistas sienta aprensión hacia la mayoría de las especies de pájaros. La palabra huevos,* cuyo doble sentido conocen de sobra los hispanohablantes, refuerza esta asociación entre pájaros y sexualidad.

En *Los olvidados* estas asociaciones de los pájaros con la violencia, la muerte o la sexualidad sólo resultan claras si se tiene en cuenta su presencia perfectamente

* En español en el original. [*N. de los t.*]

lógica y normal en los hogares de las barriadas en las que habitan los desposeídos de México. Los animales constituyen en muchos casos el sustento de los habitantes de estos suburbios. Los huevos de las gallinas, o la leche de las burras y las cabras, garantizan la supervivencia de sus necesitados dueños. Sin embargo esta convivencia tan próxima está exenta de todo sentimentalismo. La cohabitación con los animales no conduce a un idilio pastoral caracterizado por un comportamiento humano creativo o más natural gracias al instinto, sino a un apetito más furibundo incluso de violencia y destrucción. Ni siquiera Pedro, al que según escribe en su informe el director del reformatorio le encantan los animales, vacila en matar dos pollos en un ataque desplazado contra todas las figuras de autoridad que le han dejado en la estacada a lo largo de su vida. Todos los animales forman parte de una puesta en escena próxima y perfectamente normal; sus cualidades inquietantes sólo resultan aparentes cuando se proyectan en ellos deseos y ansiedades reprimidas. En todos los casos Buñuel subraya su importancia en la dialéctica de lo siniestro al identificarlos con procesos de percepción que recuerdan al público la transformación de ciertos lugares en contextos inhóspitos no sólo a través de la pobreza y la desolación —resultado de la indiferencia política por parte de los sucesivos gobiernos mexicanos de los años cuarenta y cincuenta— sino también por medio de la inquietud psicológica.

Rosemary Jackson (1981, págs. 45-46), desarrollando los comentarios de Freud sobre la percepción en el ensayo acerca de lo siniestro, hace referencia a la regularidad con la que la fantasía —otro modo, relacionado con el gótico, con el que *Los olvidados* tiene mucho en común— suele caracterizarse por obsesiones con la percepción o la visión, asociaciones que a menudo están relacionadas con traumas o deseos de origen sexual. En *Los olvidados* el ataque contra la mirada del espectador —una estrategia que ya se aprecia en la obra de Buñuel en *Un perro andaluz*, y continúa hasta el final de la misma con los ataques contra el campo de visión de Mathieu por parte de su amante, la *femme fatale* Conchita, en *Ese oscuro objeto del deseo*— debe interpretarse como un gesto de significado específicamente sexual y, de un modo más general, social. Este acto de agresión adquiere su forma más dramática cuando, en el reformatorio, al sorprenderle sus compañeros chupando el contenido de un huevo, Pedro lanza las sobras al objetivo de la cámara a través del que el espectador ha observado la escena. La violencia de este gesto recuerda, como señala Marcel Oms (1987, pág. 116), la transgresión, que tiene su origen ya en *Un perro andaluz*, contra la percepción burguesa de la realidad. Asimismo, el huevo que Pedro lanza con furia y que salpica todo el objetivo, constituye un ataque simultáneo contra la perspectiva de todos aquellos que le observan o juzgan y contra su propio ojo, su propia percepción, que lo ha cegado —no, como en el mito de Edipo, por llegar a amar y ser amado por su madre, sino por intentar en vano amarla y ser amado por ella, una petición de cariño que sólo obtiene rechazos y traiciones como respuesta tanto por parte de la policía como de su amigo Jaibo—. El comportamiento de la madre de Pedro concuerda con la opinión de Estela Welldon de que, mientras que los hombres suelen expresar su perversidad a través de la agresividad contra otros, las mujeres suelen manifestarla bien por medio de formas diversas de automutilación, bien a través del ataque contra sus propios hijos, que consideran extensiones de sus propios cuerpos (1992, pág. 8). La madre de *Los olvidados* también hace uso de su poder y actúa con saña contra sus propios hijos. Su monstruosa aparición en el sueño no hace sino constatar las teorías inspiradas por Kristeva del terror como abyección, sobre todo en lo que respecta a la representación de lo monstruoso-femenino (Creed, 1993) en la que el monstruo hembra aparece como castrador y no, siguiendo los pasos de la clásica teoría freudiana, como castrado: aparece pues como temido agente y no como víctima de la mutilación. Cuando la madre de Pedro se acerca a él —seductora y amenazadoramente—, la carne cruda que le lanza también se puede interpretar a este nivel como su vagina desgarrada, objeto simultáneamente de terror y deseo. Sin embargo, puesto que las negativas y el rechazo de la madre se originan en el hecho de que el padre anónimo de Pedro la violó en su adolescencia, la película da un tratamiento relativamente benévolo a esta Medea mexicana, contextualizando en términos sociales y sexuales los orígenes del odio feroz que profesa a su hijo. Al igual que Edipo, Pedro se saca, aunque en sentido figurado, el ojo, símbolo de conocimiento tanto sexual como de otra clase, y se lo lanza al espectador en un gesto de ira y desafío que también va dirigido a su madre —y, a través de ella, a todas las madres— y al orden social, moral y metafísico del que él es víctima indefensa y (de acuerdo con la explicación de Freud acerca del simbolismo del ojo en el ensayo sobre lo siniestro), en diversos sentidos, castrada.

Sin embargo, puesto que Jaibo y Pedro son amigos —a pesar del violento desenlace de su amistad, en el que Jaibo asesina a Pedro—, y dado que incluso se podría afirmar que el uno es el *alter ego* del otro, el ojo de uno también pertenece al otro, y no se lo arranca aquella parte de la doble personalidad de Jaibo que está dominada por el ello, sino esa otra parte regida por el superego de Pedro. Mientras que Jaibo no pone en peligro en ningún momento sus deseos egoístas, Pedro busca constantemente adaptarse al mundo de lo que Lacan ha denominado lo simbólico (1970, págs. 89-97). Al igual que el personaje de Ojitos —de nombre más que significativo—, que busca en todo momento a su padre ausente y se somete a la ley del severo patriarca don Carmelo, Pedro también busca la aprobación de los sustitutos del padre, gravitando una y otra vez hacia figuras de autoridad masculina, como el propietario de la fragua o el director del reformatorio. Por el contrario, Jaibo, que representa la transgresión pura, pone en peligro a otros, se muestra indiferente a los sufrimientos que causa su comportamiento, sólo guarda fidelidad a sus propios deseos egoístas y echa mano de una personalidad preedípica, imaginaria, desdeñosa del orden simbólico del que, según parece saber, resulta prácticamente imposible escapar.

Cuando el ciego musita las dos primeras palabras del proverbio «Cría cuervos...» —omitiendo «...y te sacarán los ojos»— se nos deja más convencidos que nunca de que su ceguera representa, más allá de un defecto físico, una negativa a ver el mundo tal y como es, en vez de a través de los prejuicios de la época de Porfirio, y además la venganza de las fuerzas de lo imaginario que regresan, como nueva adquisición (esta vez hablada, que no vista) del aviario de la película, habitado por palomas, gallinas, gallos y ahora cuervos, para sacarle los ojos al reaccionario. Las metáforas sobre aves que pregona en su canción —«Mas si el dolor hacia tus puertas llega / Y si anida en tu pecho un cruel sufrir...»— hacen hincapié en este significado, aunque él mismo parezca no darse cuenta de ello.

Ni siquiera los comentarios en que Buñuel descartaba la idea de que don Carmelo representase fobias propias con respecto a los ciegos[19] restan fuerza a este personaje como blanco para el ataque de la película contra una política autoritaria y parcial.[20] Pero, como señala la película *Cría cuervos* (1975), de Carlos Saura, en su comentario intertextual acerca de *Los olvidados*, la nidada de cuervos que regresa para causar semejante daño a sus criadores no se contenta con arreglar las cuentas políticas pendientes. También buscan vengarse de los estragos causados por los trastornos sexuales y la represión. Las referencias a los ojos en «El hombre de la arena» de Hoffmann se mencionan en «Lo siniestro» de Freud, sin duda alguna en este sentido: «[El hombre de la arena] mete los ojos en un saco y se los lleva a la media luna para alimentar a sus hijos. Se acomodan en su nido, y tienen picos curvos como los picos de los búhos, y los utilizan para picarles los ojos a los niños y las niñas malos» (citado en Freud, 1990, pág. 349).

El hermanamiento de Jaibo y Pedro, como lados opuestos del conflicto entre las fuerzas de lo simbólico y lo imaginario, favorece la exposición de la mujer como otro de los emplazamientos de lo siniestro en la película. En ciertos sentidos, *Los olvidados* reproduce, una vez más en un filme de Buñuel, el ambiente de *Los ciento veinte días de Sodoma* (1785) de Sade, un lugar dedicado a la transgresión de todo tipo de tabúes: en esta ocasión no son sólo, por ejemplo, las actitudes hacia las personas con discapacidades físicas como el ciego o el lisiado las que se subvierten, sino también, concretamente, el tabú del incesto. Incluso el lisiado está relacionado con la temática de la percepción, ya que la caja de madera que utiliza como transporte lleva escrito «me mirabas» a ambos lados.

Como han comentado muchos, la actitud de Pedro y de Jaibo —dos hijos más de la Chingada, equivalentes fílmicos de la explicación que diera Octavio Paz (1991) de la historia de México según el mito del huérfano— hacia la madre de Pedro está en gran medida motivada por la repulsión/atracción que sienten por el «otro». Cuando Jaibo la ve lavándose los pies y las piernas, se siente atraído eróticamente hacia ella, una atracción que a la larga provoca su unión sexual, pero de un modo que evoca imágenes de su propia madre, una fantasía de «historia de amor en la familia» a través de la que la madre, muerta o quizá sólo ausente, se ha converti-

19. Acerca de su actitud tan poco compasiva con los ciegos, véase Buñuel (1982a, pág. 272).
20. Para Víctor Fuentes el ataque contra Carmelo es un ataque contra el padre (1993, pág. 107).

do en su imaginación en una Virgen Madre de altar. Esta transgresión de un tabú tan sagrado no provoca únicamente que la madre —tras la gratificación del deseo sexual— rechace a su amante/hijo, sino que supone, a la larga, la muerte de éste. Como personaje impulsado por su ello, Jaibo puede hacer y decir cosas que le están negadas a Pedro. Por otra parte, los sueños de Pedro dan rienda suelta a deseos reprimidos en su subconsciente. Desde este punto de vista, lo que resulta más chocante en la famosa secuencia onírica que ha absorbido por completo a sus muchos estudiosos es que la narración onírica en la que la madre de Pedro se acerca a éste, primero sin el trozo reluciente de carne y luego con él, viene precedida por el descenso de un pollo de la parte superior a la parte inferior del encuadre y, un poco después unas plumas de pollo que pasan flotando a cámara lenta en primer término del campo de visión de la cámara para oscurecer la perspectiva. Este sueño es el momento más inconfundiblemente gótico de la película —un cadáver que rezuma sangre, contraste de luces y sombras, viento ululante, truenos, una madona diabólica y sexual que se levanta las faldas provocativamente y se acerca, en cámara lenta, a su vulnerable hijo —evocando lo que Karen Horney llama, en un determinado ensayo el «miedo de los hombres a las mujeres» (1967, págs. 133-146). El pollo y las plumas de pollo realzan la atmósfera de temor, sobre todo de temor sexual. El ataque de Pedro contra el pollo en la granja y la cruel acometida de su madre contra un gallo que no hace más que molestar a las gallinas (este último incidente también lo comenta con gran acierto Gwynne Edwards [1982, pág. 99] como una reconstrucción del asesinato de Julián a manos de Jaibo) están a todas luces cargados de significado sexual. Siempre que aparecen gallos o gallinas en las vidas conscientes de los personajes, éstos se convierten en proyecciones de deseos y ansiedades subconscientes reprimidos, sobre todo de aquellos asociados con la transgresión del tabú del incesto, contribuyendo así a la creación de un ambiente siniestro en el filme.[21] La aparición fantasmal de la madre en el sueño y su severa presencia en el resto de la narrativa como figura que inspira temor y rebosa crueldad sugiere una proyección de lo que Sara Kofman ha descrito como una intuición de lo siniestro frente a la «reaparición repentina de lo que uno creía haber superado o perdido para siempre» (1985, pág. 56). Lo que los hombres rechazan de sí mismos lo proyectan sobre las mujeres. Lo femenino y maternal en el hombre se desplaza a la mujer que, sin haber hecho nada para merecerlo (el incidente de la violación de la madre de Pedro hace hincapié en esta cuestión), se convierte en una imagen que inspira temor, una imagen de lo conocido que se torna extraño y que se mantiene a distancia en un contexto de confinamiento de origen social, siniestro e inaccesible. Para Karen

21. Teniendo en cuenta su devoción por el autoritarismo político de la época de Porfirio, el ciego don Carmelo puede ser otro símbolo de todos los que violan este tabú. Es posible que su ceguera no sea un mero comentario acerca de su imposibilidad para ver la tiranía del autoritarismo. ¿Le han sacado los ojos a picotazos las fuerzas vengadoras del patriarcado a causa de transgresiones cometidas contra una ley sexual?

Horney, el niño púber ya «teme en las mujeres... algo siniestro, extraño y misterioso» (1967, pág. 141). Para Buñuel, así como para Jaibo, Pedro, Ojitos y don Carmelo, las mujeres, que no están a la altura de las exigencias de una historia de amor en la familia, se convierten por el contrario en los monstruos siniestros del deseo frustrado.[22]

---

22. En su excelente libro sobre Hitchcock, Tania Modleski (1988) habla de «lo siniestro» del cuerpo femenino en *De entre los muertos* (Vertigo, 1958).

1. *Abismos de pasión*: Catalina y Alejandro en el abismo de la pasión.

2. *El discreto encanto de la burguesía*: la vida es sueño.

3. *Susana* y la «seducción de la hija».

4. *Una mujer sin amor* y el exceso melodramático.

5. *Los olvidados* y el deseo edípico.

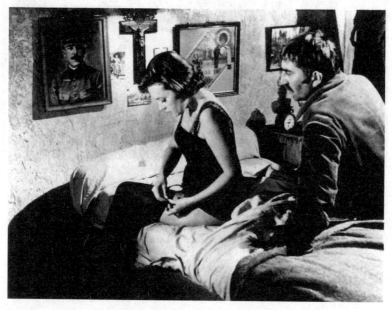

6. *Diario de una camarera*: en la guarida del lobo feroz.

7. *Ensayo de un crimen*: ¿quién es el maniquí en el juego del deseo?

8. *Él* y los celos paranoicos.

9. *Bella de día* y la «mujer sadeana».

10. *Bella de día* y la apropiación del poder de la mirada.

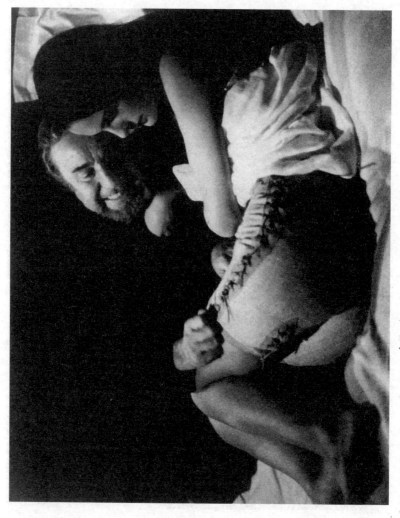

11. *Ese oscuro objeto del deseo*: Sade se da la mano con Gracián.

3. El deseo masculino

> Todo cuanto obró el Supremo Artífice está tan acabado que no se
> puede mejorar, mas todo cuanto han añadido los hombres es imperfec-
> to: crióle Dios muy concertado y el hombre lo ha confundido.
>
> Gracián, *El Criticón*

A pesar de que las mujeres constituyen el principal centro de interés narrativo en varias de sus películas (por ejemplo, *Tristana*, *Viridiana*, *Susana*, *Una mujer sin amor*), Buñuel suele dar prioridad a la masculinidad y a las orientaciones del deseo masculino. Desde las primeras hasta la última, las películas de Buñuel ponen en escena los altibajos de la sumisión masculina al deseo. Menos lírico que algunos otros partidarios del *amour fou* —debido a su mayor familiaridad con las tradiciones del desengaño* asociadas con la obra de grandes escritores españoles, sobre todo con la de su mentor y compatriota aragonés Gracián—, Buñuel se inclina por narraciones que exponen los peligros así como las gratificaciones de la sexualidad. Sus hombres suelen sufrir una aflicción común, que Peter Middleton describió en un estudio general de la masculinidad (1992) como la imposibilidad de dirigir su mirada hacia sí mismos, hacia una sana introspección de las fuerzas que los motivan. El sufrimiento a causa del amor y la seducción de «oscuros» deseos (en parte porque no los ha investigado) no constituyen en estas películas unos esquemas de comportamiento exclusivos de los jóvenes. Los amantes de mediana edad e incluso los que ya van para viejos, así como los jóvenes, están condenados a sufrir los tormentos de la pasión ardiente.

---

* En español en el original. [*N. de los t.*]

Desde el adolescente y paria social Jaibo hasta el sobrino infantil en *El fantasma de la libertad*, el gánster púber con dientes de metal en *Bella de día*, o Don Jaime, el necrófilo de edad madura en *Viridiana*, las películas de Buñuel estudian los impulsos irreprimibles de los hombres que a través de las transformaciones y el poder regenerador del amor intentan liberarse de la cotidianeidad, las tradiciones obsoletas, la rutina insoportable o incluso de sí mismos. En la mayor parte de los casos el deseo tiene una orientación heterosexual, aunque de vez en cuando —sobre todo en *Un perro andaluz* y su referencia en clave a Lorca a través de la figura del personaje andrógino desorientado que hurga con un bastón fálico la mano cortada en medio de una transitada calle— se reconoce el deseo masculino homosexual aunque no necesariamente a través de un estudio en profundidad. Buñuel se muestra claramente evasivo a este respecto y expresa sus dudas, por ejemplo, en *Mi último suspiro* acerca de la homosexualidad de Lorca (1982a, pág. 75). De todas las demás películas, *Él* es la que más se acerca a reconocer la homosexualidad, o cuando menos a crear un ambiente en el que el comportamiento neurótico de su personaje principal puede entenderse con mayor claridad por medio de los escritos de Freud acerca de la paranoia (1979), que en algunos casos puede tener sus raíces en una homosexualidad reprimida. Aunque el propio Buñuel descarta una interpretación semejante (Pérez Turrent y de la Colina, 1993, pág. 81), este rechazo, al igual que sus negaciones de la homosexualidad de Lorca, constituye una forma de represión, que forma parte de su típica estrategia de restar seriedad a su trabajo, motivada hasta cierto punto por la modestia o el temor a las interpretaciones críticas rigurosas, pero también por una necesidad de camuflarse y evadirse.

Las negativas de Buñuel, claro está, confirman de nuevo las limitaciones del control autoral sobre el material y el funcionamiento del texto y su recepción. Aunque basándose en momentos como éstos se puede acusar a las películas de evitar conscientemente cuestiones relativas a la homosexualidad, parte de los reproches que al principio se vertieron a raíz de la escena en que un burgués de mediana edad intenta ligar con el delicuente juvenil Pedro en *Los olvidados* parecen excesivos, ya que en esa ocasión Buñuel quería abordar la pederastia y no la homosexualidad. Aun así, Buñuel, que no se caracterizaba por la homofobia ni por un deseo consciente de representar las realidades de la experiencia homosexual, prefirió dedicarse al proyecto de representar e investigar el deseo masculino heterosexual.

En algunas ocasiones, a través de una fuerza interna o por medio de una ley aleatoria, los hombres no tienen dificultad para disfrutar de unas relaciones adecuadas con las mujeres. Valerio (Georges Marchal) en *Así es la aurora* —quizá demasiado viril para su mimada esposa y sin embargo tremendamente atractivo para su sensual colega (Lucía Bosé)— es un ejemplo destacado. Pero con mayor frecuencia el amor convierte a los hombres en peleles, no sólo porque una y otra vez se enamoran de mujeres inadecuadas, sino a menudo debido también a que las circunstancias —por lo general asociadas con la experiencia infantil— los han incapacitado para tener una relación satisfactoria con las mujeres a las que desean. La primera categoría

—los hombres que de un modo u otro se ven engañados o explotados por mujeres intrigantes— incluye entre sus ejemplos más interesantes a Vázquez en *Los ambiciosos*, Pedro en *El bruto*, o Mathieu en *Ese oscuro objeto del deseo*; la segunda, a Archibaldo en *Ensayo de un crimen* o Francisco en *Él*. Entre los muchos personajes secundarios que entran en esta segunda categoría ninguno resulta más fascinante que Martin, el criado de *Ese oscuro objeto del deseo*, que, sospechamos, habla tanto en nombre propio como en el del lado más oscuro de Buñuel cuando señala que un amigo suyo considera que las mujeres son «sacs d'excrément» («sacos de excremento»).

Las estrellas que interpretan los papeles principales en estas películas, ya fuera por gusto o por necesidad, reflejan el interés de Buñuel en distintos aspectos de la subjetividad masculina. Aunque menos organizadas en torno a una estructura tan elaborada y poderosa como el sistema de estrellas de Hollywood, las películas europeas o mexicanas de Buñuel, a pesar de las dudas que éste pudiera haber albergado acerca del uso de actores y actrices de renombre, se basan en cierta medida en el conocimiento y la percepción que el público pudiera tener de las grandes estrellas que representan estos papeles. Los filmes mexicanos utilizan en aras de la recaudación en taquilla la popularidad de, pongamos por caso, Pedro Armendáriz, Fernando Soler, Jorge Negrete o Arturo de Córdova; las películas internacionales, la de, por ejemplo, Fernando Rey, Gérard Philippe o Francisco Rabal. Aunque es probable que David Bordwell (1979) tuviera razón al sugerir que el cine de arte y ensayo está orientado hacia un proceso de unificación textual a través de la autoría y no del género o las estrellas, no se puede subestimar la importancia de las estrellas ni siquiera en las películas de arte y ensayo, incluidas las de Buñuel.

Como ejemplo del uso que hace Buñuel de una estrella en el papel de un hombre indiferente a las complicaciones más negativas de la sexualidad, Francisco Rabal —como Jorge en *Viridiana*, como Hippolyte en *Bella de día*, o como Nazarín— demuestra el modo en que la interacción entre el papel y el personaje público tiñe los significados del texto con otros sentidos provenientes de los ideales de masculinidad que regían en España o México en las décadas de los cincuenta y sesenta. En el cine hispano, los análisis en profundidad de las estrellas son casi inexistentes. Y aunque resulta provechoso comparar las investigaciones sobre éstas en el cine de Hollywood, el estudio de las estrellas masculinas en Hollywood se ha centrado en la mayoría de las ocasiones en el *pin-up* masculino, bien como icono equívoco de belleza que reafirma y al mismo tiempo desaprueba el deseo homosexual, bien como emblema cinematográfico del poder y el prejuicio patriarcal.[1] Entre los ejemplos del primer caso se incluyen hombres feminizados y de gran refinamiento estético como Montgomery Clift, James Dean o Tyrone Power; entre los del segundo, los «lobos feroces» Gable, Tracy, Wayne o Flynn.[2] La teorización del hombre en el

---

1. Acerca de las diversas tendencias en el estudio de las estrellas masculinas, véase Neale (1983), Dyer (1982) y Babington y Evans (1993, págs. 227-237).
2. Veáse el estudio de Joan Mellen sobre los «lobos feroces» del cine de Hollywood (1977).

cine de arte y ensayo está aún en pañales, pero el trabajo de Edgar Morin sobre las estrellas (1960) —obra prestigiosa e innovadora, aunque no lo bastante reconocida, que hace hincapié en las complejidades de la identificación del público con objetos de deseo o figuras ideales— constituye un punto de partida muy útil para el estudio de las estrellas en el cine de Buñuel.

Tanto objeto de deseo como yo ideal, tan atractivo para hombres como para mujeres y para personas de cualquier orientación sexual, Francisco Rabal surge de la industria cinematográfica española y su rudimentario sistema de estrellas trayendo con él un abanico de significados —para el público hispano de Buñuel— ligados a toda una serie de películas que, si bien no le limitaron a un reducido espectro de papeles, se basaban sin embargo en cualidades específicas. El más interesante de estos filmes desde este punto de vista es *Nazarín*. Aparte de la materia prima del aspecto físico, la voz, los ademanes, etcétera, la presencia de Rabal fuera de la pantalla, identificada sobre todo con unos orígenes proletarios y la defensa pública del marxismo, inevitablemente ayudaba a prever el recibimiento entre el público de sus papeles cinematográficos.[3] Éstos, junto con una masculinidad dura pero al mismo tiempo sensible y firme —caracterizada por sus rasgos toscos, un gruñido grave y un rostro marcado por la experiencia— se combinan con su identificación intelectual y social con el marxismo para establecer los contornos del personaje público. Rabal es un Richard Burton español de tez más oscura: poderoso, sensible, considerado, proletario, curtido y bebedor, y con una gran carga erótica. En los tres papeles que interpretó a las órdenes de Buñuel resultan evidentes todas estas cualidades. En *Viridiana* y *Bella de día* el efecto de estos atributos se abre paso a través del oportunismo de Jorge en la primera y de Hippolyte, una parodia cursi del gángster con gabardina al estilo de Bogart, en la última. Ni Rabal ni la masculinidad se ven amenazados en ninguna de estas dos películas. En *Bella de día*, como Hippolyte, está tan seguro de su virilidad que incluso accede a que su joven compañero pruebe la última adquisición de *chez* madame Anaïs. En *Viridiana* tanto la sirvienta, oscura y profundamente consciente de su sexualidad, como la hermosa y frígida novicia del deseo acaban por capitular ante él. Rabal es quizá el sueño de masculinidad buñueliano, una fantasía de masculinidad firme hacia la que él mismo, «tío» de su «sobrino»* —términos cariñosos que dejan entrever una autobiografía onírica— parece verse atraído como yo ideal.[4] Sin embargo, da la impresión de que todas estas cualidades se ven amenazadas en *Nazarín*, una película que —para el público español— no sólo adopta un tono irónico con respecto a algunos personajes de películas de Rafael Gil acerca de temas religiosos, por ejemplo, *Sor Intrépida* (1952), sino que tam-

3. En Cánovas (comp.) (1992) se incluye un estudio completo de la carrera de Rabal.

4. Buñuel y Rabal tenían, sin duda alguna, una relación muy estrecha, como el director señala en su autobiografía, en la que comenta que se refería a Rabal como sobrino y éste le trataba de tío (1982a, pág. 299).

* Ambos términos en español en el original. [*N. de los t.*]

bién vuelve a formular el tema, generalizado en la literatura española, del triunfo del hombre recto sobre la sexualidad y la domesticidad. Es posible que, para el final de la película, Nazarín ya se haya dado cuenta de la futilidad del cristianismo como fuerza para hacer el bien, pero aun así él sigue siendo una fortaleza de castidad, ya que ha aguantado con estoicismo los ataques que Beatriz y Andara lanzan contra su hombría; su independencia, al menos en lo que respecta a las mujeres, le permite continuar su viaje vital totalmente libre de las leyes del deseo.

A la mayoría de los hombres de Buñuel les resulta difícil resistirse al encanto de mujeres que están fuera de su alcance; su sinceridad y firmeza masculina no suponen barrera alguna para la mujer devoradora* de películas como *El bruto*, *Los ambiciosos* o *Susana*. Pedro Armendáriz comparte con Rabal las cualidades de fuerza y nobleza pero, mientras que Rabal, aunque capaz de ser amable, también muestra en todo momento su perspicacia y experiencia, Armendáriz es más inocente, un niño crecido, el poder de cuyo armazón viril queda minado por una cara de chaval demasiado vulnerable ante las trampas y los encantos de la *femme fatale* de *El bruto*, Katy Jurado, que en este caso no representa ninguna de las cualidades de lealtad y aguante características de su papel en *Solo ante el peligro* (High Noon, 1952), sino que, por el contrario, da rienda suelta a los impulsos turbulentos de una pasión fatal a la que ningún niño-bruto se podría haber resistido. Otro hijo del deseo, Gérard Philippe, parece acabar por librarse de la tiranía de la que quizá sea la más famosa de todas las mujeres devoradoras* del cine mexicano, María Félix, que interpreta una vez más, aunque no con tanta saña como en *Doña Bárbara* (1943), a una adúltera, una Betsabé intrigante que engaña a un marido de edad avanzada con varios de sus colegas, incluyendo al virginal Gérard Philippe en el papel de Vázquez.

Mientras que Rabal es un ideal onírico, Philippe y Armendáriz son figuras de pesadilla caracterizadas por una masculinidad inocente bajo constante amenaza de castración por parte de unas vampiresas preedípicas fálicas y depredadoras, aunque incluso en este caso Buñuel hace alusión a las experiencias o inquietudes de la niñez a raíz de las cuales los hombres sufren una regresión y optan por mujeres dominantes y potencialmente castradoras que los llevan o amenazan con llevarles a la destrucción. En la segunda categoría de hombres de Buñuel, se hace hincapié en las neurosis, traumas y deseos de los propios hombres, todos los cuales aparecen retratados, sin ambigüedad alguna, como individuos en los que ciertas experiencias infantiles han dejado una huella adversa. Hombres como Francisco en *Él* o Archibaldo en *Ensayo de un crimen*, aunque en apariencia convencionales, son, en su interior, oscuras proyecciones de una psicología masculina colectiva de inseguridad y destrucción. Ya hemos hablado de las resonancias autobiográficas de los papeles de Fernando Rey en las películas de Buñuel. Pues bien, como admiten el propio Buñuel y su viuda Jeanne, también resultan evidentes los tintes autobiográficos de *Él*,

---

* En español en el original. [*N. de los t.*]

cuyo protagonista, Arturo de Córdova, encarna —en términos de Morin (1960)—
no tanto un objeto de deseo como una especie de envés del yo ideal, un yo de pesadilla de ansiedad masculina (Rucar de Buñuel, 1991, pág. 108). En sus investigaciones sobre la subjetividad masculina estas películas ponen al descubierto un pa-
limpsesto de motivaciones y deseos contradictorios. Atraídos a menudo hacias las
mujeres como influencias potencialmente positivas, los hombres de Buñuel sienten
una invariable repulsión por el poder sexual de la mujer. Escritos recientes sobre la
masculinidad que han puesto de relieve las «dificultades de la diferencia» arrojan
luz sobre algunas de las mayores complejidades del tratamiento de la subjetividad y
el deseo masculinos en el cine de Buñuel (Rodowick, 1991). Por una parte, antici-
pándose a estas defensas de la masculinidad, las películas evitan adoptar una postura ingenua en la que «los hombres sólo son aceptables si reniegan de su masculinidad» (Seidler, 1994, pág. 114) en su exploración de las aspiraciones y frustraciones
del macho. Por otra, se tiene la sensación —consciente o inconsciente— de que «lo
que empuja al sujeto masculino en su búsqueda edípica es el temor a la madre ab-
yecta» (Rutherford, 1992, pág. 180). Debido a su temor a la feminización y la humillación que puede suponer el contacto con las mujeres, muchos de los hombres de
Buñuel, como ésos de los que hace mención Rutherford, suelen recurrir a la violencia y luchan por el cuerpo de la madre, una figura odiada y al mismo tiempo idealizada, desplazada sobre los oscuros objetos del deseo femeninos en los que buscan
desquite y placer.[5]

Francisco, en *Él,* es la muestra más clara de esta tensión, que recibe su formulación más perfecta en el trabajo de Arturo de Córdova. En *Crepúsculo*, una película
realizada en México unos años antes que *Él*, Julio Bracho ya había explorado la vertiente más neurótica de Arturo de Córdova. Como una especie de preludio a *Él, Crepúsculo* hace hincapié en la naturaleza más intensa —quizá algo más desequilibra-
da— de un hombre obsesionado con una bella mujer en una narración impaciente
por hacer referencia lo antes posible a la mutilación de Edipo. Una vez más la narrativa se basa en una relación triangular entre dos amigos y la mujer que ambos desean. Mientras que en *Él*, Francisco consigue arrebatar a Gloria a su prometido (descubriendo que su autodestructivo *amour fou* no respeta los lazos de la amistad), en
Crepúsculo el personaje de Arturo de Córdova, Alejandro, no hace tal cosa, sino
que opta por el mundo crepuscular del adulterio y el deseo frustrado, lo que parece
corroborar la definición que da de sí mismo como «el más incurable de los enfer-
mos», estado que al final lo lleva al suicidio. Este actor aparece también como el
vivo retrato de la agitación y la intensidad en su papel de Agustín, dispuesto a de-
fender su honor con la muerte en *Por quién doblan las campanas* (For Whom the
Bell Tolls, 1943), una de las películas que hizo en Hollywood. Visualmente, Artu-

---

5. Jonathan Rutherford (1992), Victor Seidler (1992) y Peter Middleton (1992) están entre los muchos estudiosos que en tiempos recientes se han ocupado de la masculinidad, sobre todo de la masculinidad heterosexual y sus legítimas inquietudes.

ro de Córdova pertenece a la misma clase que esos parangones del patriarcado de clase media de Hollywood, acicalados a la perfección, sin un solo pelo fuera de su lugar en esos bigotes cuidadosamente recortados que adornan sus angulosos perfiles. Ni tosco ni indiferente a los matices más finos del aspecto personal —como, pongamos por caso, Spencer Tracy o John Wayne—, Arturo de Córdova tiene más en común con estrellas como Zachary Scott (que en *La joven* interpreta un papel poco habitual en él), Ronald Colman, o incluso, en un plano más siniestro, Basil Rathbone, cuyos bigotes trazados con tiralíneas y cabello y ojos monocolores no son tanto indicios de narcisismo como de conservadurismo, perfectos iconos de los estándares burgueses en su fervorosa adhesión a los estilos clásicos de etiqueta y acicalamiento.

Así, en *Él,* el conformismo de puertas afuera que muestra Arturo de Córdova hace que el tumulto y el caos internos de una mente al borde del ataque de nervios resulte más profundo e inquietante. En este caso la aprobación visual —al menos en el nivel superficial— del orden edípico no es una garantía contra los deseos subconscientes de romper sus diversos tabúes. Al igual que los personajes de Fernando Rey, al igual, también, que los demás hombres atrapados en el fuego cruzado entre los deseos de acatar o rebelarse contra las leyes patriarcales, Arturo de Córdova representa en el papel de Francisco la crisis masculina de Buñuel, cuya subjetividad está amenazada por profundos traumas edípicos, cuyos deseos no han sido examinados por los procesos liberadores y necesarios de la introspección. Simultáneamente víctimas y agresores del deseo, los hombres edípicos de Buñuel no están cegados únicamente por sus propios gestos de mortificación, sino también por una incapacidad para indagar en las causas y motivaciones de sus pasiones repetitivas y a la larga autodestructivas. En su lucha por reafirmarse, por romper con las leyes de la represión, se encuentran —como Don Lope en *Tristana*, primero rebelde y después conformista— comprometidos y atrapados a causa de los diversos apuros en que se han metido, y no consiguen ver que su propia masculinidad está definida por discursos y representaciones ideológicas, como tampoco logran prever las consecuencias de un proceso que convierte incluso lo inconsciente —ese reducto de deseos supuestamente liberados— en coto de caza para las diversas estrategias de una ideología depredadora.

3.1. *Ensayo de un crimen* y el edipismo

> No es bueno que el hombre esté solo.
>
> *Génesis*, 2, 18

Sinopsis: en un *flashback* narrativo, Archibaldo confiesa sus deseos no realizados de cometer crímenes contra mujeres. Su tendencia a asesinar mujeres se remonta a un regalo de su madre: una caja musical que para él tenía propiedades mágicas. Desde el momento en que se le metió en la cabeza que la caja, y no un bala perdida disparada por el rifle de un revolucionario, fue la causante de la muerte de una severa institutriz, Archibaldo ha estado obsesionado con la idea de matar mujeres atractivas. Ya adulto, intenta asesinar a cuatro mujeres: una monja, Carlota, Patricia y Lavinia. Tres de ellas mueren (aunque ninguna a manos suyas) pero Lavinia acaba por emparejarse con él en el desenlace de la película.

De todas las películas de Buñuel, *Ensayo de un crimen* es la que confirma de un modo más evidente la opinión de Barthes de que todas las narrativas están estructuradas en torno a los mecanismos del mito edípico:

> «Plaisir oedipéen (dénuder, savoir, connaître l'origine et la fin), s'il est vrai que tout récit (tout dévoilement de la vérité) est une mise-en-scène du père (absent, caché ou hypostasié)»... (1973, pág. 20).
>
> («Un placer edípico [desnudar, conocer los orígenes y el final], si es cierto que toda narrativa [toda revelación de verdad] es una puesta en escena del padre [ausente, escondido o hipostasiado]...»)

La represión de la mujer que este proceso parece implicar no se llega a efectuar en las películas de Buñuel, ya que, como en otros contextos, surgen constantemente resistencias al patriarcado, a veces de forma inesperada. En esta película, por ejemplo, los impulsos de la narrativa van dirigidos a una exposición de inquietudes edípicas que se definen como últimas responsables de la neurosis del personaje principal. Éstas se ponen de manifiesto a través de frustraciones desplazadas y hostilidad contra la madre de Archibaldo, sentimientos que se expresan mediante el deseo de asesinar al «objeto malo» que constituyen las mujeres a las que asedia, pero también por medio de la crítica del orden social del que él es agente y víctima neurótico y aterrador. A través de su interés en cuestiones clave de inquietud psicológica e ideológica, así como en las motivaciones más oscuras del deseo —Archibaldo (Ernesto Alonso) ha intentado, aunque sin llegar a conseguirlo, asesinar a cinco mujeres— la película mantiene su tono característicamente buñueliano de comedia.

A un nivel obvio, el desenlace se ciñe a la preferencia de la comedia por los finales felices. En este caso, como si se atuviera a una forma surrealista de *deus ex machina*, la más conveniente de las mujeres a las que ha intentando asesinar aparece como por arte de magia para acompañarle fuera del encuadre hacia un futuro conjunto de relativa, aunque necesariamente ambigua, felicidad. Mientras que en esta optimista escena se superponen múltiples ironías, la película evita las rupturas y la desesperanza de aquellos escasos filmes que Buñuel realizó en clave arrolladoramente trágica. En este caso, sea cual fuere el destino que aguarda a la extraña pareja, que quizá tiene por delante toda una vida de interminables —y a la larga quizá pesadas— jugarretas mutuas, se hace hincapié en la recuperación y la reafirmación. El deseo de reintegración social, que ejemplifica la unión de Archibaldo y Lavinia (Miroslava Stern), también se inscribe en gran medida en el terreno de la comedia

—al igual que la confianza de la película en la posibilidad del amor y la necesidad, por encima de todo, de arriesgarse a fracasar en la búsqueda de la plenitud—. En el jardín poslapsario de la muerte y de las delicias buñueliano, a veces resulta posible una especie de redención mortal a través de la tolerancia y el reconocimiento de las flaquezas comunes. Es totalmente cierto, como señala Raymond Durgnat (1968, pág. 96), que, al otorgar a otros personajes el placer de cometer los crímenes de Archibaldo por él, la película ofrece una visión avinagrada de un mundo en el que la destrucción es un rasgo común, banal incluso, del comportamiento humano habitual. Pero al negar a Archibaldo este placer la película también intenta demostrar que su complicidad no elimina la posibilidad del perdón.

A este nivel, la comicidad del filme se deriva en parte de la frustración, y también de la salvación del héroe cómico de sus instintos más oscuros. El perdón que se le concede de este modo, frustrando sus intenciones pero también librándole milagrosamente del mal, deriva del reconocimiento de la película de que con frecuencia la criminalidad (no sólo la de Archibaldo) tiene su origen en confusiones edípicas. Por tanto, según él mismo explica a Carlota, el antihéroe cómico es aquí pecador y santo, comulga con una ideología que le impulsa a comportarse de un modo aberrante pero al mismo tiempo se revuelve contra dicha ideología, es un rebelde atrapado por formas de comportamiento socializadas y mecánicas y a la vez libre para ser su azote. Al igual que el hombre mecánico de Bergson, Archibaldo es un autómata programado por decreto edípico para seguir una serie rutinaria de esquemas de comportamiento. Por otra parte, al igual que el héroe cómico de Bakhtin, también parece estar poseído por una locura festiva, carnavalesca, que sale a la superficie en formas lúdicas de actividad con las que se le ha identificado desde la más tierna niñez.

A partir del estudio de Derrida sobre la unión entre conocimiento y juego, Andrew Horton define en un reciente análisis de la comedia cinematográfica lo cómico como una forma de juego, basado en la conciencia de uno mismo, que produce un texto «plural, inacabado, diseminativo, dependiente del contexto y la intertextualidad del creador, el texto y el contemplador. No es, en otras palabras, sólo el contenido de la comedia lo que resulta significativo sino también su relación "conspirativa" con el espectador» (1991, pág. 9). Luego, Horton pasa a diferenciar entre comedia edípica y preedípica, refiriéndose específicamente a la comedia de Buñuel —con su acento en las ilusiones y los sueños— como una variante de la última. Según Horton, la comedia de Buñuel no es edípica porque evita la adaptación, el compromiso, la integración social. Aunque atractiva en términos generales, esta división parece demasiado esquemática, sobre todo en lo que respecta a *Ensayo de un crimen*. De adaptarse las categorías edípica y preedípica, resultaría más útil considerar que las películas de Buñuel se rigen por el funcionamiento simultáneo de ambas tendencias, a veces en armonía y a veces en conflicto. En *Ensayo de un crimen* los designios asesinos del héroe cómico contra las mujeres hacen referencia a la inquietud edípica, que busca su esclarecimiento ciñéndose al orden social a la vez que volviendo la vista hacia formas de transgresión asociales y más extremas. Lo que resulta innegable en *Ensayo de un crimen*, como en muchas otras películas de Buñuel (por ejemplo, *Ese oscuro objeto del deseo*), es que es un claro ejemplo de relación «conspirativa» con el espectador.

Pero este proceso, y el acento en los patrones de comportamiento lúdicos y transgresores de Archibaldo, debe a la larga considerarse desde la perspectiva del deseo edípico. Según Freud, la identificación del niño con su padre, su yo ideal, coincide con una catexis con respecto a la madre (1985, pág. 134). A la larga estos impulsos contradictorios se resuelven a través del reconocimiento por parte del niño del poder simbólico de su padre para castrar, una toma de conciencia que hace que el niño bien siga identificándose con la madre (al verla como castrada), o bien con el padre, opción ésta que prepara el camino para una identidad masculina normal. Esta medida es el necesario preludio a la subjetividad masculina socializada y al reconocimiento, por parte del chico, del legado de poder y autoridad que a su debido tiempo ostentará. Freud reconoció que este rito de tránsito rara vez está exento de factores que lo complican y que hacen que las definiciones sencillas y herméticas de masculinidad y feminidad sean prácticamente imposibles. Al rechazar el niño a la madre en favor del padre se produce una devaluación de la feminidad de la madre. Pero los recuerdos y deseos preedípicos, exentos de las cortapisas posedípicas, no siempre se encauzan con total éxito por las rutas socialmente aceptables ya que, según argumenta Freud, el deseo preedípico nunca desaparece del todo (1985, pág. 134). En una refundición de las teorías de Freud, Lacan define lo preedípico como el mundo de lo imaginario, y lo posedípico como lo simbólico, donde lo primero se concibe como un peligro evidente para lo que Frank Krutnik denomina la «economía fálica de identidad y deseo» (1991, pág. 83), y lo segundo como la esfera de la ley patriarcal. Krutnik también define —en un pasaje de importancia vital para el mundo del *amour fou* surrealista y de los amantes neuróticos de Buñuel— las implicaciones de las opciones que toma el niño entre lo simbólico y lo imaginario:

> [...] la mujer se constituye como una fuente de «plenitud imaginaria», y queda investida de una autoridad que puede estar por encima de las divisiones del régimen fálico. Esta tendencia resulta especialmente acusada en las fantasías del *amour fou* en las que el deseo de «fundirse» con la mujer llega a cumplirse en la muerte. [...] En la fantasía del *amour fou*, el hombre se alía con la mujer como forma de oponerse directamente a su pacto posedípico con la ley del padre (1991, pág. 83).

En *Ensayo de un crimen* la narración sigue los traumas del niño que no ha conseguido negociar el edipismo *en su camino* hacia la adquisición de una masculinidad convencional y socializada. Oscilando entre lo que muchos teóricos —por ejemplo, Gilbert y Gubar (1979)— han definido como los estereotipos paradójicos que ven a las mujeres simultáneamente como vírgenes o como prostitutas, santas o brujas, Archibaldo desplaza hacia las mujeres que desea (y ansía matar) el amor/odio reprimido hacia su propia madre. Esta película es otra de las narraciones de Buñuel en que la maternidad parece ser causa de problemas. Tres de las mujeres a las que quiere asesinar son prostitutas/brujas, las otras dos vírgenes/santas, aunque cada uno de los grupos también tiene el potencial para desarrollar los atributos del otro. Cuando comienza el *flashback* de Archibaldo, éste inicia su narración con una referencia a una virgen/santa, su madre, y acaba con la única mujer que consigue evitar la muerte causada directa o indirectamente por Archibaldo, la prostituta/bruja Lavinia, cuyo otro yo en forma de maniquí arde entre las llamas del horno del protagonista.

Archibaldo es la historia clínica buñueliana sobre el fracaso de un chico a la hora de liberarse de las ataduras emocionales para conseguir identificarse con su padre. A resultas de este proceso de sumisión a la regresión preedípica, no sólo no se hace merecedor de los derechos y privilegios del poder fálico, sino que también se condena a la infelicidad y la inquietud en su búsqueda del amor, arrastrando una fijación con su madre en interminables enredos en los que se convierte en sujeto/objeto del deseo que a la vez es rechazado y rechaza.

La primera escena de la niñez de Archibaldo es una fantasmagoría de símbolos freudianos que hacen hincapié en la fijación del niño: un tren de juguete da vueltas en su vía en miniatura, y se descubre a Archibaldo escondido en el armario de su madre, llevando los zapatos de tacón alto y el corsé de ésta. Al explorar por medio de los recuerdos de niñez que se ven en el *flashback* las raíces del instinto criminal del adulto, la película también insinúa, a la vista de la actitud equívoca de Buñuel al respecto, la posibilidad de que una homosexualidad latente frustre cualquier intento de mantener una relación normal con las mujeres. La exagerada tendencia del niño a acicalarse, que establece un nexo típico entre los impulsos narcisitas y repipis y las insinuaciones soterradas de homosexualidad, constituye otro indicio de interferencia excesiva por parte de una madre que, cuando aparece, confirma otro burdo estereotipo sobre los orígenes de la homosexualidad. Atractiva y demasiado indulgente con su hijo, también es una traidora que abandona al niño para salir con el padre, figura sombría en extremo, ausente casi hasta el punto de la invisibilidad en las relaciones con su hijo. El soborno con el que la madre intenta apaciguar los celos y la ira del hijo es una caja de música, una caja de Pandora de deseos libidinosos que hasta los últimos instantes de la película atrae y repele continuamente al niño que hay dentro del adulto. La caja emite una animada melodía como acompañamiento al baile de un figurín femenino cuyos movimientos circulares —los brazos alzados, la falda levantada para dejar al descubierto unas piernas largas y delgadas— repiten el limitado itinerario del tren, afirmando y al mismo tiempo rechazando los placeres del deseo sexual.

Este regalo es también un indicio de connivencia femenina ya que hace hincapié no sólo en el poder que la mujer tiene sobre el hombre, ya que tanto la madre como la institutriz se identifican con la disciplina, sino también en la asociación de la mujer con la falsedad. Siguiendo las instrucciones de la madre, la institutriz intenta distraer al niño con una historia fantástica sobre los orígenes de la caja de música. La historia que inventa también resulta significativa por su temática de presumible traición femenina: la caja de música, antaño propiedad de un genio, tiene el poder mágico de asesinar, tan pronto como empieza a sonar su empalagosa melodía, a aquel hacia quien su dueño sienta hostilidad. Cuando el Primer ministro engaña al rey y le hace creer que su mujer le ha traicionado, se liberan los efectos de la caja de música y muere la esposa. De este modo, la historia del hombre que escoge como víctimas propiciatorias a las mujeres se resume en miniatura en la historia narrada por una confabuladora que ha interiorizado una mitología de traición femenina, y que alimenta los deseos retorcidos del niño que tiene a su cuidado.

La respuesta del chico supone un desplazamiento de la furia contra su madre que ahora se dirige hacia la institutriz, quien en ciertos sentidos, sobre todo en lo que a disciplina respecta, representa a la madre: el niño dirige la caja de música en su contra, con la esperanza de que sus propiedades mágicas den buena cuenta de ella. La bala perdida de un rifle revolucionario que entra por la ventana acaba con la vida de la desafortunada institutriz, y a partir de ese momento Archibaldo se obsesiona con un deseo desplazado de matar a su madre a través de las tentativas de asesinar a una serie de mujeres deseables y al mismo tiempo repelentes con las que entra en contacto. Mientras examina el cadáver, concentrado en la sangre que le cae por la pierna embutida en una media, la perspectiva a través de la que establecerá sus relaciones sexuales como adulto empieza a resultar clara, corroborando la teoría de Foucault de que la subjetividad se constituye por medio de relaciones de poder (1984). La dependencia que tiene Archibaldo de la fuerza, su deseo a partir de ese momento de imponer su autoridad sobre las mujeres, se deriva directamente de un sentimiento de indefensión.

El chantaje emocional a través del que en la infancia conseguía que su madre accediera a sus deseos empieza a perder fuerza a medida que madura. Al no tener poder sobre su madre, el chico recurre a la violencia contra ella, pero siempre a través del castigo a otras mujeres; la tríada madre/institutriz/chico constituye el modelo para el futuro. El proceso de división de las mujeres en santas/vírgenes o prostitutas/brujas se corresponde con los esquemas de desplazamiento que Bruno Bettelheim estudiara en su análisis del cuento de Hansel y Gretel (1988, págs. 159-165). La fijación de Archibaldo con su madre, su negativa o incapacidad para seguir el proceso adecuado de desarrollo edípico, revela su intento de enfrentarse a la realidad por medio de la regresión y la negación. En este nivel, la madre (a la que antes consideraba como complaciente santa/virgen) se convierte en una bruja/prostituta, a través de la que sus deseos quedan frustrados:

> Profundamente furioso porque la madre ya no le sirve incondicionalmente sino que le hace exigencias y se dedica en mayor medida a sus propios intereses —algo que el niño se ha negado a reconocer con anterioridad— se imagina que la madre, incluso cuando lo amamantaba y proporcionaba un mundo de placidez oral, sólo lo hacía para engañarle; como la bruja en el cuento (Bettelheim, 1988, pág. 163).

Al darse cuanta de que la madre, fuente de placeres irresistibles y de control, es capaz de lo que él considera una traición, el niño decide no dejar que ninguna mujer vuelva a ejercer poder semejante sobre él. En la mayoría de los casos, claro está, los conflictos en que se debate el niño entre las reivindicaciones contradictorias de la buena y la mala madre quedan resueltos, si no por completo, en su mayor parte. Pero cuando la resolución es imposible, este proceso, que tiene graves consecuencias para las mujeres atrapadas en las estructuras de poder inherentes a sus relaciones con los hombres, reviste un gran interés ya que pone de manifiesto que los patrones de violencia masculina contra las mujeres tienen su origen en gran medida en el miedo y el odio que el hombre deriva del reconocimiento desplazado de su propia feminidad interior. Las cualidades característicamente femeninas de tolerancia, ternura e intimidad, desarrolladas a través de la relación entre madre e hijo, se convierten en una fuente de aversión y desprecio como resultado de este acto de traición materna; el hombre se revuelve y ataca a aquellas sustitutas de la madre que ha convertido en pantallas sobre las que proyecta su fobia y su temor.

Sin embargo, en la reformulación que hace Lacan de las teorías de Freud, el deseo lo provoca por encima de todo una carencia, una ausencia del objeto del deseo: la madre de la que el niño ha sido separado y a la que busca y castiga incesantemente en las mujeres a las que conoce en su vida adulta. En el caso de *Ensayo de un crimen*, el precio que Archibaldo ha de pagar por su entrada en el mundo de lo simbólico es altamente elevado, e incluye sobre todo la pérdida de su oscuro objeto del deseo, la madre. El niño se da cuenta no sólo de que se le niega el acceso a su madre, sino también de que ella desea a su padre y éste le corresponde. De todas las mujeres a las que persigue Archibaldo, sólo la institutriz parece no tener ningún nexo de unión con un hombre, pero la identificación de ésta con el padre, a través de la madre y del servicio en el hogar, es innegable. Curiosamente, todas las demás mujeres están comprometidas no sólo con hombres sino con figuras patriarcales: la monja con el padre celestial, Carlota con el arquitecto (a menudo símbolo de orden en películas de Buñuel como, por ejemplo, *Él*), Patricia y Lavinia con amantes adinerados, paternales y entrados en años, hasta el punto de que Lavinia a menudo se dirige públicamente a su amante como si fuera su padre.

Las tentativas de asesinar a todas estas mujeres añaden, por tanto, un matiz edípico de conflictos internos resueltos, ya que, a través de la madre, Archibaldo intenta atacar el poder fálico del padre.[6] A pesar de que los compañeros masculinos de estas mujeres tienen una cierta carga simbólica, en cuanto que son representaciones o agentes de la ley patriarcal, las mujeres se agrupan en las categorías de santa o bruja —la santa representada por la monja y Carlota (Ariadne Welter), la bruja por la institutriz, Patricia (Rita Macedo) y Lavinia (Miroslava Stern)—. La santidad de la monja viene implícita en su vocación, aunque incluso en este caso hay indicios

---

6. Sobre la noción de Sade del asesinato como clímax de la excitación erótica, véase Víctor Fuentes (1993, pág. 71).

embriónicos de perfidia que se realzan a través de los bellos rasgos maquillados de la actriz secundaria que la interpreta (Chavela Durán) y del modo en que su presencia desencadena los recuerdos de Archibaldo sobre las piernas manchadas de sangre de la institutriz. Un personaje más elaborado es el de Carlota, cuya santidad se expresa no sólo a través de gestos recatados y ademanes refinados, sino también por medio de identificaciones evidentes con la Virgen María. En su primera aparición se la ve rezando en la capilla que tiene en su apartamento. Cuando Archibaldo llega con un ramo de flores, ella se lo ofrece, con la aprobación de éste, a la Virgen. Incluso cuando Archibaldo fantasea con que la asesina, por sospechar que le es infiel, la obliga primero a arrodillarse y recitar el «Dios te salve», una oración algo más sombría que el «Ave María», escuchándose el pasaje crucial en el que se hace referencia al exilio y a la imagen original de la corrupción femenina, Eva: «A ti clamamos, los desterrados hijos de Eva. A ti suspiramos gimiendo y llorando en este valle de lágrimas...».

La sumisión de Carlota a las exigencias de Archibaldo representa su forzada identificación con Eva y con todos los pecadores, en especial las mujeres. Carlota recibe un disparo mortal mientras está tumbada en el lecho nupcial, a los ojos de Archibaldo el lugar simbólico de las traiciones de todas las mujeres (en especial de las madres), incluso de aquellas que se ciñen en apariencia al estereotipo de santa/madona. También Carlota, en el fondo quizá sólo una madona novata, se identifica con la transgresión, ya que tiene un lío con un hombre casado, el dudoso arquitecto-patriarca que (en vez de Archibaldo) acabará por matarla.

Las prostitutas/brujas, principales blancos de la agresión desplazada de Archibaldo, también ponen de manifiesto, a pesar de toda su perfidia, cualidades de transgresión positivas a las que el texto da sin lugar a dudas su aprobación. A primera vista, Patricia parece reflejar la elegancia y el gusto por la diversión y las fiestas que tenía la madre de Archibaldo, aunque de forma más estridente y vulgar. Patricia es un exponente de la mujer poderosa, que da órdenes a su débil y apocado amante, Willy* (a la vista de la referencia paródica que luego hace el filme al turismo norteamericano por medio de un grupo de personajes angloparlantes, el nombre sugiere una burla a la potencia masculina asediada por una feminidad firme). La esclavitud de Willy a causa del deseo que siente por una mujer que conduce un coche, que reafirma y se jacta de su sexualidad no ya hasta la connivencia, sino incluso hasta la explotación de su propia fetichización por parte del sistema, y que arriesga la relación con su amante poniéndolo celoso hasta el límite, constituye un blanco perfecto para la hostilidad edípica reprimida de Archibaldo contra la mujer amenazadora y poderosa. Ante la ruleta, mientras gasta con toda tranquilidad el dinero de Willy, ella se quita de pronto un zapato de tacón de aguja, se lo pone bajo la barbilla al hombre que tiene a su lado y le comenta lo caro que resulta el calzado parisino de calidad, señalando que, además, ni siquiera le ajusta bien. Esta referencia caracte-

* El término inglés «willy» significa «colita». [*N. de los t.*]

rísticamente buñulesca al fetichismo con el pie, que la propia mujer pone de manifiesto, señalando lo difícil que resulta que se acomode a la realidad vital de las mujeres —que no responde a la fantasía masculina—, demuestra que el texto es consciente de la cosificación y el «consumo abierto» de las mujeres, a las que representa
como objetos de intercambio, por voluntad o por fuerza, en el orden social.

La bruja/prostituta se ve atrapada en un comportamiento autodestructivo y al
mismo tiempo es capaz de reconocer con más franqueza, a través de su sexualidad
consciente, los impulsos de la libido. El parloteo incesante, atropellado y agudo, las
insinuaciones descaradas y la risa vulgar, así como las joyas caras y el comportamiento rastrero la hacen destacar —en un mundo triste, conformista— como un personaje positivamente transgresor, vivo aunque sólo sea por toda su crudeza, al margen de lo mucho que la condicione su amante maduro y aspirante a asesino. La
puesta en escena en su apartamento hace hincapié en el estatus ambivalente del orden burgués. Entre otros objetos significativos que proyectan una imagen de deseos
contradictorios, las fotografías de culturistas, toreros* y actores de cine más bien
duros —entre los que se incluye el archipatriarca, John Wayne— no sólo confirman
su embeleso con las normas patriarcales de masculinidad (lo que se puede ver en el
encuadre junto a Willy en el espejo del casino), sino que también representan su
buena disposición a rendirse a la libido. La película le otorga el sello de confianza
definitivo por medio del comentario de Willy acerca de su irracionalidad: «Es la
mujer menos razonable del mundo». Lo que Willy quiere decir es que carece de sentido común, pero el texto, a la vista del ensalzamiento de lo irracional que siempre
ha llevado a cabo su director, pide al espectador que considere este defecto —ejemplificado en la ordinariez chillona y pintoresca de Patricia— como una cualidad
positiva, prueba de un carácter dominado en menor medida que la mayoría por las
austeridades del superego, motivado en su exceso por lo que Freud denominó el
proceso primario y los códigos liberados del principio del placer. Ésta es la mujer
de la que un amigo dice en el casino: «¡Qué mujer tan interesante! ¿Verdad, Archibaldo?», comentario al que Archibaldo responde: «La asesinaría con mucho gusto».

Ningún hombre conformista puede tolerar las amenazas al orden y al control interior que supone una mujer dominada por el placer. Como figura paterna sombría y
frágil, Willy tiene razones de peso para temer al pretendiente rival; como personaje
regresivo con fijación materna, Archibaldo se siente atraído y al mismo tiempo repe-
lido por el recuerdo de las lejanas traiciones de su madre. La nota de suicidio de Patricia resume la difícil situación de la prostituta/bruja: «Me es imposible seguir so-
portando la vida que llevamos. No quiero que me veas bonita cuando esté muerta.
Por eso me mato en esta forma. Ojalá mi sangre pese sobre ti mientras vivas».

Quizá pensemos que se trata de otro texto a lo Gilda que obliga a Patricia/Mame a
soportar la culpa y el castigo a causa de la inquietud y la infelicidad sexual. Es posible
que sea así, pero al menos Buñuel se asegura de que el amante no escurra el bulto y

---

* En español en el original. [*N. de los t.*]

acepte su responsabilidad en la confusión y la tristeza que lleva a un acto de desesperación semejante. Se trata de otro ejemplo de las relaciones *huis clos* de esta película, encuentros infernales entre amantes atrapados en formas cada vez más intolerables de reclusión íntima: «Ya estamos acostumbrados al infierno». Todas las metáforas infernales surgen con naturalidad de las referencias que hace la película a los esquemas bruja/prostituta. Pero entre las víctimas potenciales de Archibaldo ninguna es más diabólica que Lavinia, mujer en la que finalmente encuentra la horma de su zapato.

Curiosamente, se topa con ella en una joyería, donde ambos se disputan la caja de música que Archibaldo perdiera siendo aún niño. Archibaldo no es consciente en ningún momento del hecho de que, al desear la caja de música, Lavinia acentúa su identificación subconsciente con la dueña inicial, la madre. La segunda vez que se encuentran estos dos personajes, ella está en un bar hablando de la historia de México a un grupo de turistas norteamericanos. La función de Lavinia como guía turística recuerda indirectamente el mural de Diego Rivera «México folclórico y turístico» (1936), en el que un norteamericano altanero cabalga a lomos de un burro entre una multitud de mexicanos que dan la bienvenida a los turistas ataviados con diversos tipos de máscaras y atuendos chillones y ridículos. La trivialización de lo propio a través del turismo se trata desde una perspectiva levemente distinta en las imágenes más festivas, menos quisquillosas desde el punto de vista nacionalista, en las que, en cualquier caso, Lavinia controla la situación en todo momento, en ocasiones amenazando con desdén al rebaño impaciente. Su encarnación de la transgresión se establece tan pronto como Archibaldo la ve en el extremo opuesto del bar, a través de la llama de la vela que adorna su mesa. El recuerdo de este segundo encuentro, como más tarde le cuenta, deja en él una profunda huella: «Me atrajo desde que la vi rodeada de llamas como una pequeña bruja condenada a la hoguera, mi pequeña Juana de Arco». El aura religiosa le excita, confirmando el interés permanente de Buñuel como surrealista en el ensalzamiento de la experiencia erótica a través de la transgresión religiosa, que busca lo maravilloso a través de lo trascendental. Pero la referencia a Juana de Arco también acentúa el reconocimiento por parte de Archibaldo del prototipo de mujer activa y dominante. Cuando, según cuenta Marina Warner, se llevó a juicio a Juana de Arco, se le acusó de tres crímenes: «Lo poco femenino e inmodesto de su atuendo; el lujo de su condición; la posesión de armas. Su travestismo ofendía; era una poderosa estrategia de cambio» (1983, pág. 150). Ni Lavinia ni la madre de Archibaldo son travestidas, pero su expropiación del poder masculino se corresponde con el crimen del que se acusó a Juana de Arco, y del que su travestismo se denunció como símbolo visual y prueba. Capaz de inspirar, como arguye Marina Warner (1983, pág. 209), respeto y al mismo tiempo terror al hombre, la amazona o Ayesha que se alza resplandeciente constituye una afrenta al orden social, haciéndose acreedora en este texto (para Buñuel tanto como para Archibaldo) de una fuerza equívoca de fascinación y repugnancia. Lavinia recuerda a los personajes semejantes a brujas en textos como *Aura* (1962), *La muerte de Artemio Cruz* (1962), *Zona sagrada* (1967) de Carlos Fuentes, *El mundo es ancho y ajeno* (1941) de Ciro Alegría, La Maga de la obra de Cortázar *Rayuela* (1963) y *Cien años de soledad* (1967) de García Márquez, y al mismo tiempo retrotrae a costumbres de la Latinoamérica colonial que Ruth Behar ha definido como la «tradición castellana de la brujería y la magia sexual» (1984, págs. 183-185). Al serles negado el poder en el dominio público, las mujeres, incluso las más respetables, recurrían a menudo al mundo secreto de la brujería en busca de remedios para reducir a la impotencia a sus maridos tiránicos.

Inspirando terror a Archibaldo en un primer momento, Lavinia acaba por ganarse su respeto porque, además de proyectar lo que Jung (1959) —en un estudio sobre las brujas— llama los sueños y las fantasías psicóticas del inconsciente masculino, también es la única mujer que, a través de una adicción igualmente intensa a la irreverencia y la guasa, apela al instinto creativo del protagonista. La atracción que siente Lavinia por Archibaldo ratifica el ensalzamiento de Buñuel del comportamiento transgresor y lúdicamente irracional. Cuando lleva a su grupo de turistas, bien dispuestos pero agotadores, a visitar el taller de Archibaldo, le describe como «un artista original que no sigue reglas», reconociendo en él a una persona que, como ella, transgrede el orden social. Pero la felicidad compartida, tanto aquí como en cualquier otra narración cómica, sólo triunfa sobre la adversidad tras la superación de diversas pruebas.

Antes de la celebración irónica de su unión en el desenlace de la película, tienen que exorcizarse varios demonios. Lavinia debe darse cuenta de que sacarle dinero a un protector maduro que no sólo sufre de un exceso de celos sino que además es un soplón de la policía constituye un precio excesivamente alto a cambio de la seguridad material. Por su parte, Archibaldo también debe reconocer que su monstruosa aversión contra las mujeres, el bloqueo psicológico que le impide entablar una relación normal, tiene su origen en los deseos regresivos y la hostilidad reprimida contra su madre. Una vez atrapados en una fascinación mutua, estos amantes perversos, con sus indicios de obsesiones buñuelianas autobiográficas, entablan una batalla de ingenios, quedando intrigados y absortos al comprobar que el contrincante tiene los mismos impulsos y fantasías. Lavinia intenta engañar a Archibaldo —quien más tarde se toma una ingeniosa revancha— al informarle de que si quiere verla otra vez la encontrará en una tienda del centro en la ciudad de México, sin decirle que la mujer allí empleada es uno de los maniquíes hechos a su imagen para los que ha posado a lo largo de su carrera como modelo.

Los jocosos chascos de Archibaldo proyectan sus propias fantasías y a la vez atraen a Lavinia por su inventiva lúdica. Él se lleva a casa uno de los maniquíes de Lavinia, lo viste, y lo sienta en el salón, dispuesto a presentárselo como su prima a la Lavinia real. Cuando ésta ve a su doble, se pone en marcha un juego de lo más ingenioso en el que tanto el hombre como la mujer responden y se identifican alternativamente con el maniquí, el otro yo de Lavinia. El parentesco con Archibaldo ya ha quedado establecido por medio del pretexto de que son primos. En un momento dado —transgrediendo el tabú de las relaciones sexuales entre primos carnales—

Archibaldo besa y acaricia al maniquí, para encontrarse con la represión de la auténtica Lavinia cuando hace además de pasarse de la raya. Más adelante, mientras Archibaldo está ausente, es la propia Lavinia la que intercambia su ropa con la del maniquí, lo cual es como si tomara el lugar de éste, ora aceptando, ora rechazando las interpretaciones socializadas de la feminidad.

Estas estrategias cómicas de mascarada e identidad, de fantasía y transgresión de tabúes, hacen hincapié en la empatía de los héroes rebeldes, que respetan y al mismo tiempo se muestran irreverentes con las prohibiciones del orden social. Limitados por los compromisos de la ideología (que en el caso de la mujer incluyen su estatus de víctima, y en el del hombre las hostilidades hacia la bruja/madre y hacia las tendencias femeninas rechazadas), estos personajes también forman parte de la dramatización cómica de Buñuel de las formas más salvajes del deseo. En los juegos a los que dan rienda suelta ambos personajes hay una tendencia hacia la mascarada, ya que Archibaldo se hace pasar por su propia madre y Lavinia —en una versión hiperbólica de identidad socializada— se pone en el lugar de su maniquí. La intención de Buñuel es que estos recursos tan característicos de la comedia formen parte de su compleja temática, no como mera indicación de un contraste simplista entre apariencia y realidad sino, de forma más interesante, como componente esencial del ensalzamiento en el texto de la liberación y el desorden. Mascarada, travestismo, inversión, todo ello se entremezcla con el tono cómico global de la película, a pesar de que otros instintos humanos violentos no quedan muy lejos de la superficie. Archibaldo, frustrado por no haber podido asesinar a Lavinia a causa de la partida inesperada de ésta, satisface sus retorcidos deseos edípicos quemando al otro yo de Lavinia, el maniquí. Éste, claro está, es y no es Lavinia. En la vida real, Lavinia representa la firmeza y la autonomía femeninas. En el escaparate, el maniquí mudo, sin vida, especulario, privado de subjetividad autónoma, representa la ideologización y cosificación de las mujeres, la expresión de la «alteridad» femenina, silenciada, inmovilizada y eternamente servil a las exigencias de la fantasía masculina.

La versión más monstruosa de este proceso viene mediada por el ataque de Archibaldo. Al quedarse solo, una vez que la auténtica Lavinia ha desaparecido con su manada de «gringuitos»,* él reincide en un comportamiento regresivo —primitivo incluso— más bien propio de los modos neandertalenses de cortejo, cogiendo al maniquí por el pelo, tirándolo al suelo y arrastrándolo hacia el horno. En el proceso, las extremidades empiezan a separarse del tronco, desmembramiento éste que constituye otra prueba de fetichización. Finalmente, este amo demoníaco la arroja al horno y se queda observando con entusiasmo demente la quema de la bruja, pero cuando la cámara pasa por corte de la cera licuante del rostro del maniquí a la mirada enloquecida del verdugo, la película establece otro nexo entre víctima y juez, santo y pecador, culpable e inocente. Si el maniquí es la imagen visual de la cosificación de la mujer a causa de los peores excesos del orden social, la propia Lavinia, viva, ingeniosa, inventi-

---

* En español en el original. [N. de los t.]

va e irreverente, constituye también una prueba de resistencia denodada, poniendo de manifiesto de esta forma que la película cree en la posibilidad de una mujer capaz de defenderse por sí misma y de combatir las fuerzas que intentan victimizarla.

Estas identificaciones entre protagonista, víctima y público vuelven a poner de manifiesto los esquemas autorreflexivos del texto. Además, la estructura confesional —la narración del propio Archibaldo acerca de su deseo frustrado de asesinar a varias mujeres— está motivada, como en otras películas, no sólo por el deseo de centrarse en un personaje al que la culpa impulsa a la confesión ante una figura de autoridad —en este caso un juez— sino que también expone, en un ejemplo precursor de la estética posmodernista, la artificialidad del texto. La figura del artista, Archibaldo el ceramista, representa a Buñuel el autor, estableciendo, como dice Andrew Horton (1991), esa relación conspirativa con el espectador, al que Buñuel identifica maliciosamente con el juez que escucha en representación de la autoridad. Nosotros también nos tornamos jueces y confesores, en vez de espectadores inocentes; nuestra risa ante las bufonadas absurdas de los hombres traumatizados por un complejo de Edipo y las *femmes fatales*/brujas es una respuesta no de tipo hobbesiano sino, de nuevo, de tipo empático freudiano, que nos obliga a aceptar un destino común en la construcción de fantasías y fobias en las que todos nos vemos envueltos.

Como reconocimiento a esa suerte común y esa responsabilidad colectiva, Buñuel libera a Archibaldo —aunque sólo sea temporalmente— de la maldición de su caja de música y de su hechizo edípico, dispone la aparición mágica de Lavinia a su lado al final de la película y los envía juntos a un viaje de plenitud provisional. Al final Archibaldo no sólo descarta la caja de música sino también un bastón. Al verlo, nos preguntamos si al deshacerse de una posesión tan inconfundiblemente fálica se está sugiriendo un deseo de liberación tanto de las inhibiciones edípicas como de la propia sexualidad. La abstinencia, parece estar diciendo la película, es la única garantía de una auténtica paz espiritual. Y sin embargo, el final queda abierto. Nos acordamos de que la caja, por la que Archibaldo luchó en la joyería con Lavinia, ya se perdió una vez para volver a aparecer y acechar al protagonista. Con toda probabilidad la caja uterina y el bastón fálico volverán a aparecer para precipitar a su dueño al caos y la confusión sexuales.

3.2. *Él*: fetichismo y paranoia

> ¡Oh, sí! ¡Como las moscas estivales en el matadero, que, apenas creadas, se reproducen zumbando! ¡Oh, flor, tan graciosamente bella, tan deliciosamente odorífera que los sentidos se embriagan en ti! ¡Ojalá nunca hubieras venido al mundo!*
>
> *Otelo*, IV, ii

* De la traducción de Luis Astrana Marín para Espasa Calpe S. A., Madrid, 1934.

Sinopsis: Francisco, un hombre celoso hasta la paranoia, se enamora de Gloria, la prometida de su amigo, a la que ve por vez primera en la iglesia. Se casa con ella pero cada vez le atormenta más el atractivo que su esposa tiene para otros hombres. En un momento determinado se viene abajo y busca consuelo en su criado. Posteriormente, su locura le lleva a atentar contra la vida de su esposa, aunque sin éxito. Gloria informa a su ex prometido de los sufrimientos que se ve obligada a soportar en su matrimonio y, después de que Francisco decida retirarse a un monasterio, acaba por casarse con Raúl. La película termina cuando ambos le visitan.

La exploración que lleva a cabo Buñuel del fetichismo masculino alcanza su forma más elaborada en *Él*. Aquí, de forma quizá solo igualada por *Diario de una camarera*, el fetichismo abre todo un ámbito de deseos perversos, que incluye confusiones provocadas por la paranoia. En su formulación más hiperbolizada, el fetichismo y la paranoia conducen a una toma de conciencia más profunda sobre las interpretaciones socializadas de la masculinidad. Basada en la novela autobiográfica de Mercedes Pinto, *Él* se centra en un tema muy estudiado en el arte hispánico, especialmente en las obras de teatro sobre el honor del Siglo de Oro. Como han dicho muchos antropólogos sociales con respecto a la cultura hispánica en su conjunto (por ejemplo, Peristiany [comp.], 1965), los celos adquieren mayor importancia en aquellas sociedades, en especial las mediterráneas, en las que las mujeres han sido portadoras tradicionales del honor masculino. Esta película ofrece, a través del horror y la comicidad, un espectáculo de *grand guignol* sobre los celos paranoides, siendo su objetivo constante la exposición de las presiones y los determinantes sociales.

En este caso el fetichismo subraya el interés de la película en el poder masculino y en la paranoia ante la amenaza de erosión de éste. El estudio de Freud sobre el fetichismo tiene al menos tres niveles de gran interés en un comentario de *Él*. En primer lugar, su concentración en la idea de que el fetiche es un sustituto del «pene de la mujer (de la madre) en el que el niño creyera antaño y... al que ahora no quiere renunciar»; en segundo lugar, su configuración como «prueba del triunfo sobre la amenaza de la castración y protección contra la misma»; en tercer lugar, su efecto de prevenir que el fetichista se convierta en homosexual, «dotando a la mujer de la característica que la hace tolerable como objeto sexual» (1981c, págs. 352-354). Puesto que Francisco, el fetichista en cuestión, se excita con los pies y los zapatos, cabe destacar que «el pie o zapato alcanza su estatus preferente como fetiche —o como parte del mismo— debido a la circunstancia de que el niño miraba los genitales de la mujer desde abajo, ascendiendo a partir de las piernas» (*ibíd*, pág. 354).

Las referencias a una homosexualidad reprimida y a su posible relevancia para el estado anímico de Francisco han de tratarse a través de cuestiones relacionadas con la paranoia. Por el momento, lo que debe resaltarse es el fetichismo de Francisco como una afirmación del deseo de poder sobre las mujeres, un proceso que no toma en absoluto en consideración la realidad de la mujer a quien se profesa devoción. El fetichismo en torno a los pies en este caso también logra, como mínimo, separar al hombre de la mujer, convirtiendo a ésta en una pantalla para la proyección de fantasías y deseos trastornados. Preocupado ante la posibilidad de la pérdida de control sobre la mujer, el hombre celoso fetichiza a la mujer a la que desea.

Esta película también rastrea la pérdida de control gradual sobre sus propias acciones por parte de un hombre que, en cierto sentido, se asemeja a los maridos obsesionados por la honra que creara Calderón; un personaje que Carlos Fuentes describiría como un «Otelo de clase media» (1978, pág. 57), cuyas primeras apariciones transmiten una sensación de autoridad y poder aparentemente inexpugnables, atributos éstos que su estrecha colaboración con la Iglesia ratifican. El comienzo de la película identifica a Francisco con las imágenes religiosas de una manera que refuerza la noción de poder, pero para el final la religión se ha equiparado a la desintegración gradual y la locura. El lenguaje de Francisco suele basarse en referencias sagradas o devotas, como cuando anima a su esposa Gloria a que lo considere su confesor o cuando, en un aparte al principio de la historia, reprende a la madre de su esposa diciendo que Gloria necesita un poco de disciplina: «No es mala pero necesita que se le sermonee bien». Entre otras identificaciones más significativas con la religión se incluyen la estrecha amistad de Francisco con un sacerdote, su colaboración como acólito en servicios religiosos —sobre todo en el ritual de lavar los pies en Jueves Santo— y, lo que resulta más inquietante, un rasgo en el que hace hincapié el título de la película y su alusión directa a la deidad celosa del Antiguo Testamento: su identificación cuasiblasfema con el propio Dios. A este respecto, resulta natural que su lugar preferido para una velada de asueto con su esposa no sea el cine ni las carreras ni ningún otro lugar de los que requieren poca concentración, sino el campanario de una iglesia, una altura desde la que otear, como un dios del Olimpo desdeñosamente desligado de todo, lo que él considera como una humanidad maldita que trasiega y se afana como un conjunto de insectos fútiles que sólo merecen la exterminación. Sus palabras textuales son: «El egoísmo es la esencia de un alma noble. Yo desprecio a los hombres, ¿entiendes? Si fuera Dios no les perdonaría nunca».

Este comentario alude, aunque de forma desfigurada, a la noción de amor hacia uno mismo considerado tradicionalmente —de forma implícita, por ejemplo, en el estudio llevado a cabo por Fromm de Meister Eckhart (1968, pág. 49)— como el amor más loable, el amor de Dios por sí mismo. Pero el egocentrismo de Francisco (a diferencia, por ejemplo, del de Santa Teresa, cuya introspección la preparaba para ser digna de la gracia de Dios) es una perversión, ya que aquí se define amor por uno mismo como crueldad y desdén, no como armonía y amor. En un delirio de perversión egocéntrica, que en la película está en gran medida determinada por las exigencias de la cultura, Francisco llega a dirigir su virulencia contra Gloria, intentando —en una escena que no sólo anticipa otras del mismo Buñuel, sino también *De entre los muertos* de Hitchcock— arrojarla al abismo; su mujer, como todas las personas con las que entra en contacto, tiene que soportar la brusquedad de su furia y su desesperación. Esta clase de amor por uno mismo guarda relación con el interés de Buñuel en la provisionalidad del poder. No obstante, aquí no se centra en la temática atemporal de las vanidades terrenas. Más bien parece estar relacionado específicamente con las meditaciones, contextualizadas desde un punto de vista histórico, sobre el enfrentamiento entre modernidad y tradición, sobre todo en el ámbito de los sentidos.

Francisco es el mártir de la tradición. El modo en que trata a Gloria, oscilando entre la adoración y el sadismo, primero encomiando su belleza o espiritualidad para después intentar coserle la vagina, pone de manifiesto el alto precio que exige la tradición. En *Él*, un Buñuel que ya no se conforma con exponer algunas de las tiranías burguesas más inocuas y ridículas —como cuando en *Un perro andaluz* la mano muerta de la cultura se retrata a través de la imagen de curas y burros muertos que tiran contra los instintos de la imaginación— parece estar de un humor más sombrío y cruel, regido en mayor medida por la estética de un Artaud que por aquellos impulsos que le llevaron, por ejemplo, a realizar una película como *Ensayo de un crimen*. Aun así, parece decir el texto, si se puede confiar en que incluso Gloria, la principal víctima de Francisco, sienta compasión, además de miedo, por éste, igualmente el espectador debería verle como víctima a la vez que agente de las perversiones y crueldades del orden burgués. Si los comentarios de Jeanne Rucar acerca de los indicios autobiográficos de la película son acertados, Buñuel no tuvo otra opción que exponer su propia paranoia desplazada a través de una retórica que compaginara compasión con crítica. La anécdota sobre la forma en que Buñuel influyó para conseguirle un trabajo por el que, sin que ella lo supiera, él mismo pagaba en la tienda de un amigo español en París para impedir que su joven prometida se metiera en líos, es la más conocida de las muchas referencias que en la autobiografía de Jeanne parecen corroborar la existencia de una compleja relación entre Francisco y Buñuel (Rucar de Buñuel, 1991, pág. 41).

La elaborada puesta en escena de la película expresa visualmente el efecto mutilador que la cultura tiene sobre los sentimientos, del que el propio Buñuel parece proclamarse víctima. A lo largo de toda la película, Francisco libra una batalla larga y fútil contra unos oponentes, que nunca se ven ni se nombran, por cuestión de unas tierras que históricamente su familia ha reclamado como suyas pero de las que se han adueñado unos demandantes rivales. Una vez más se libra una lucha entre tradición y modernidad. Cabe destacar también que las tierras en cuestión están en Guanajuato, una de las ciudades coloniales más bonitas pero también más extrañas de México. Durante las escenas del viaje de novios de la pareja, se capta la sublimidad arquitectónica de la ciudad en varios planos que recuerdan postales o un documental turístico. Pero incluso aquí la identificación de la ciudad con el lado más oscuro de la cultura —quizá sobre todo en lo que respecta a evocaciones implícitas de tiranías colonialistas— se sugiere con gran ingenio cuando Gloria fotografía a Francisco detrás de una puerta de hierro forjado, un plano que acentúa con crudeza y efectividad la trampa que se esconde tras las fachadas del orden y la tradición.

El momento recuerda la ironía de la puesta en escena durante la cena a la que Francisco ha invitado a Raúl y a Gloria, además de otros comensales, como parte de una estrategia para alejar a su futura esposa de su actual prometido, su amigo de la infancia. Cuando los invitados se retiran al estudio tras la cena, una invitada toca una obra de Chopin al piano mientras empieza a entrar polvo, lenta pero copiosamente, en la habitación. Indicio de turbulencia interna provocada por la agitación sexual, el polvo surge de una habitación en la que reina el caos en estado puro, donde, entre montones de muebles, Pablo el ayuda de cámara busca otra silla. Al igual que Guanajuato y su cementerio, en el que las momias se exponen al público, yuxtaponiendo atracciones turísticas con reliquias macabras, y como el propio Francisco, cuyo barniz de compostura, meticulosidad en la apariencia y elegancia en el vestir enmascaran el trastorno mental de un hombre arrastrado al borde de la demencia, la casa es otro de los símbolos de orden que se ven amenazados por diferentes formas de confusión. Del mismo modo en que Francisco se ha visto desposeído de unos dominios hereditarios en Guanajuato, la casa de la ciudad de México también se ve invadida gradualmente por elementos extraños, y su presencia repentinamente comprometida por la alteridad y la diferencia encarnadas en una mujer que amenaza con profanar la inviolabilidad prematrimonial del egocentrismo hermético de su dueño.

Entre otras cosas, el egocentrismo de Francisco es un estudio sobre la soledad que no puede recobrar su sentido de unidad con el orden natural. La residencia de Francisco abarca acres de jardín en los que los árboles, en vez de representar instintos liberadores o unión primordial con la naturaleza, simbolizan el peso de la tradición anquilosada. Los árboles y la casa van unidos al padre y al abuelo de Francisco, cuya presencia aporta mayor evidencia si cabe del fracaso de éste a la hora de liberarse del pasado y de sus diversos determinantes. La naturaleza, aprisionada en el cargado y opresivo ambiente del invernadero, empieza a tomarse la revancha, regresando, como en algunas de las historias más horripilantes de Quiroga, en forma monstruosa, abriéndose paso grotescamente por toda la casa, como símbolo supremo de un orden social pervertido. La naturaleza, amenaza que avanza subrepticiamente, anuncia la desintegración de dicho orden; el interior de la casa de Francisco, al igual que los recovecos de su mente cada vez más degenerada, parece reproducir en sus patrones *art-déco* al estilo de Gaudí el regreso monstruoso de lo reprimido. En muchas escenas dentro de la casa Francisco aparece encuadrado contra el fondo de maleza y plantas que se ve a través de las ventanas. Las habitaciones están repletas de flores, sobre todo lirios fálicos en jarrones; de los techos cuelgan candelabros con elaboradas estructuras que recuerdan a árboles en miniatura; las hojas pintadas en las puertas y las líneas garabateadas en las paredes sugieren la embestida de fuerzas naturales e irracionales que regresan de un modo monstruoso para enfrentarse a las fuerzas sociales inflexibles y claustrofóbicas de un orden heredado que se viene abajo.

En un momento determinado de la cena, los invitados comentan la decoración de la casa de Francisco. Entonces la cámara acompaña las referencias de Raúl a la forma en que el padre de Francisco encontró inspiración para su diseño en la exposición celebrada en París en 1900 con unos planos del mirador y el techo, mostrando el choque entre las líneas góticas de columnas y pilares tan rectos como el dedo índice de san Juan (como señala otro personaje obsesionado con el orden en *Ese oscuro objeto del deseo*) y los exagerados arabescos *art-déco* del deseo que sale a la superficie.[7]

Incluso en sus aspectos más triviales, las idiosincrasias de gesto y porte de Francisco hacen referencia a un proceso de colonización inevitable por parte de lo reprimido que regresa. El detalle de su forma de caminar en zigzag, que sustituye su modo recto y directo por una incertidumbre serpenteante cuando alcanza un punto sin retorno en su descenso a la locura, confirma la desintegración de un hombre cuya obsesión con el orden llegó a impedirle descansar ni un solo instante en una cama sobre la que colgaba un retrato de la Virgen levemente torcido. Hacia el final, la puesta en escena de excentricidad y egocentrismo, de un espacio que afirma no sólo el triunfo de la civilización sobre la naturaleza, sino también el aislamiento del que es portavoz hiperbolizado a la vez que víctima de dicho triunfo, se convierte en escenario simultáneamente de terror y comedia.

Las sombras expresionistas —heredadas de las películas alemanas de los años veinte que Buñuel tanto admiraba y sobre las que escribió (Buñuel, 1982b)— empiezan a colonizar el espacio de Francisco, su lugar de definición. En este escenario rediseñado el monstruo aparece no sólo como perpetrador de actos crueles y sádicos contra víctimas indefensas —como los Caligari y Frederson del expresionismo alemán— sino también como una persona que sufre una pérdida de control y de poder y, puesto que en esta ocasión el monstruo es masculino, una mutación hacia la feminidad. En este contexto resulta significativo que antes de su brutal ataque contra Gloria, acto que acentúa su definición como monstruo del deseo, Francisco entra en el dormitorio de su ayuda de cámara y rompe a llorar de un modo muy poco viril cuando empieza a explicar las causas de su desdicha.

La identificación de los monstruos masculinos o sus víctimas con la pérdida de autoridad y una cierta tendencia hacia la feminización, ha sido recientemente objeto de debate en el campo cinematográfico (Hutchings, 1993), pero la diferencia entre las recientes películas de Hollywood y el tratamiento buñueliano del hombre monstruoso reside en que, mientras en las primeras esto suele reflejar un proceso subconsciente, motivado en parte por una reacción contra las formas alternativas de masculinidad de inspiración *gay* y feminista, en *Él* el tratamiento cómico del monstruo no sólo sugiere compasión por Francisco sino también conciencia de la rigidez de esas formas tradicionales de masculinidad que, al haberlas interiorizado, le han llevado a este estado. Mientras que las respuestas e identificaciones del espectador oscilan entre víctima y verdugo, entre placeres sádicos y masoquistas, la erosión de este legado de masculinidad tradicional realza no sólo

---

7. Este comentario se ha tomado tal cual de *La femme et le pantin* (1981, pág. 77).

el sufrimiento causado por su desintegración, sino también los actos tiránicos de los que a menudo es capaz.

El placer masoquista que se deriva del espectáculo de unos personajes a los que otros convierten en víctimas, o de la confusión provocada por un orden interiorizado, se estudia en un trabajo feminista inspirado en Deleuze sobre las películas de Marlene Dietrich firmado por Gaylyn Studlar (1988). Para Deleuze (1971), al igual que para Studlar y Hutchings, los deseos sadomasoquistas no se complementan, al contrario de lo que defiende la teoría freudiana, sino que se oponen. Mientras que el control es el sello del sadismo, una afirmación de las identificaciones posedípicas con el orden simbólico, el masoquismo reactiva los impulsos e instintos del preedipismo (Studlar, 1988, pág. 38), donde el masoquista adopta la posición del niño, de forma que la mujer se convierte en agente de su fantasía, un severo y oscuro objeto de deseo maternal. Tanto si se acepta el punto de vista freudiano sobre las interrelaciones del sadomasoquismo como si se comulga con las revisiones de Deleuze (1971), en las que las dos tendencias se separan, resulta evidente que la identificación del público con el monstruo masoquista de *Él*, Francisco, plantea cuestiones acerca de las estructuras de las formas patriarcales de subjetividad en las que la relación del hombre convencional con el orden simbólico está bajo una tensión insoportable. En el caso concreto de Francisco, además, el deseo masoquista que siente por Gloria se complica a causa de unos celos paranoides, afección que en su variante más extrema, como en este caso, se basa, según Freud, en neurosis derivadas del deseo homosexual reprimido.

En «Sobre algunos mecanismos neuróticos de los celos, la paranoia y la homosexualidad», Freud distingue tres tipos de celos: competitivos o normales, proyectados e ilusorios. Para Freud, los celos normales no tienen mayor interés analítico, aunque ni siquiera esta variante es del todo racional, ya que está profundamente enraizada en el inconsciente. Los celos proyectados hacen referencia bien a infidelidades reales, bien a impulsos reprimidos de infidelidad en hombres o mujeres. En el caso de los impulsos reprimidos, a menudo son tan intensos que el individuo necesita liberarlos por medio de la proyección en su pareja. Los celos ilusorios también tienen sus raíces en los deseos reprimidos de infidelidad pero, crucialmente, «el objeto en estos casos es del mismo sexo que el sujeto. Los celos ilusorios son lo que queda de una homosexualidad que ha tocado a su fin, y tiene un lugar legítimo entre las formas clásicas de paranoia» (Freud, 1979, pág. 199).

Si se aborda la paranoia en *Él* desde esta perspectiva resultan más claras tanto algunas de las formas idiosincrásicas de comportamiento de Francisco como la actitud cauta de Buñuel con respecto al tema. En esta película no hay comentarios homófobos fortuitos como los de don Andrés en *El bruto*: «En mis tiempos los hombres no eran tan mariquitas como ahora».[8] E incluso si no se hacen alusiones

---

8. Véase Buñuel (1982a, pág. 263) acerca de una anécdota sobre la negativa de Pedro Armendáriz a llevar una camisa de manga corta por miedo a que le consideraran homosexual.

directas al deseo homosexual, las diversas referencias indirectas que se derivan de la evidente conciencia que hay en la película de los ensayos de Freud sobre los celos y la homosexualidad la convierten en un foro de discusión, que si bien no es progresista tampoco es regresivo, acerca de estas cuestiones. A pesar de todas sus transgresiones contra diversas formas de orden establecido, Buñuel no está, después de todo, fuera de la cultura, ya que sus películas a veces apoyan —y, con mayor frecuencia, ponen en tela de juicio— la ley simbólica; su resistencia ante las normas burguesas es consciente y al mismo tiempo inconsciente, transigente y a la vez inflexible.

Sin duda alguna Francisco sufre celos paranoides, aunque no en su variante de celos proyectados: en primer lugar, al no haber mantenido relaciones íntimas con una mujer no puede sentir celos de las relaciones de una compañera con otro hombre antes de su matrimonio con Gloria; en segundo lugar, sus deseos por ella surgen no de la visión, en primera instancia, de la piel desnuda de una mujer, sino de la de un hombre. Una vez acaba la secuencia de créditos, la cámara toma posición dentro de una iglesia en la que el sacerdote lleva a cabo, ante la atenta mirada de Francisco, el ritual de lavar los pies a los monaguillos el día de Jueves Santo.* Entonces la cámara se acerca al rostro del cura en el momento en que se arrodilla para tomar el pie desnudo de uno de los chicos. La cámara pasa por corte a un primer plano del niño bajando la vista hacia el cura. Más adelante en esta misma secuencia hay un plano de toda una hilera de pies de monaguillos, que luego va seguido por un primer plano de Francisco; se pasa por corte a un primer plano del cura, esta vez besando el pie del chico; corte a Francisco que sigue el incidente; empieza a volver la cabeza lentamente hacia la derecha del encuadre; se pasa por corte a un primer plano de los pies de una mujer que calza unos elegantes zapatos de piel (a derecha e izquierda del encuadre hay zapatos de hombre) y la cámara empieza a moverse ofreciéndonos un plano subjetivo (es decir, desde el punto de vista de Francisco) de una fila de pies de fieles en misa hasta ir a dar con los de Gloria (aunque en este momento ni Francisco ni el espectador saben que se trata de los pies y los zapatos de la protagonista) para después subir por sus piernas, desde los pies hasta el rostro, que permanece inmóvil; corte a un primer plano de Francisco que ahora la mira a la cara; corte a Gloria, que permanece quieta y luego baja los ojos de forma análoga al niño cuyos pies lava y besa el cura; corte a Francisco que mira; corte a Gloria, que vuelve a bajar la vista; corte a Francisco que mira hacia la izquierda del encuadre; corte a Francisco que se aleja del grupo absorto en la ceremonia. Desde un cierto punto de vista, la mirada de Francisco que sigue las hileras de pies, pasando de los chicos a la mujer, representa la actividad depredadora de un hombre heterosexual, que mira más allá de las apretadas filas de pies de niños, que para él resultan poco interesantes, para buscar y encontrar el único objeto de sus deseos sexuales, una mujer. Pero desde otro punto de vista, el vía crucis del propio Francisco hacia su oscuro ob-

* En español en el original. [*N. de los t.*]

jeto del deseo sugiere que su ruta hacia la mujer sólo es accesible a través del hombre. El significado homoerótico se subraya por medio de los planos en paralelo del niño y Gloria, personajes ambos convertidos en objetivo de la mirada masculina, personajes ambos —a través de los gestos recatados de cerrar los párpados e inclinar levemente la cabeza— que presentan un atractivo unificado para Francisco, quien desplaza de forma inconsciente sus deseos homoeróticos hacia esa pantalla, donde puede proyectar los sueños paranoides en los que se convertirá finalmente su desventurada esposa.

El subtexto homoerótico —que, aunque reprimido, se libera a veces de sus constricciones— resurge de un modo más evidente cuando Francisco se da cuenta del colapso final de su matrimonio. En otra de las escenas de adhesión entre el señor y su ayuda de cámara, Francisco entra en la habitación de Pablo por la noche, algo sorprendente en un hombre tan respetuoso con el orden, para desahogar su desolación y su fracaso. En contraste con la puesta en escena del apartamento del amo en la ciudad de México, en el que la razón y el instinto se oponen abiertamente, la habitación de Pablo exterioriza la banalidad pero también la firme masculinidad y la libertad interior de un hombre al que no aquejan los tormentos de su amo paranoide. En las paredes de la habitación de Pablo hay colgados pósters y demás parafernalia relacionada con el ciclismo. Hay incluso una bicicleta sobre una de las mesas. En esa estancia no hay rastro de la decoración exagerada y femenina con la que se asocia el resto de la casa. Aquí el ciclismo, otra de las metáforas de movimiento de Buñuel, sugiere libertad, lo que contrasta con los símbolos de reclusión con los que se identifica a Francisco. Sin embargo, en este contexto el deporte también tiene connotaciones de virilidad, una interpretación que confirma las anteriores sospechas del espectador de que Pablo es un hombre heterosexual que va detrás de una de las doncellas. Como consecuencia, mientras que Francisco es un hombre de cismas internos, de ambivalencia y confusión sexuales rechazadas o ignoradas, Pablo representa la masculinidad heterosexual desinhibida. Mientras que Francisco es incapaz, a causa de los celos paranoides, de tener una relación normal con Gloria, Pablo no tiene dificultades para expresar y dar rienda suelta a su interés por la criada, aunque ella se muestre más aterrorizada que halagada.

En este ambiente de firme masculinidad heterosexual busca refugio el hombre de celos paranoides. La prueba de la pérdida de poder de Francisco y de su creciente alienación del orden patriarcal es su disposición a mostrarse azorado, lloroso, turbado —todos ellos rasgos convencionales de la feminidad— ante un hombre que es socialmente inferior a él y a la vez emblema del concepto socializado de masculinidad que, en un cierto nivel, él intenta personificar. Sean cuales fueren las intenciones de Buñuel en esta escena, su efecto es el de acentuar la naturaleza más que fraternal de la relación entre estos dos hombres. La feminización y sumisión de Francisco se intensifica debido a que ni siquiera le avergüenza sentarse a los pies de la cama de Pablo —mientras, en pijama, éste sigue tumbado— y a que la explicación de sus problemas podría transferirse con toda facilidad a una escena protagonizada por su madre u otra mujer: «Necesito a alguien que me quiera, que me comprenda». Un comentario así dirigido a un ayuda de cámara es, como mínimo, incompatible con el estatus de Francisco; es claro un gesto de intimidad verbal equiparable al gesto de Pablo de posar la mano suavemente sobre el brazo de su señor. Momentos como éste que exponen las complejas motivaciones de los deseos, tanto reconocidos como reprimidos, hacia Gloria y Pablo, sea cual fuere el efecto de los mecanismos de censura que Buñuel les impusiera consciente o inconscientemente, al menos parecen animar al estudioso a buscar sus orígenes en los traumas infantiles. Por una parte, es posible que la racionalización que Francisco hace conscientemente de su atracción por Gloria —«dulzura, esa especie de aura de bondad, la resignación»— no sea coherente con sus tendencias tradicionalistas. Por otra parte, aunque a menudo pueda ser demasido reduccionista y simplista en su propio análisis de lo que a todas luces se representa como una obsesión de gran complejidad, reconoce, en otros momentos, que el deseo tiene sus raíces últimas en las experiencias y el remordimiento del pasado:

> El rayo no nace de la nada, sino de nubes que tardan mucho tiempo en acumularse. Este tipo de amor se está formando desde la infancia. Un hombre pasa al lado de mil mujeres y de pronto encuentra a una que su instinto le dice que es la única. En esta mujer cristalizan sus sueños y sus ilusiones, los deseos de la vida anterior de ese hombre.

Aquí persisten las metáforas grandilocuentes de un ser definido a través de los determinantes de la religión, pero la parte más interesante del discurso que pronuncia en la cena, y que, de nuevo, anima al estudioso a apelar al psicoanálisis, hace referencia a la influencia de la niñez. El flechazo* de un *amour fou* libera sentimientos alimentados y almacenados en los primeros años de vida del hombre, todos ellos listos para ser liberados y proyectados sobre una mujer entre mil cuya individualidad se ignora y se atropella en este proceso. Si el deseo del amante es el producto de una experiencia de la niñez, resulta significativo que en esta película se nos dé la siguiente información acerca de Francisco: 1) su amigo de la infancia era Raúl, que ahora es su rival en el amor y el hombre al que acaba por robarle a Gloria;[9] 2) se hace mención de su padre y su abuelo, pero no de su madre.

El descubrimiento de que Gloria es la novia* de su amigo de la niñez puede interpretarse como otro dato para diagnosticar la enfermedad de Francisco como celos paranoides debidos a la represión de su homosexualidad. Las referencias a su padre y su abuelo, arquitectos no sólo de la casa y sus inmediaciones sino también del ambiente, o ideología, en el que creciera Francisco, confirman su vida a la sombra del patriarcado. La ausencia de cualquier referencia a la madre descarta la in-

---

* En español en el original. [*N. de los t.*]

9. Acerca de la idea de que los hombres desean en secreto a los hombres que hay en las vidas de las mujeres a las que pretenden, véase Girard (1969) y Sedgwick (1985).

fluencia maternal/femenina y al mismo tiempo indica el oscuro desplazamiento del deseo por la madre.

La búsqueda de una madre —real o imaginaria— en su edad adulta, lleva a Francisco al encaprichamiento, o *amour fou* por Gloria, la figura materna dulce, buena, resignada y sumisa, la «Gloria in excelsis Deo», la «Gloria» cuya definición no reside en su propia individualidad, sino en su capacidad para la exaltación del «Él» cuasidivino y celoso, la madre que está más orgullosa de los logros de su hijo que de los suyos propios, algo que acentúan las poses que sugieren una relación madre-hijo. El hombre hacia cuyo «aire de dominio, de seguridad» se sintiera atraída en un principio se ha desvanecido hacia el final de la película, su dominio y autoridad casi divinos quedando reducidos a una sombra. En este nivel, el título de la película, *Él*, ya no parece hacer una mera referencia a Francisco o a la autoridad emblemática de una cultura patriarcal interiorizada, sino a la búsqueda ambigua y soterrada del «Él»* reprimido que lleva a cabo Francisco, un ideal quizá no de diferencia sino de igualdad, que recibe una compleja expresión subconsciente en las confusas definiciones y acciones en las escenas protagonizadas, sobre todo, por Pablo y Raúl.

Esta cuestión se reformula, finalmente, de un modo humorístico en el detalle de los mostachos que lucen Francisco y Raúl en diferentes momentos de la película. Al llevar o no bigote, los personajes hacen hincapié de un modo muy ingenioso en esta duplicación (acentuada por medio de referencias a la amistad en la niñez, a su deseo compartido por Gloria, a su comparable estatus social en la comunidad). Durante su matrimonio con Gloria, Francisco, que de cara a la galería parece ser el icono, bien seguro de sí mismo, del patriarcado, lleva bigote mientras que Raúl, que no tiene acceso a Gloria en un primer momento, no lo lleva. Cuando al final Raúl se casa con Gloria se le ve llevando bigote, mientras que Franciso, que ahora ya se ha hecho monje, se lo ha afeitado. A todas luces el bigote reviste importancia psicológica y social, reforzando la opinión de Buñuel, expresada en su ensayo acerca del mostacho de Adolphe Menjou, de que los bigotes son, junto con los ojos, una de las mejores vías de acceso a las profundidades de una personalidad (1982b, pág. 168). En el monasterio no funcionan las mismas leyes sociales que en el mundo exterior, de modo que estos símbolos se consideran como meras vanidades y por tanto se prohíben. Pero además de ser, de forma consciente, un símbolo de poder fálico y de conquista, del que sólo es merecedor un hombre viril, el bigote constituye también, quizá de un modo subconsciente, una señal de igualdad, que la película reconoce y al mismo tiempo descarta. Francisco, paranoico, se ha convertido en un marginado social atormentado por deseos contradictorios. Pero en su derrota final la película alcanza la fuerza expositiva, iluminadora, de lo que Dalí, haciendo referencia a su propio trabajo, definiera como «crítica paranoica». Como señala Wallace Fowlie: «El paranoico es el hombre que parece tener una salud y una actitud normales, pero que en privado se imagina el mundo según su propio deseo y la impenetrabilidad de

---

* En español en el original. [*N. de los t.*]

dicho deseo» (1963, pág. 113). Los deseos de Francisco, como los de Séverine, se tornan incompatibles con los valores del mundo en el que quiere vivir. Mientras que Séverine logra hacer los ajustes y los compromisos necesarios, Francisco se encuentra con que su lugar en ese mundo le resulta intolerable.

3.3. *Ese oscuro objeto del deseo* y el sadomasoquismo

> Si Dios aflije a tus enemigos, sin duda alguna debería bastarte. Resulta mezquino y presuntuoso sumar tu tormento al suyo.
>
> Emily Brontë, *Cumbres borrascosas*

Sinopsis: en un viaje en tren de Sevilla a París, un hombre de mediana edad, Mathieu, narra a los demás pasajeros la historia de su enamoramiento de Conchita, a la que conociera como criada en casa de su hermano, y del cruel tratamiento que ésta le dispensa. Conchita tan pronto le alienta como le para los pies, humillándole y tentándole alternativamente, pero negándose siempre a rendir lo que según ella es su virginidad todavía intacta. Más adelante, después de que le haya comprado una casa en Sevilla, Mathieu se queda fuera sin posibilidad de abrir la puerta y se ve obligado a verla hacer el amor con el Morenito, el joven amante de Conchita. Al final del viaje en tren, Mathieu y Conchita se reúnen. Los tormentos del deseo no se han agotado todavía.

Mientras que en otras películas Buñuel se limita a momentos concretos de narrativa confesional en *flashback* —por ejemplo en *Él*, cuando Gloria se confiesa a Raúl, o en *El discreto encanto de la burguesía*, cuando diversos personajes describen sus sueños— en *Ese oscuro objeto del deseo*, como en *Ensayo de un crimen*, Buñuel se basa casi por completo en este recurso. En ocasiones se producen *flashbacks* en una narrativa sin necesidad de que los provoque un personaje —en *Un perro andaluz*, por ejemplo, los escenarios temporales de la película cambian sin que ninguno de los personajes los manipule— pero el *flashback* confesional lo provoca un personaje que narra un suceso del pasado a otro personaje o, de un modo más directo, al espectador. En general, los *flashbacks*, ya sean confesionales o de otro tipo, dan variedad a los mecanismos narrativos, alteran el orden artificial de la cronología y la linealidad, fomentan el distanciamiento y la conceptualización, y ponen en tela de juicio las premisas y sucesos del marco textual al que pertenecen. Estos efectos resultan muy evidentes en *Ese oscuro objeto del deseo*. Asimismo, los *flashbacks* aportan interioridad a los personajes principales de la narrativa. En un escrito sobre un pasaje de cierta importancia en *Ese oscuro objeto del deseo*, M. Turim señala que «los *flashbacks* en el cine... suelen presentar un pasado como si se tratara de un sueño, esperando una interpretación» (1989, pág. 18). Más adelante este autor señala que el espectador «escucha» el *flashback* desde la posición del analista, identificándose de este modo no simplemente con el narrador sino también con el analista (*ibíd.*). A Buñuel —el surrealista que aunque ya no practica sigue aún traumatizado por el catolicismo— le resultan muy atractivos los rasgos psicoanalíticos, y también religiosos, de las estructuras del *flashback* confesional, y *La femme et le pantin*, novela de Pierre Louÿs en la que está basada *Ese oscuro objeto del deseo*, alimentó sin duda alguna este interés: «Je n'observe jamais sans pitié le besoin qu'ont les âmes simples de crier leur peines dans le désert» (1981, pág. 51). («Nunca observo sin piedad la necesidad de las almas simples de anunciar a gritos sus penas en el desierto.»)

Aquí la confesión —Foucault reconoce su importancia dentro de las narraciones sexuales en *La historia de la sexualidad*— lleva al conocimiento no sólo de la subjetividad masculina, sino también de las relaciones de poder dentro de las que funciona. *Ese oscuro objeto del deseo* corrobora las afirmaciones de Foucault de que debemos convertirnos en una sociedad que practique la confesión (1984, pág. 59).[10] Puesto que las confesiones de Mathieu intentan ordenar, confirmar o incluso encarcelar la realidad, verla desde una perspectiva propia, la película introduce toda una serie de imágenes asociadas con la reclusión —el compartimento del tren, la ratonera, el dormitorio de París, la casa de Sevilla en la que se le niega la entrada a Mathieu— que son hasta cierto punto recordatorios de las trampas que esconden el lenguaje y la ideología. Pero una narración que se pone en marcha como proyecto de autojustificación masculina acaba por convertirse en un medio de retorno de lo femenino reprimido, en un texto liberado de las limitaciones de la ley simbólica.

A través de esta estructura confesional la película se integra en un modo dominante del arte del siglo XX que el cine ha reflejado en sus tradiciones tanto de arte y ensayo como populares. Toda la obra de Woody Allen, como ejemplo de estas últimas, y en cuanto a las primeras, muchas de las películas de Fassbinder, pueden interpretarse como psicopatologías autobiográficas.[11] Aunque sin reclutar miembros de su propia familia o de su entorno (como en el caso de Fassbinder), ni actuar en sus propias películas (como hace Allen) para investigar sus propias neurosis y obsesiones, Buñuel consigue rodear *Ese oscuro objeto el deseo*, como casi todas sus demás películas, de un aura autobiográfica más acusada de lo habitual.[12]

La reaparición por cuarta vez de Fernando Rey en un papel clave constituye una repetición de coherentes procesos de introspección. En tanto que Buñuel dirige dichos procesos hacia el interior, hacia cuestiones relativas a la subjetividad y el deseo masculinos, en ningún momento los desarrolla de un modo más intenso que a través de la asociación con este evidente *alter ego*. En *Ese oscuro objeto del deseo*, el personaje público de Rey ofrece a través de su papel de Mathieu una última oportunidad para analizar los placeres diabólicos del *amour fou*, una confusión dulce pero destructiva que no respeta estatus ni edad. Al igual que el personaje de Gene

---

10. Sobre un tratamiento en profundidad de la tendencia hacia las narrativas confesionales, véase Tambling (1990).

11. Acerca de un estudio de Woody Allen y la narrativa confesional, véase Babington y Evans (1989), y, acerca de Fassbinder, véase Hayman (1984).

12. Sin embargo Buñuel sí aparece en *Un perro andaluz*, *Bella de día* y *El fantasma de la libertad*.

Hackman en *La noche se mueve* (Night Moves, 1975), Mathieu es la prueba feha-
ciente en Buñuel de las heridas que reciben los corazones incluso de los amantes entrados en años. Como observa con pesar el personaje de Hackman, la edad no es un
remedio contra las penas del amor, y Buñuel aporta dolorosas pruebas de ello a través de Mathieu.

Al iniciar su confesión, al igual que los pícaros de la literatura española por los
que el propio Buñuel afirmara tener debilidad, Mathieu parece motivado por una
necesidad de justificarse a sí mismo y también de expiar sus culpas. Al tener sólo la
versión de Mathieu de su atribulada relación con Conchita, la absolución sólo puede ser provisional, sobre todo debido a que la narración que él con tanto cuidado
elabora no consigue evitar nuestras dudas acerca de la autenticidad de su presentación de los hechos. Fiel a su estilo, Buñuel muestra un estado de ánimo ambivalente: por una lado busca la compasión del espectador por las debilidades humanas comunes, por otro reconoce la culpa y acepta la condena por los delitos y las faltas
emocionales. El espectador, en parte cada vez más próximo a Mathieu a causa de la
retórica autoprotectora mediante la que narra las perfidias de su irresistible *belle
dame sans merci*, se distancia también de él al tomar conciencia de su complicidad,
implícita o no, con anticuadas estrategias de victimización dirigidas a las mujeres.

A pesar de todo el cuidado y la atención que pone Mathieu en crear una ilusión
de inocencia ultrajada, en el fondo no consigue resistirse a otra tendencia paralela
del texto que, sobre todo a través de la comicidad, se propone ridiculizar las formas
tradicionales de masculinidad. Al igual que los héroes de la *screwball comedy*, Mathieu constituye una figura —más hiperbolizada en este caso que sus predecesores
de Hollywood— de masculinidad conformista, sometida a interminables humillaciones cómicas por una equivalente de Katharine Hepburn (el híbrido Ángela
Molina/Carole Bouquet) que se venga en nombre de las mujeres, como arguye Michael Wood (1981), de la incapcidad del hombre de advertir y reaccionar adecuadamente ante la realidad de la mujer, un defecto de percepción que la película acentúa a través del modo indiferenciado en que Mathieu trata, como si entre ellas no
hubiera diferencias, a las dos mujeres (radicalmente distintas en muchos aspectos)
que interpretan a Conchita.[13] La masculinidad tradicionalista de Mathieu también se
ve atacada cuando, a su alrededor, se producen explosiones provocadas por terroristas, representaciones visuales y sonoras no sólo de una década de agitación política, sino también de un ataque despiadado contra realidades personales y sociales,
mientras cerca de él una nueva mujer ha estado arremetiendo contra el prejuicio
convencional del que en ciertos aspectos él sigue siendo, en cierto modo anacróni-
camente. En la fantasía anticuada del hombre tradicionalista, las mujeres ejemplifican los diversos estereotipos sobre los que las feministas han llamado la atención.
En este caso Conchita no es sólo, como señala con gran acierto Linda Williams

---

13. Paul Sandro observa el proceso inverso, en el que «Mathieu tiene un cuerpo pero dos nombres,
ya que sólo una de las Conchitas le llama Mathieu; la otra le llama Mateo» (1987, pág. 142).

(1992), objeto de una especularización, captada en distintas posturas de exhibición para gratificación de la mirada masculina, sino que también se identifica con una figura de crueldad sexual que libera deseos masoquistas. Al igual que otros hombres buñuelianos de edad mediana o avanzada, Mathieu se ve en cierta medida atraído por la indefensión de la mujer, asociada aquí con su estatus de sirvienta y su inocencia juvenil.

En esta ocasión, sin embargo, a diferencia de esos otros amantes de Buñuel con fijación por las rubias (por ejemplo, Jaime en *Viridiana* o Husson en *Bella de día*), Mathieu se siente atraído por un apariencia oscura, así como por las indefinidas y opacas motivaciones del deseo, una seducción inspirada en la novela, donde se menciona la falta de experiencia de Mathieu con amantes rubias: «Je n'avais jamais eu de maîtresse blonde. J'ai toujours ignoré ces pâles objects de désir» (Louÿs, 1981, pág. 49). («No he tenido nunca una amante rubia. Nunca he tenido conocimiento de esos pálidos objetos del deseo.») Al no sentirse atraído por el reto de las rubias de apariencia frígida, Mathieu expresa por medio de la atracción hacia la oscuridad su búsqueda de mujeres desinhibidas y conscientes de su propia sexualidad. La juventud y aparente inexperiencia de Conchita ayudan a que Mathieu lleve a cabo sus singulares intenciones. Las relaciones con una mujer más madura, alguien de su edad, podrían haber aportado versatilidad a la experiencia sexual pero, además de los deleites evidentes de la belleza fresca, una joven no tiene recuerdos de relaciones sexuales previas y está libre de las posibles desilusiones, exigencias e iras de la edad mediana.

Estas reflexiones recuerdan esquemas similares en la representación de otros personajes, sobre todo del Don Lope de *Tristana*. Con reputación de libertino, de donjuán con numerosos trofeos obtenidos en el campo de la conquista sexual, Don Lope intenta sentar la cabeza en compañía de una joven, una pupila aparentemente desprotegida a través de la que evitar la soledad de la senectud que ya se aproxima. Su pasión por Tristana, la niña que se convertirá en el monstruo del deseo, parece motivada tanto por las frustraciones con mujeres mayores y más experimentadas como por la lujuria que despierta en él la virgen desamparada a la que custodia, una *tabula rasa* de modales y percepciones aún incorruptos.

Linda Williams considera que en *Ese oscuro objeto del deseo* el poder masculino se ejercita a través de la mirada controladora de Mathieu (1992, págs. 185-209), una estrategia, sin embargo, que se expone de forma especialmente ambigua en la escena en la que Mathieu se sube a una silla para espiar a Conchita y a su joven amante Morenito. Como en el resto de la película, sin embargo, Conchita le devuelve la mirada, rebatiendo con su expresión de desprecio y sorna la furia de Mathieu por ver cuestionados los derechos libidinales y de propiedad que cree ostentar sobre ella. Cuando la cámara encuadra a Mathieu contra la ventana que hay sobre la puerta del dormitorio (al igual que, más tarde, también lo enmarcará contra la puerta enrejada del patio desde la que presencia la escena de amor —¿real o imaginaria?— de la joven pareja) cualquier idea de que la mirada es siempre inevitablemente masculina en el arte occidental, una opinión al parecer endémica en una buena parte de los escritos sobre el espectador en el cine de Hollywood, pierde gran parte de su credibilidad.

Es posible que Buñuel sea un director con todo tipo de prejuicios contra las mujeres, pero también es una persona claramente consciente de dichos prejuicios, ya que reconoce las tiranías a las que éstas se han visto a menudo sometidas —tanto por culpa de los hombres como de mujeres confabuladoras— y está tan dispuesto a investigar estos prejuicios como los impulsos que suelen llevar a las mujeres a convertir a los hombres en peleles del deseo. La mirada de Mathieu es una cosa del pasado, en algunos aspectos comprendida, quizá incluso respetada en cierta medida, pero que ahora se describe como anticuada y se considera un estorbo para las necesidades e intereses de la mujer moderna. Por una parte, la mujer que ve Mathieu no es Ángela Molina ni Carole Bouquet sino una propiedad sexual canjeable: «Conchita», o, si nos atenemos al significado en argot sudamericano de la palabra, el «coño», u oscuro objeto, de sus deseos insatisfechos. Por otra parte, la mujer que ve el espectador está definida en otros aspectos además del sexual, ya que se niega a que los demás —incluso su madre, que ha concertado su matrimonio con Mathieu— decidan por ella e insiste en responsabilizarse de su propia vida.

Al redirigir la mirada hacia Mathieu se transforma al hombre convencional en blanco del ridículo. A través del tratamiento de que es objeto por parte de la mujer moderna su posición recuerda a la de los personajes bufonescos de la farsa, como, pongamos por caso, el celoso* de Cervantes o Lorca, el *senex* que debe dejar paso a los jovenes en el ámbito, novedoso y nada fácil, de la igualdad sexual. Atrapado en el encuadre de la ventana de su propio dormitorio, Mathieu representa la «comedia del deseo» masculino de Buñuel, entrampado en su propia masculinidad, incapaz de liberarse de actitudes y costumbres que le precipitan eternamente a espirales de infelicidad cada vez mayor, incapaz de ver a las mujeres más allá de los límites de sus propios deseos o de los de otros hombres. A través de él Buñuel representa una masculinidad patética de la que huye la mujer moderna. Conchita expone finalmente lo absurdo de la condición de Mathieu en otra de las escenas tragicómicas de humillación sexual, en la que baila flamenco desnuda delante de unos turistas japoneses: «Je ne suis à personne. Je suis à moi. [...] Je n'ai rien de plus précieux que moi» («No pertenezco a nadie. Sólo pertenezco a mí misma. [...] No tengo nada más preciado que yo misma»). Aunque aquí la película sigue muy de cerca a la novela, se echa de menos la referencia por la que, en esta última, Conchita rechaza la posibilidad de que nadie la compre: «Personne n'est assez riche por m'acheter a moi-même» (Louÿs, 1981, pág. 141) («Nadie es lo bastante rico para comprarme»). Este comentario es un añadido innecesario a lo que ya es una clara expresión del derecho de una mujer a la autodeterminación y la realización.

* En español en el original. [*N. de los t.*]

En esta escena Ángela Molina interpreta a Conchita, no Carole Bouquet; Ángela es la más sensual y accesible de las dos actrices, cuya personalidad burlona le lleva a intentar explicar al hombre, desorientado en una época que no es la suya, el auténtico objeto del deseo femenino. La libertad, incluso si no puede alcanzarse, ya que la mayoría de la gente está programada para la vida conyugal, es lo que Conchita busca pero quizá no llegue a encontrar nunca. La diferencia entre Mathieu y Conchita estriba a todas luces en su relativa capacidad o incapacidad para reconocer las trampas en que caen, y no el grado de libertad que ha logrado cada uno. Al no reconocer su propia reclusión, el hombre esencialista sólo puede reaccionar a la transgresión de Conchita contra el orden que él defiende recurriendo a métodos de protesta tradicionales. Perplejo ante el comportamiento atípico de la joven, Mathieu echa mano de amenazas y prohibiciones tradicionales: «Si tu restes un jour de plus dans cet endroit c'est fini entre nous». («Si te quedas aquí un solo día más, lo nuestro se ha acabado.») Mathieu parece incapaz de sacudirse el convencimiento de que el hombre tiene una autoridad natural sobre la mujer, un defecto que provoca una reacción significativa por parte de Conchita: «Tu ne m'as jamais compris». («No me has entendido nunca.»)

En este caso la solución al gran enigma del psicoanálisis freudiano se resiste a la comprensión del macho supremacista, cuyos errores de percepción son en buena medida resultado de fantasías sexuales proyectadas sobre la realidad —que no reconoce ni comprende— de las mujeres. Mathieu es una variante secular del hombre que ha visto pero no ha entendido. Como para acentuar esta cuestión, Conchita hace referencia continuamente a sus ojos —en la cama, por ejemplo, o en la escena en la que baila flamenco ante los turistas japoneses, momento en el que comenta: «Si tu savais combien de nuits j'ai pensé à tes yeux!». («¡Si supieras cuántas noches he pensado en tus ojos!») Este comentario es ambivalente porque dirige la atención del espectador hacia el deseo escopofílico y sexualmente definido del hombre por ver y entender a la mujer, y al mismo tiempo realza el poder mesmérico de la mirada de la que en ocasiones la mujer quiere liberarse; ya que, si la película se interesa por el estudio del deseo masculino por la mujer, también describe cómo y por qué, incluso en las circunstancias al parecer más desfavorables, la mujer se siente atraída hacia el hombre.

El estudio de Freud sobre el sadomasoquismo ayuda a clarificar las importantes cuestiones que plantea una película que no se opone a la dramatización de algunos de los elementos más controvertidos del tratamiento que se hace en la novela original de las relaciones entre los sexos. La novela incluye numerosas escenas en las que Mathieu no sólo describe sino que se regocija en su modo violento de tratar a Conchita:

> «Que voulez-vous? Je la frappai encore. Et brutalement, d'une main dure, de façon à me révolter. Elle cria, ella sanglota, elle se prosterna dans un coin, la tête sur le genoux, les mains tordues» (1981, pág. 168).

(«Bueno, ¿y qué? Volví a golpearla. Brutalmente, con mano dura, de un modo que me asqueó. Gritó, sangró, se agazapó en una esquina, la cabeza contra las rodillas, las manos crispadas.»)

Cuando Mathieu cuestiona el comportamiento de Conchita, ella contesta:

«Pourquoi tu me battes, Mateo? Quand je sens ta force, je t'aime; tu ne peux pas savoir comme je suis hereuse de pleurer à cause de toi. Viens maintenant. Guéris-moi bien, vite! (1981, pág. 169).

(«¿Por qué me golpeas, Mateo? Cuando siento tu fuerza, te quiero; no puedes saber lo feliz que me hace llorar por tu culpa. Ahora ven. Cúrame, ¡rápido!»)

En lo que Michael Wood ha denominado con gran acierto como un «tema particularmente turbio» (1981, pág. 330) esta película muestra a Mathieu pegando a Conchita, pero es Martin, su misógino ayuda de cámara (personaje muy del gusto de Buñuel, inventado para la película),[14] quien se regodea con el espectáculo del dolor de Conchita. De modo que Martin proyecta los elementos más «turbios» de los oscuros deseos de Mathieu —las iniciales de los nombres de pila de ambos hombres recalcan su similitud—, aunque incluso aquí el ingenio de Buñuel, cubriendo quizá las huellas de sus propios pensamientos más oscuros, crea otros patrones de desplazamiento al hacer que Martin también se distancie de las formas más crudas de sadismo inventando un amigo misógino de modo que él —al igual que Buñuel, queda absuelto—, aunque quizá de una manera no del todo convincente, de formas más explícitas de resentimiento contra las mujeres. Si el sadismo de Martin representa el deseo desplazado de Mathieu de castigar a las mujeres desde una cierta distancia, el propio Mathieu, incapaz de resistirse al atractivo sexual de las féminas, expresa a un cierto nivel los instintos más crueles de la masculinidad autoritaria.

En «El problema económico del masoquismo», Freud describe tres formas de masoquismo: erotogénico, femenino y moral (1984b, pág. 415).[15] La primera hace referencia a los placeres físicos del dolor, la segunda a la posición femenina que adopta el individuo, sea cual sea su género, y la tercera a la necesidad de castigo que siente el ego. En las tres formas, Freud suele interesarse principalmente por la perversión. Mientras que cabe explicar muchos aspectos de la atracción de Mathieu por Conchita por razones que no se pueden describir como perversas (su juventud, belleza, alteridad, las bases para la atracción entre cualquier pareja de amantes), si-

14. El ayuda de cámara que también aparece, por ejemplo, en *Él, El discreto encanto de la burguesía, Robinson Crusoe* y *El ángel exterminador*, reproduce la relación gracioso/galán del drama español del Siglo de Oro, en la que, además de servir como contraste vulgar de los pomposos ideales del héroe, el criado también actúa como una especie de sombra, u «otro», del galán. Buñuel también confesó que fantaseó con la idea de que había disfrutado siendo un mayordomo (Pérez Turrent y de la Colina, 1993, pág. 164).

15. Al definir el masoquismo como algo en el fondo inseparable del sadismo, como el sadismo vuelto contra sí mismo, la teoría de Freud está reñida con la de Deleuze (1971).

gue habiendo un elemento de su larga relación con un hombre que le causa daño una y otra vez, pero al que recurre constantemente, que puede explicarse, al menos en parte, a través de las perspectivas que adoptara Freud.

A un cierto nivel, aunque los placeres de la postergación alimentan el deseo que Mathieu siente por Conchita (que en un momento dado llega a ponerse un formidable cinturón de castidad),[16] la negativa de ésta a ofrecerle sus favores sexuales mantiene encendida la llama de un deseo que de quedar satisfecho quizá se extinguiera. En otro nivel, sin embargo, la insistencia de Mathieu, muy semejante a la noción de Freud de las formas «femeninas» de masoquismo, sugiere un deseo de colocarse en la posición de lo femenino, una posición que se define principalmente por la pasividad y, como consecuencia, está motivada por un regreso de lo reprimido:

> La interpretación evidente, una interpretación a la que no cuesta llegar, es que el masoquista quiere que se le trate como a un niño pequeño e indefenso, pero, en particular, como a un niño travieso. No hace falta citar casos que ilustren este particular; el material es muy uniforme y resulta accesible para cualquier observador, incluso para quien no es un analista. Pero si uno tiene la oportunidad de estudiar casos en los que las fantasías masoquistas se han elaborado de un modo especialmente rico, descubre rápidamente que éstas ponen al sujeto en una situación característicamente femenina; es decir, representa los actos de ser castrado o cubierto o de dar a luz a un niño. Por esta razón he llamado a esta forma de masoquismo, *a potiori* por decirlo de alguna manera... la forma femenina, aunque muchas de sus características apunten a la vida infantil (Freud, 1984b, págs. 416-417).

La aplicación de estas nociones a la relación de Mathieu con Conchita nos hace tomar conciencia de hasta qué punto se invierte a niveles inconscientes la relación padre-hija (él pasa de los cincuenta; en la novela ella sólo tiene 18 años). En un equivalente visual menos llamativo de la relación que se ve en *El fantasma de la libertad* entre el señor Bermans, con el trasero al aire, y su obsequiosa *dominatrice*, que, forrada de cuero, le da latigazos, Mathieu se convierte aquí en el niño, y Conchita en el padre o instrumento de disciplina autoritaria. Los momentos en que Conchita se reafirma con perspicacia y articula con lucidez sus deseos de independendizarse de las interpretaciones autoritarias de la subjetividad femenina, logran llamar la atención sobre el hecho de que los placeres del espectador a menudo se enraizan en formas reductivas de representación. El castigo que Mathieu inflige a Conchita está por tanto motivado, al menos en parte, por un ataque contra las formas masculinas de subjetividad que suelen llevar a semejantes interpretaciones reductivas. En tanto que el masoquismo de Mathieu se define como femenino, puede considerarse como otro proceso a través del que el texto reconoce y al mismo tiempo pone en tela de juicio el encuentro del hombre con lo femenino. La irresistible

---

16. En su autobiografía, Jeanne afirma que, de vivir en la Edad Media, Buñuel le habría hecho utilizar un cinturón de castidad (Rucar de Buñuel, 1991, pág. 41).

atracción de Mathieu hacia Conchita es en parte una representación del deseo masculino que ya no se limita a rechazar la diferencia. Se trata de la dramatización de una fantasía masoquista que obliga a los hombres a abordar cuestiones de feminidad, a someterse a ciertos procesos de feminización.

Por su parte, la pertinaz relación de Conchita con Mathieu deja entrever, en sus impulsos menos progresistas, un deseo de aniquilación de sí misma, de sumisión a la ley del padre. A Conchita se le presenta la elección entre Morenito (delgado, atlético, joven, guapo, más próximo a ella en cuanto a forma de vestir, modales y comportamiento) y Mathieu, una figura paterna que la dobla en edad. Desde cierto punto de vista, la atracción que siente por Mathieu representa un deseo de orden y estabilidad, cualidades más identificadas con la madurez que con la juventud. Morenito puede ofrecerle una aventura, empuje, pero el hombre moderno trata a la mujer moderna sin el respeto que se asocia con la cortesía del viejo mundo. Desde otro, la atracción que siente Conchita por Mathieu sugiere un deseo simultáneo de adquisición de autoridad patriarcal y reafirmación de su propia masculinidad. Curiosamente, Conchita no tiene padre sino sólo una madre, y en sus esfuerzos conjuntos por explotar a Mathieu, se revela un esquema de recuperación o reafirmación femenina de la masculinidad preedípica parcialmente externalizada y desplazada sobre Mathieu. A este respecto, por tanto, parece muy razonable que Conchita busque posponer interminablemente la satisfacción sexual con Mathieu. La imagen de Mathieu como un «hombre del saco» paternalista, una fuente de disciplina paterna, se acentúa por medio del espectáculo surrealista del mugriento saco lleno de objetos, invisibles y probablemente innombrables (¿excrementos?, ¿ropa interior manchada de sangre?, ¿parafernalia sadomasoquista?, ¿o sencillamente las cruces de las neurosis, obsesiones o fobias con que carga todo ser humano?), que arrastra Mathieu o un personaje sin identificar al principio de la película, o que se ve en un escaparate o amontonado junto a otros sacos similares en la estación ferroviaria. ¿Es el saco, como se pregunta Michael Wood, «un *objet trouvé et retrouvé*» cuya interpretación «daría al traste con su presencia gratuita» en una película «a la que divierte la inevitable victoria de la interpretación sobre la vida» (1981, pág. 338)? ¿O se trata de una representación visual de la advertencia proverbial que se hace a los niños españoles de que, a menos que se porten bien, «vendrá el hombre del saco y te llevará»? Conchita, como los niños del compartimento del tren que escuchan la narración admonitoria de Mathieu, es una niña que presta oídos a las verdades del orden social cuya representación es Mathieu, que no está dispuesta ni es capaz de tratar a su mediador como amante en el sentido estricto del término, que lo mantiene a distancia como figura que inspira desconfianza y envidia, temor y respeto, un icono del privilegio, el portador supremo del falo, ridiculizado y al mismo tiempo deseado.

4. El deseo femenino

> Estas machorras son así: cuando podían estar haciendo encajes o confituras de manzanas, les gusta subirse al tejado y andar descalzas por esos ríos.
>
> Lorca, *Yerma*

La advertencia de Victor J. Seidler (1991) de que desde la Ilustración la masculinidad se ha asociado con la racionalidad y la feminidad con la irracionalidad, resulta especialmente apropiada como marco para un estudio de la representación que Buñuel hace de las mujeres. Para el surrealista internacional que lucha por liberarse de la primacía de la razón, la sumisión a través del *amour fou* a un orden femenino de sinrazón no es sino natural. Pero el aragonés provinciano, moldeado en parte por una cultura predominantemente católica, al abrazar lo femenino corría el riesgo de abrir una caja de Pandora de placeres temidos y en el fondo equívocos. Este conflicto interno refleja en sí mismo una dualidad en el enfoque que se aprecia en todas sus películas. Personajes como Lope, Pierre, Mateo y Alejandro, entre otros, se echan a los brazos de mujeres, sacrifican su independencia, derrochan cuidados, atenciones y regalos en las Tristanas, Séverines, Conchitas o Catalinas de sus vidas, sólo para que estas sirenas irresistibles los rechacen, humillen o incluso destruyan. Aun así, a pesar de la perspectiva masculina más dominante, las películas de Buñuel adoptan de vez en cuando, en la medida de lo posible, el punto de vista de la mujer, conscientes al parecer de lo que Foucault (1984) ha definido como la sexualización del individuo a través de diversas formas de discurso incluyendo, claro está, el psicoanálisis, una disciplina con su propia historia de estrategias para imponer procesos de control y normalización al sujeto femenino.

Como resultado, en las películas de Buñuel las mujeres a veces no son simples fantasías del temor o el deseo masculinos, sino personajes que existen por derecho propio y cuyas realidades y experiencias intenta reflejar la película. Aun así, hay una ausencia evidente de mujeres con estudios, y si los personajes femeninos tienen empleos, éstos suelen corresponder a los estereotipos de la niñera (*El fantasma de la libertad*) o el servicio doméstico (*Diario de una camarera*). En las películas de Buñuel los temas femeninos están relacionados con las presiones y limitaciones de las relaciones entre los sexos o dentro de la familia. Esto atañe tanto a los personajes secundarios como a los protagonistas. Como ejemplo de los primeros, la breve aparición de Muni, una de las habituales de Buñuel, la criada de *chez* madame Anaïs en *Bella de día*, reviste un interés especial. Ausente en la novela de Kessel (1980) en la que está basada la película, su creación para la película parece diseñada en parte para dar un toque de sencillez y realismo al ambiente más exótico de la elegante «casa del pecado» parisina, y en parte para llamar la atención del espectador a través de la relación de ésta con su hija adolescente —quizá una Séverine en ciernes— sobre los peligros de educar a un niño en un entorno urbano.

La lucha de la madre proletaria por proteger los intereses de su retoño es un motivo que se repite en *Tristana*. En esa película, Lola Gaos —marchita, con cara de comadreja y voz ronca— da al papel de Saturna un aura de desventaja proletaria mezclada con amenaza, una forma casi ascética de abnegación y servilismo a una ideología colonizadora. Saturna, en sentido simbólico, es la madre devoradora y castradora que ha interiorizado unos sentimientos diseñados más para apuntalar las estructuras de un orden social conservador que para nutrir su propia asertividad o las necesidades urgentes de un hijo adolescente discapacitado (tanto figurativa como literalmente), desorientado y ocioso. Aunque aquí hay muy poco de la abnegación maternal, la proyección de deseos y las ambiciones de algunos de los melodramas mexicanos (sobre todo *Una mujer sin amor* y *Susana*), Saturna es una de las muchas mujeres de los filmes de Buñuel al parecer demasiado ideologizadas para ser capaces de actuar de un modo auténticamente independiente.

Esta falta de independencia adquiere en muchas ocasiones una forma que resulta fatalmente destructiva, como en la capitulación de Tristana ante un sistema del que acaba por convertirse en agente y víctima. Otras películas, quizá por encima de todas *Susana*, parecen corroborar la noción de Foucault de «histerización» del cuerpo femenino (1984, pág. 104). En este caso el cuerpo de Susana, tomando prestada la frase que Pat Caplan, inspirándose en Foucault, acuña en un estudio general de la sexualidad femenina, está «absolutamente saturado de sexo» (1991, pág. 7), y no es sino una forma caricaturesca de conciencia sexual. Pero en otras ocasiones la sumisión al orden dominante toma una forma más soterrada, menos ejemplar, como cuando, por ejemplo, Viridiana se rinde a lo inevitable de las exigencias materiales, fracasando en su misión de convertirse en un equivalente moderno de Santa Teresa, o en una Dorothea Brooke de inclinaciones más ascéticas, labrándose una misión y un objetivo más allá de los confines de la domesticidad. Además de ser quizás en algunos aspectos figuras de pesadilla edípica que Buñuel teme y al mismo tiempo desea, Viridiana, Tristana y Susana son mujeres que a todas luces se sienten incómodas en los papeles que les han asignado las circunstancias: Susana y Tristana se tornan en monstruos del deseo engendrados por la sociedad, Viridiana ceja en su lucha por independizarse con mucho menos dramatismo, ya que acepta su destino con resignación y desilusión y no a través de la histeria.[1] En algunos casos, como en *El gran calavera*, una mujer parece satisfecha si consigue evitar cualquier tipo de conflicto y permanecer cómoda y feliz dentro de los límites de una identidad que un patriarca benévolo y carismático define por ella.

Entre las diversas formas a través de las que se interpreta la subjetividad femenina, la más problemática está relacionada con el deseo sexual. Las películas de Buñuel giran en torno a algunas de las estrellas femeninas más atractivas y conscientemente sexuales del cine comercial mexicano así como del cine de arte y ensayo internacional: por ejemplo, Catherine Deneuve, Jeanne Moreau, Simone Signoret, Stéphane Audran, María Félix, Silvia Pinal.[2] Estas actrices contribuyen, al menos en parte, a la proyección de una estética erotizada. Es posible que Buñuel y sus productores tuvieran en mente a un espectador mayoritaria, aunque no exclusivamente, masculino cuando contrataron a estas actrices, pero a la luz de las recientes teorizaciones en torno a la audiencia y la recepción resulta evidente que, ya sea como figuras ideales o como objetos del deseo, estas estrellas resultan igual de interesantes —para su consumo así como para su desconstrucción— a una variedad de espectadores que, al margen de su sexo, tendrán normalmente respuestas «bisexuales» en absoluto limitadas por sus orientaciones individuales.

El análisis de las estrellas femeninas en el cine ha superado las aproximaciones más simplistas basadas en el estudio de las «imágenes de mujeres» para adoptar ahora, a pesar de que el feminismo radical siga condenando este tipo de representaciones como una indignante concesión al patriarcado, una tendencia libertaria (cuyo ejemplo más provocativo sea quizá Linda Williams) con una actitud más compleja en lo referente a la erótica femenina. Hasta cierto punto se trata de un acercamiento inspirado en el estudio de Foucault sobre el «deseo no sólo de placer sino también de "conocimiento del placer", el placer de conocer el placer» (Williams, 1989, pág. 3) y la exposición del fracaso de la historia de la sexualidad a la hora de «imaginar sus placeres fuera de la economía masculina dominante» *(ibíd.*, pág. 4).

De modo que, aunque Jeanne Moreau en *Diario de una camarera*, Silvia Pinal en *Simón del desierto*, María Félix en *Los ambiciosos* o Simone Signoret en *La muerte en este jardín* sucumban en cierta medida a las imágenes de feminidad fetichizadas o interpretadas por el hombre, suele darse el caso de que con su presencia

---

1. Sobre un estudio de estas cuestiones en *Viridiana*, véase Fiddian y Evans (1988, págs. 61-70).

2. Sobre las estrellas en general, véase Richard Dyer (1979), el capítulo en Pam Cook (comp.) (1985), y Christine Gledhill (comp.) (1991). Sobre estrellas femeninas europeas, véase Molly Haskell (1987, págs. 277-322). Sobre Catherine Deneuve, véase Ginette Vincendeau (1993).

subversiva en la narración (que funciona consciente e inconscientemente a través de mecanismos diegéticos y no diegéticos) estas estrellas representan impulsos femeninos que buscan definirse más allá de los límites del prejuicio masculino convencional. En *Diario de una camarera*, la evidente sexualidad de Jeanne Moreau está al servicio de una misión —aunque al final la abandona— que consiste en reclamar el espacio de lo femenino y vengar un brutal ataque contra una niña a través de estrategias que invocan todo tipo de sentimientos maternales que se sitúan fuera del orden de la «economía masculina dominante», prefigurando algunas de las actitudes teorizadas por feministas como Nancy Chodorow (1984), Luce Irigaray (1974) y Adrienne Rich (1981), entre otras. En *Bella de día* la temática de la sexualidad brinda a Buñuel una oportunidad de explorar los múltiples deseos de la «mujer sadeana», que se formulan en su justa medida a través del hermanamiento con cuestiones centradas en la representación de la sexualidad, un proceso que explora las relaciones entre el erotismo y la pornografía. La rolliza presencia de Simone Signoret en *La muerte en este jardín* o la exhibición de Catherine Deneuve medio desnuda—incluyendo el atuendo de rigor con sujetador, medias y liguero que a Buñuel, a este respecto nada anticonformista, tanto le excitaba (Pérez Turrent y de la Colina, 1993, pág. 60)— complacen al hombre pero también dramatizan el complejo tema de la representación del cuerpo y su contribución a una estética de la explotación que sigue siendo lo bastante ingenua como para reconocer en vez de reprimir sus deleites, tanto en el caso de las mujeres como en el de los hombres, tanto en el de los ideólogos como en el de las mujeres sadeanas liberadas.[3]

4.1. *Diario de una camarera*: madres e hijas

> Nunca he soportado que hagan daño a un hombre que me importara de verdad.
>
> Kitty, en *Forajidos* (The Killers, 1946)

Sinopsis: Célestine llega de París para incorporarse a su trabajo como camarera en una finca burguesa. Allí despierta los deseos sexuales del criado (Joseph), el señor de la casa (Rabour), el cuñado de éste (Monteil) y el vecino de al lado (capitán Mauzer). Rabour, cuyo fetiche es el calzado, muere a mitad de la narración. Célestine rechaza los avances de Monteil y se siente atraída por Joseph, pero, cuando sospecha que es éste quien ha violado y asesinado a su protegida, Claire, decide ayudar a la policía a atraparle. Joseph es enviado a la cárcel y Célestine se decanta por la respetabilidad casándose con el capitán.

---

3. Para Víctor Fuentes, las mujeres de Buñuel son capaces de tomar la iniciativa porque no están tan reprimidas como los hombres (1993, pág. 60).

Las relaciones entre hombres y mujeres en *Diario de una camarera*, quizá en mayor grado que en cualquier otra película de Buñuel, entran dentro de una estructura de dicotomías que incluyen contrastes establecidos sobre todo entre niño y adulto, negro y blanco, campo y ciudad, burgués y proletario, arriba y abajo. Mientras que la narración de la película está inspirada en la novela de Mirbeau (1968) y comparte ciertos rasgos con la película anterior de Renoir (1946), su esquema de oposiciones binarias toma su línea temática más importante de referencias indirectas al cuento de Caperucita Roja. En esta película —a diferencia de lo que ocurre en la de Renoir, en la que la víctima de Joseph no es una niña sino el vecino de Rabour, el capitán— la identificación de una mujer adulta con una niña constituye una de las claves para desentrañar cuestiones diversas sobre el deseo femenino.

La película tiene una estructura dual. La primera parte se concentra en la llegada de Célestine al hogar de los Monteil. Su intrusión en este mundo cerrado, reprimido y más bien excéntrico perturba y también cuestiona el orden burgués. En la segunda parte, aunque aparentemente cansada de las excentricidades de este mundo, Célestine decide no irse de la finca y, a punto de subir al tren con destino a París, opta por regresar y prestar su ayuda para descubrir la identidad del hombre que ha violado y asesinado a Claire, la niña con la que había establecido una cariñosa relación. Esta estructura dual prioriza en todo momento el papel de la mujer como participante activo en la narrativa. Aunque el personaje de Célestine constituye en ciertos aspectos una concesión a la convención tanto en el nivel consciente como en el inconsciente —su papel de camarera la identifica con una de las clásicas fantasías sexuales masculinas— esta mujer es, sin embargo, una de esas heroínas de Buñuel (otras son Séverine, Conchita, Susana) que toman la iniciativa y luchan por sacudirse las imposiciones de las identidades que dependen de la aprobación masculina. En las películas de Buñuel este objetivo nunca se logra por completo, pero la determinación a tormar la iniciativa se dramatiza a menudo con gran intensidad.

Respondiendo al patrón de heroína voluntariosa buñueliana, Célestine es también la forastera inquisitiva que durante un breve periodo de tiempo se convierte en azote de un orden burgués por el que finalmente (y no inesperadamente) se dejará seducir. Al igual que otros intrusos de Buñuel —por ejemplo, Alejandro en *Abismos de pasión*— Célestine extiende un espejo ante los prejuicios y el terror, convirtiéndose en una figura a través de la que se rompen tabúes y toda una sociedad despierta de su torpor emocional y moral. Su llegada procedente de otro mundo (la ciudad), su forma de comportarse, su franqueza e incluso su sexo se representan como problemas, una provocación para sus señores y, a través de ellos, para el público. Al aparecer como figura investigadora en la segunda parte de la narración, se apropia el papel y la función narrativa del detective masculino del *film noir* francés (por ejemplo, Melville) así como del de Hollywood (por ejemplo, Hawks, Wilder, Powell), descubriendo en este proceso que su misión de encontrar al asesino de la niña es inseparable de la búsqueda de su propia identidad sexual y personal.[4]

Estas cuestiones se acentúan formalmente a través del uso del formato panorámico (Franscope) y una cámara inquieta que no ceja en la búsqueda. En *Diario de una camarera* hay que tener en cuenta las referencias de Charles Barr (1974) al potencial del *scope* para crear significado a través de estructuras horizontales y profundidad, ya que en esta película la horizontalidad se establece de inmediato en el plano inicial que muestra el campo filmado desde un tren que avanza a toda velocidad, un plano que subraya el estudio panorámico del mundo burgués que está a punto de ser invadido por Célestine, cuyo papel como investigadora acentúa la cámara errante. Hay una cierta ironía en el uso que hace la película de la pantalla panorámica: aunque liberada de las estrecheces de la vida urbana, Célestine encontrará en los paisajes abiertos del campo y sus habitantes de clase media un mundo que no resulta menos rígido social ni moralmente. Por otra parte, la agitación de la cámara es muy apropiada a la dinámica de la película. Jean-Claude Carrière describe el gusto cada vez mayor de Buñuel por la cámara en movimiento como técnica «hipnótica» (1978, pág. 93), y, aunque la intención de este comentario es sobre todo describir el efecto de este movimiento constante sobre el público, también es cierto que la cámara refleja el efecto hipnótico de la omnipresencia de Célestine en casa de los Monteil tanto arriba como abajo. En lo que respecta a las relaciones espaciales que crea una fotografía de pantalla panorámica, el papel investigador de Célestine se acentúa más aún a través de los abundantes primeros planos de interiores con objetos amontonados, animales, insectos, o partes del cuerpo humano que se convierten en representaciones simbólicas de realidades tanto interiores como exteriores.

El principal cambio que esta película aporta al esquema de la película de detectives/cine negro estriba en la sustitución del investigador por la investigadora, proceso que tiene como resultado la constitución del hombre, además de la mujer, como enigma. Aunque prescinde del formato de diario (el equivalente de la «voz en *off*») de la versión de Renoir, en el resto de la película se pone gran empeño, a través de otros recursos, en resaltar los procesos de autoafirmación e introspección identificados con la heroína. La estrategia más evidente a este respecto surge del efecto de Célestine, interpretada por Jeanne Moreau, una estrella ya identificada con la transgresión, la sexualidad y la independencia. Sus apariciones en películas como *Les amants* (1959), *Jules y Jim* (Jules et Jim, 1961) y *La noche* (La notte, 1961) expresan una sensualidad cuya fuerza se deriva tanto del atractivo cerebral como de la carnalidad descarada. Aunque se la identifica con el amor —otra mujer le dice al personaje de Moreau en *Les amants*, «L'amour te réussit» («El amor te sienta bien»)—, es también una mujer independiente, y explica su adicción a com-

---

4. Virginia Higginbotham arguye con acierto que el formato de diario permite a Buñuel centrarse en los «detalles íntimos del proceso a través del que una forastera perspicaz y compasiva capitula frente a un sistema que deplora» (1979, pág. 118).

prar ropa como una forma de exceso o autoafirmación: «Pour moi... Pour être à la mode... C'est mon droit». («Para mí... Para estar a la moda... Tengo ese derecho.») Aquí se hace hincapié en la satisfacción de sus deseos íntimos: sus comentarios no prolongan de un modo simplista la identificación estereotipada de las mujeres con una pasión trivial —en este caso, la ropa— sino que acentúan a través del lenguaje de la moda el deseo de definir su propio espacio e identidad. El comentario de su amante, «Je t'aime parce que tu es différente» («Te quiero porque eres distinta»), con el que equivocadamente se refiere a la alteridad social y psicológica, tiene aplicación más allá de las limitaciones narrativas de esta película.

Erotizada como muchas otras estrellas femeninas europeas de la época, incluyendo a Brigitte Bardot, Claudia Cardinale o Gina Lollobrigida, Jeanne Moreau tiene una dimensión añadida de intelectualidad o introspección, expresada de diferentes modos, que en parte proviene de sus intepretaciones en películas de arte y ensayo de directores como Malle, Truffaut y Antonioni, pero también de ese aspecto que combina de sensualidad y poder, vicio y perfección, y que tan merecidamente le ha granjeado la comparación, en el cine de Hollywood, con Bette Davis. En *Jules y Jim* se hace hincapié en su intelectualidad a través del análisis y la teorización interminables que los dos amantes rivales realizan de su atractivo. Su identificación con los ideales griegos parece diseñada tanto para exponer argumentos cuasisocráticos acerca del significado de la belleza como para halagar el atractivo de una mujer asombrosa. Las cualidades intelectuales y atormentadas del aspecto de Moreau se transmiten a través de su amplia frente y sus mejillas hundidas. Los ojos redondos y levemente cansados proyectan una sensualidad modulada por la intensidad y la melancolía. Los labios, más carnosos de lo normal, tienen una sensualidad a lo Bardot debido a la expresión de decaimiento que adoptan quizá a resultas de la experiencia y el desencanto, o incluso, como define la *voice over* en *Jules y Jim*, de desdén. Todas estas cualidades, así como la actitud madura y relajada hacia el sexo, ejemplificada en su desnudez en una escena de *Les amants*, contribuyen al personaje de Célestine en *Diario de una camarera*.

El autocontrol y la asertividad de Jeanne Moreau encuentran sus equivalentes temáticos y visuales en el uso que hace la película del espacio; mientras que la principal función narrativa de Célestine parece relacionada con sus intrusiones en los diferentes espacios de los personajes tanto en el hogar de los Monteil como en su entorno, violando su intimidad, interrumpiendo actividades como las abluciones de la señora Monteil en el cuarto de baño, o las tareas de limpieza y lustre de Joseph, nadie, a excepción de la criada Marianne (Muni), penetra en el suyo. En una habitación propia —prerrequisito, según Virginia Woolf, para la cordura de una mujer— Célestine mantiene, en la medida de lo posible, un autocontrol momentáneo. Aunque perturba el orden de las estructuras sociales y psicológicas —negándose a aceptar las leyes jerárquicas que rigen las vidas de la mayor parte de los demás personajes— ella se mantiene a muchos niveles y durante largos periodos ajena a dicha perturbación. Su amistad con Marianne confirma su solidaridad con los criados y los marginados, aunque esta cuestión se elabora todavía más en su relación con Claire. Aun así, la relación de Célestine con Marianne pone de relieve las diferencias de énfasis entre las dos versiones cinematográficas.

En la película de Renoir, Célestine toma conciencia de sí misma cuando ve su propio comportamiento reflejado en la respetuosa actitud de la fregona Louise, con la que se encuentra por vez primera en la estación: «Cuando vi cómo te comportabas en la estación, comprendí cuál era mi propio problema». En esa escena, una mujer elegante, atractiva y bella interpretada por Paulette Godard, una estrella romántica de gran calado en los años cuarenta, mira a una joven más bien fea, servil y ordinaria y para su sorpresa descubre en el respeto a la autoridad (sobre todo a la autoridad masculina) de la fregona y su aceptación del maltrato como precio a pagar por su fealdad, un reflejo de sus actitudes interiorizadas y de su condicionamiento. En ciertos aspectos, se trata del equivalente femenino de *El retrato de Dorian Gray* (The picture of Dorian Gray, 1944),[5] aunque aquí el yo interior del personaje no se refleja en un cuadro sino en un espejo vivo de subjetividad socialmente determinada. Célestine se halla en la fase lacaniana del espejo (1970), reconociendo y al mismo tiempo negándose a reconocer su lugar en el orden simbólico, viendo por una vez no a la mujer exteriormente bella que se exhibe ante la sociedad, sino a su víctima interiormente fea y desposeída. En este momento decide reafirmarse por medio de la resistencia al orden social y la identificación con todas las mujeres victimizadas, entre las que por fin ha empezado a contarse, negándose a aceptar su puesto de trabajo como camarera a menos que esa tarea también suponga la rehabilitación de la pobre Louise.

Buñuel aborda el personaje de la criada de un modo diferente y prescinde de esta escena en la que aparecen las dos nuevas domésticas. Aquí Célestine llega a la estación donde Joseph la espera para llevarla a la finca de los Monteil en la que Marianne (la equivalente de Louise) ya trabaja como criada. Pero incluso sin la escena de la estación la relación entre Marianne y Célestine también sirve para realzar las formas de victimización social, sobre todo las femeninas. El personaje de Marianne lo interpreta Muni, actriz habitual en las películas de Buñuel, unas veces identificada (como en este caso) con el servilismo abyecto, otras con formas limitadas de transgresión, incluyendo la blasfemia —como cuando confiesa su antipatía por Jesucristo en *El discreto encanto de la burguesía*— y la prostitución, en su papel como criada en *chez* madame Anaïs. La dócil imagen de Muni, semejante a la de un perro labrador cariñoso y más bien tímido, los ojos siempre dispuestos a caer en gracia, las curvas suaves y cordiales y la voz delicada —señales de respeto a los hombres dominantes— plantean aquí cuestiones relativas a la explotación social y sexual pero, mientras que en el caso anterior la escena especular en la estación de tren hace hincapié en las implicaciones principalmente sociales de la victimización femenina, Buñuel se centra sobre todo en las sexuales. Con una fijación por su señor

---

5. Curiosamente, también protagonizada por Hurd Hatfield, el personaje principal de *Memorias de una doncella* (Diary of a Chambermaid, 1946) de Renoir.

(Monteil, interpretado por Michel Piccoli, un modelo de futilidad burguesa, fumador empedernido, hambriento de sexo y dominado por una esposa frígida y obsesionada con la higiene corporal), recibe con agrado las migajas de atención que se le lanzan una vez que su ídolo ha comprendido que, debido a su absurda declaración de *amour fou*, ya no tiene nada que hacer con Célestine. Mientras que la película de Renoir, con sus múltiples intereses, hace hincapié en las cuestiones sociales entre sus muchos temas, Buñuel acentúa acusadamente la sexualidad investigando deseos salvajes y domesticados, llevando al público hasta los límites de la experiencia sexual, revelando el poder y la atracción irresistibles de los impulsos sexuales, haciendo que el espectador tome conciencia de hasta qué punto el deseo ennoblece y al mismo tiempo envilece, exalta y trivializa, tanto a los hombres como a las mujeres.[6] Muni, en el papel de Marianne, es el reverso de Célestine: constituye no sólo un retrato de rendición patética al orden social, sino la representación de la sexualidad como artículo de consumo que, sin estatus ni dignidad, está dispuesta a ser utilizada y abandonada, con tal de disfrutar de un momento de intimidad. Lo que para Monteil no es más que la gratificación de una necesidad pasajera, para ella es una medida desesperada para obtener reconocimiento y amor. Ambas mujeres están unidas por las intenciones de Monteil con respecto a ellas; pero mientras que Célestine rechaza su proyección sexualizada y distorsionada de la identidad femenina, conservando así su dignidad y definiendo su subjetividad por vías que no excluyen —pero tampoco están completamente dominadas— por la sexualidad, Marianne no tiene otra opción, desde su posición de indefensión y desecación interior, que aceptarla. En un único plano se capta la profundidad de su indefensión y soledad. Mientras espera su momento de intimidad con Monteil, Marianne se echa a llorar. ¿Se trata de lágrimas de placer anticipado, de agradecimiento por el hecho de que alguien tan humilde como una fregona haya despertado, aunque sólo en el sentido más primitivo, la atención de un hombre, o son las lágrimas de una conciencia brutalmente clara de su penuria, o quizá incluso de los pensamientos más profundos de la película acerca de la irremediable soledad de la condición humana y la futilidad de toda búsqueda humana de la felicidad? En su patetismo, el momento abarca todas estas posibilidades.

Las implicaciones más sombrías de estas cuestiones se investigan en mayor profundidad a través de la victimización de la niña, Claire, otra víctima de los brutales deseos masculinos, otra hembra con la que Célestine comulga. Tanto Muni como Claire aportan a Célestine —y, a través de ella, al público— pistas para entrar en las áreas más oscuras del deseo masculino, según se refleja en el modo en que Monteil y Joseph las tratan. El emparejamiento de Célestine y Claire formula cuestiones que encuentran un marco de referencia más analítico en recientes estudios feministas de la subjetividad y el deseo femeninos, sobre todo en los de Nancy Chodorow acerca de la «reproducción de la maternidad».

---

6. Agustín Sánchez Vidal considera que la película de Buñuel es más corrosiva que la de Renoir (Sánchez Vidal, 1984, pág. 280).

Como reacción a las afirmaciones freudianas y lacanianas sobre lo masculino como normativo y lo femenino como desviación, feministas como Chodorow han teorizado la subjetividad masculina y femenina a través de reformulaciones de los procesos edípicos, sobre todo en sus relaciones con la subjetividad femenina. Chodorow, teórica de las relaciones de objeto, está interesada tanto en explorar la organización asimétrica del género —algo que condiciona y al mismo tiempo resalta la asociación de las mujeres con los cuidados maternales— como, a la luz de su énfasis en la relación madre-niño, en sopesar las bases de la compleja subjetividad del niño. Una parte importante de su argumentación hace referencia a una redefinición de la fase preedípica, en la que se afirma que el desarrollo del hombre, que implica una negación de la identidad primaria —las relaciones iniciales con su madre—, no corre parejo con el de la mujer. Además, la represión de su identificación con la madre provoca en el niño una sensación de separación, distanciamiento y diferencia, mientras que la mujer, criada por otra hembra, no experimenta una carencia semejante y desarrolla una mayor sensación de unicidad con la realidad externa. Aunque no «toma en consideración las diferencias entre los hombres y los efectos de la clase y la raza» en su formulación de la masculinidad (Rutherford, 1992, pág. 37), el trabajo de Chodorow tiene implicaciones sociológicas muy importantes, sobre todo en lo que concierne a sus redefiniciones de los roles y géneros sexuales, que se basan en una revisión de la naturaleza y función de la maternidad (1984). Su argumentación propone el supuesto «instinto de cría» (Chodorow, 1984, pág. 28), no justifica la identificación de la mujer con el cuidado de los hijos. Se acaban por descartar teorías diversas en los campos de la antropología, la psicología y el psicoanálisis, llegando a la conclusión de que las mujeres se identifican con el cuidado de los hijos debido a las funciones de lactancia y gestación, no a causa de impulsos instintivos de cría más allá de estas funciones. Feministas más radicales como Adrienne Rich (1981) han criticado a Chodorow por no desarrollar las implicaciones de la relación simbiótica entre la madre y la hija con objeto de reconocer e investigar en mayor medida las relaciones entre las mujeres y las amistades lesbianas.[7]

7. Los escritos de Chodorow y Rich pertenecen a tendencias feministas que quieren acabar con las teorías freudianas centradas en el hombre, prefiriendo destacar los genitales femeninos no como una ausencia sino como una presencia por derecho propio, y estudiando las nociones sobre el placer femenino al margen de los términos de referencia fálicos. Esto ha llevado a que escritoras como Cixous e Irigaray desarrollen soluciones «utópicas» que conllevan la exaltación del cuerpo femenino y sus deleites a través de una *écriture feminine*, así como a nociones, relacionadas con Derrida, sobre la escritura femenina como *différance*. En Moi (1985) se expresan sucintamente estas cuestiones y se exponen con toda claridad las diversas contradicciones de Cixous y sus articulaciones, antiesencialistas, «bisexuales» y basadas en el texto, sobre la sexualidad y el deseo. Con respecto a los diversos peligros, así como las nuevas percepciones de estas teorías, véase el excelente estudio llevado a cabo por Jackie Byars (1991). Para un estimulante análisis de aquellos melodramas de Hollywood que tocan cuestiones relacionadas con la maternidad, véase Linda Williams (1987). Entre otros libros sobre este tema se incluyen los de Mary Ann Doane (1988), Lucy Fischer (1989) y E. Ann Kaplan (1992).

A pesar de sus limitaciones, las teorías de Chodorow sobre la maternidad parecen pertinentes a la cuestión, en *Diario de una camarera*, de la identificación de Célestine, una camarera, con la causa de las mujeres en general y con la situación de Clarie en particular. La preocupación de Célestine por Claire pone de relieve la estructura interna de su propia subjetividad socializada, su papel como sujeto y objeto de deseo sexual y su papel como madre desplazada o sustituta de la madre. El emparejamiento con Claire se produce casi de inmediato. La niña entra en el mundo del piso inferior de la casa de los Monteil y todos los miembros del servicio parecen recibirla con naturalidad, aunque no se dice nada de sus circunstancias familiares. Su admisión en este mundo no ofrece un contraste reconfortante entre la tranquilidad y familiaridad de una clase social (rural, proletaria) y el malestar y la formalidad de la otra (el mundo del piso superior en el que viven los señores), pues al fin y al cabo la forma y el protocolo son baremos de comportamiento igualmente importantes en ese ambiente, sobre todo cuando Célestine se ve obligada a dejar libre el lugar de Joseph en la mesa. Debido a que Buñuel se niega a hacer distinciones de clase sentimentales, éste no es un mundo utópico más relajado, como el que describe Renoir, en el que los domésticos miman en diversas ocasiones a Monteil, que busca refugio de los maltratos dispensados por su esposa, una especie de señora Danvers estricta y severa (interpretada por la misma actriz, Judith Anderson). Aun así, cuando en *Diario de una camarera* Claire es bien recibida en un mundo privado, se pone de manifiesto la mayor flexibilidad de la sociedad rural. No obstante, es Célestine quien debe ofrecer a la niña la atención íntima que a todas luces busca.

Entre los primeros ejemplos de la creciente identificación entre la pequeña y la forastera recién llegada están los momentos en que Célestine ofrece a la niña una manzana —fruta que niega a Joseph— y un lecho cuando se ha hecho demasiado tarde para que Claire vuelva a su casa sola. La oferta de la manzana se ha interpretado como una de las diversas escenas en las películas de Buñuel —el otro ejemplo más evidente es el regalo de una piña a Nazarín— en las que se demuestra que los seres humanos son capaces de actos de generosidad y bondad. Como arguye Gwyne Edwards (1983, pág. 48), este gesto tiene evidentes connotaciones bíblicas, pero, aunque en cada una de estas ocasiones se asocia al personaje que recibe el regalo con la inocencia, la amabilidad de Célestine va más allá de la representación de la inocencia, y más allá de las expresiones de humanidad y protección, sugiriendo precisamente lo opuesto, el triunfo de la experiencia. En *Tristana* la heroína recuerda, a través del ofrecimiento de una manzana al joven Saturno, la tentación de Eva a Adán, ya que despierta la sexualidad del chico con respecto a un objeto de deseo —la propia Tristana— hacia el que éste siente una mezcla de respeto y temor. Al final se le concede a Saturno el deseo de ver los pechos de Tristana. Pero cuando posa los ojos sobre ellos, la expresión de su rostro no es de placer sino de terror. En *Nazarín* el ofrecimiento de la piña tiene una importancia más allá del patetismo o la compasión, ya que llama la atención sobre la absurda conversión del protagonista a las formas abstractas y asexuadas de la caridad cristiana. Por tanto, en *Diario de una camarera,* sin duda alguna, hay, como observa Gwynne Edwards, una afinidad entre las dos mujeres que se manifiesta en el regalo de la manzana, pero éste es un gesto que, más allá de la confirmación de la inocencia, representa una forma de solidaridad eminentemente femenina, una acción que prevé la determinación de Célestine a sacar a la luz las crueles motivaciones de la sexualidad masculina pervertida. La decisión de Célestine de anular sus planes de volver a París viene motivada por el deseo no sólo de encontrar al asesino de Claire, sino también de explorar sus propios impulsos sexuales y de identificarse con la victimización de Claire. Asimismo, gestos como el ofrecimiento de la manzana o la invitación a que use su dormitorio, así como el hecho de arropar a la niña en la cama, sugieren la expresión de un instinto maternal, comportamiento que parece corroborar algunas de las teorías de Nancy Chodorow acerca de la reproducción del mismo a través de interpretaciones sociales.

Las acciones de Célestine no la hacen destacar simplemente como un personaje con los normales instintos filantrópicos. También la caracterizan como alguien cuyas cualidades maternales, de cría, deben considerarse dentro del marco de debate —quizá sólo vagamente destacado por los impulsos conscientes del texto— acerca de los diversos determinantes biológicos o sociológicos de la cría y educación del niño. Claire es simultáneamente la niña a través de la que se despiertan los instintos maternales —tanto biológicos como sociales— y un espejo de su propia subjetividad. A lo largo de toda la película se puede apreciar el interés por los niños, objeto tanto de mitificación como de abuso incluso en la sociedad de los años sesenta. A menudo se relaciona a los adultos con niños; su comportamiento se suele definir haciendo referencia a términos como regresión, juego o inocencia. El ejemplo más manifiesto de esta identificación es el capitán, que recupera formas de comportamiento infantiles sobre todo en su interminable enemistad con Monteil, lanzando basura y tirando piedras por encima de la tapia que separa sus propiedades. La petulancia que demuestra hacia su vecino se define como una actitud infantil, y su maternal compañera de cama, la sirvienta Rose, lo describe cariñosamente como un niño: «Il est drôle; un enfant; comme il est jeune pour son âge!» («Es divertido, un niño; ¡qué joven es para su edad!»). En otra ocasión señala: «Mon Dieu quel enfant» («Dios mío, ¡vaya niño!»), después de su litigio legal con Monteil. Entre otras formas de regresión menos directas pero más complejas se incluyen, sobre todo, los comportamiento fetichistas del suegro de Monteil, Babour. Este anciano, que tiene fijación con los zapatos, es otro de los hombres regresivos de Buñuel, cuya peculiar y fatal obsesión —que acaba por llevarle a la muerte— quizá se entienda mejor a través de los comentarios de Freud sobre los miedos a la castración (1981c, págs. 351-357). A Joseph, quizá el personaje menos evidentemente infantil, también se le tacha de niño, y es nada menos que la propia Célestine quien lo hace: «Et maintenant, mon petit Joseph, dis-moi que c'est toi qui l'as tue, la petite Claire» («Y ahora, mi pequeño Joseph, dime que fuiste tú quien mató a la pequeña Claire»).

El instinto maternal, algo de lo que en otras películas huyen los hombres de Buñuel (por ejemplo en *Los olvidados*, *Susana* o *Tristana*), resurge aquí en la compleja atracción/aversión que Célestine siente por Joseph. Su descripción de Joseph como un niño sugiere que, incluso en las circunstancias más desfavorables, los sentimientos maternales culturales y biológicos empujan a la mujer hacia el hombre. Pero, a través de la asociación con Claire, Célestine se convierte en una niña, la niña que ha interiorizado la ideología de la maternidad sin dejar de ser simultáneamente la hija sumisa en busca del hombre como figura paterna dominante.

A un nivel, la relación entre Claire y Joseph recuerda el cuento de Caperucita Roja. Hay incluso una referencia directa a la historia cuando, antes de seguir a Claire hasta el bosque, Joseph le advierte: «Fais attention au loup!» («¡Cuidado con el lobo!»). Como señala Bruno Bettelheim (1988, págs. 166-183), este cuento describe el impulso de la niña hacia la independencia y la madurez sexuales. Caperucita Roja ha descubierto la belleza y encanto del atractivo pero también altamente peligroso mundo del deseo sexual. En el viaje a casa de su abuelita debe escoger entre los principios de la realidad y el placer, entre el peligroso bosque y las rutas más seguras hacia el hogar. A lo largo del camino se enfrenta, a través de la figura del lobo, no sólo con una representación del ansia depredadora masculina, sino también con una imagen especular de sus propios instintos asociales, animales, algo también relacionado, según Bettelheim, con el «deseo subconsciente de la hija de que la seduzca el padre (el lobo)» (*ibíd.*, pág. 175). El significado del cuento se resume del siguiente modo:

> Para la joven, desviarse del camino recto desafiando a la madre y al superego era temporalmente necesario para adquirir un nivel más elevado de organización personal. Su experiencia la convenció de los peligros de ceder a sus deseos edípicos. Es mucho mejor, aprende, no rebelarse contra la madre, no intentar seducir ni dejarse seducir por los aspectos todavía peligrosos del hombre. Es mucho mejor, a pesar de sus deseos ambivalentes, seguir contentándose durante un cierto tiempo con la protección que ofrece el padre cuando no revela su faceta más seductora. Ha aprendido que es mejor integrar al padre y a la madre, así como sus valores, en su superego de un modo más adulto y profundo, para así poder enfrentarse a los peligros de la vida (*ibíd.*, pág. 181).

Como ya han señalado Tom Milne (1978), Gwynne Edwards (1983) y Agustín Sánchez Vidal (1984), la decisión de Célestine de descubrir la identidad del asesino de Claire también incluye, según atestiguan las notas adicionales del guión del propio Buñuel, formas extrañas y confusas de atracción.[8] La importancia, sin embargo, de la fascinación de Célestine no debe interpretarse sólo como una ansia de las for-

---

8. En el guión original, las notas de Buñuel dicen: «Joseph pose une main sur l'épaule de Célestine, qui le regarde comme si elle était étrangement fascinée par cet homme qu'elle soupçonne d'un crime, attirée par lui» (Buñuel, 1971b, pág. 86). («Joseph le pone la mano a Célestine en el hombro [lo que en la película no llega a ocurrir] y ella le mira como si sintiera una extraña fascinación por este hombre al que cree sospechoso de un crimen, atraída por él.»)

mas más toscas, crueles y animales de plenitud sexual, ejemplificadas en el retrato de la masculinidad rampante y tradicional a través de Joseph, la figura aterradora del mal padre (en oposición al buen padre, el capitán con quien acaba por casarse Célestine). Reviste una importancia similar la interiorización por parte de Célestine de una ideología que define la plenitud del deseo femenino a través de la búsqueda de formas subordinadas de relaciones de objeto.

Aunque a todas luces separados, los diferentes impulsos de deseo —una simultánea tendencia hacia los placeres salvajes, toscos y perversos y una asimilación de las normas victimizantes del orden social— pertenecen a un esquema de contradicciones textuales creativas de ese tipo que tan a menudo se encuentran en Buñuel. La personalidad humana no se puede comprender, como deja implícito Bettelheim, sin reconocer los impulsos contradictorios que operan en su mismo centro: «Los cuentos nos hablan a nivel tanto consciente como inconsciente y por tanto no tienen que evitar las contradicciones, ya que éstas coexisten sin problemas en nuestro subconsciente» (1988, pág. 174). Por tanto, simultáneamente madre y niña, aventurera parisina y Caperucita Roja rural, en busca de un padre-lobo feroz (Joseph) y de un buen patriarca (el capitán), Célestine es la representación textual de la mujer en el orden simbólico, absorbida por éste y al mismo tiempo luchando por liberarse.

La orden que Joseph da a Claire en la cocina de que debe mirarle a los ojos formula con gran dramatismo este proceso al principio de la película. Cuando la niña le mira a los ojos él le pregunta qué ve. Se ve a sí misma, contesta. Él le explica que eso significa que le tiene aprecio, que la tiene en mente. Esta conversación tiene lugar con los dos personajes en un primer plano. En un momento determinado él le echa la mano al cuello, como si fuera a estrangularla. En contraste con la película de Renoir, en la que el reflejo de una mujer en el comportamiento de otra constituye la clave para el descubrimiento interior, en este caso el descubrimiento de sí misma que lleva a cabo la mujer se produce desplazado por partida doble, a través del reflejo de una niña en el deseo masculino. Esta escena pone en tela de juicio con brillantez las nociones esencialistas de la feminidad, y hace hincapié —aunque en otros momentos también acentúe la posibilidad de motivaciones presociales— en el adoctrinamiento de las mujeres a través de los efectos vampíricos e hipnóticos de la ideología para que acepten el lugar y el papel que les corresponde por su género, dentro del orden social. La subjetividad de Claire —y, a través de ella, de Célestine y, a través de ambas, de las mujeres en general— es devorada por el hombre, representado aquí como el mal padre que como un Saturno galo y campesino de los años XX (en *Tristana*, es la mala madre, Saturna, la devoradora adulta de niños) engulle a su hija indefensa. Reflejada en su pupila, la hija lo ciega a su vez temporalmente a cualquier deseo sexual que no tome la forma de la inocencia virginal que su mente pervertida le presenta.

Los paralelismos saturninos, vampíricos o hipnóticos a través de los que el texto aterroriza al público haciéndole tomar conciencia de su complicidad en semejantes procesos de victimización se multiplican a medida que avanza la película. De

noche, por ejemplo, embozada en una capa negra digna de la hija de Nosferatu, Célestine se siente atraída hacia la hoguera de Joseph, y prefiere cocinar sus patatas a
la intemperie —buscando liberarse de las limitaciones de los significados sociales
de la casa— donde Joseph acaba por darle un beso vampírico en el cuello. Poco después el beso se invierte, ya que ella le devuelve el cumplido, aunque más brusca-
mente. Joseph ha comentado previamente: «Je connais vos pensées. Je connais tout
ce que se passe dans vos pensées» («Sé lo que piensas. Sé todo lo que te pasa por la
cabeza»). Alienada, aterrorizada ante esta faceta oscura del patriarcado —«J'ai peur
de vous» («Me asustas»), le dice en su habitación— Célestine se siente también
irresistiblemente atraída hacia él, del mismo modo que las víctimas femeninas se
ven atraídas hacia Drácula, instrumento de perdición pero también proyección exteriorizada de los deseos más oscuros de las mujeres.

El control declarado y reconocido que ejerce Joseph sobre los pensamientos y
las fantasías de Célestine no es una mera fanfarronada. Él se ha convertido en otro
de los espejos que, en la película, reflejan las motivaciones más oscuras de Célestine. Y al igual que la víctima del vampiro, ella se torna, una vez él la ha mordido
—como en los rituales de la hoguera— adicta a la sangre. Con sentimientos contradictorios de atracción y repulsión hacia él, Célestine recuerda que ha violado y
asesinado a Claire, añadiendo una orla de placer tabú que estimula su seducción a
manos de Joseph. Al hacer que Célestine, interpretada por una actriz tan carismá-
tica y conocida como Jeanne Moreau, admita el placer que obtiene a través de estos temas tabú, la película enfrenta al público a sus propios compromisos, conni-
vencias o deseos de pesadilla, haciéndole tomar conciencia de las monstruosas
ansias, creadas bien socialmente o bien de otro modo, en que se basan las vidas de
la mayoría de la gente.

Mientras que el sistema convierte a Tristana en un monstruo, mutilándola mental y emocional además de físicamente, aquí —sin los aspectos visualmente grotescos de esa película— Célestine se distancia de los ideales más positivamente transgresores de la feminidad. Aun así, al aceptar su feminización, exige un precio más
elevado —el matrimonio con el capitán—, logrando a través del conformismo social, una venganza limitada pero al mismo tiempo satisfactoria contra el orden burgués. La ironía de este retrato satírico de la humana preferencia por las opciones
más seguras reside en que la perdición de Joseph y el paso de Célestine hacia la respetabilidad burguesa se basan en el fetichismo de los zapatos con el que, en cierto
sentido, empieza la película. El calzado de Joseph constituye una pista para la resolución del asesinato. Célestine le quita una pieza de metal a la suela de su bota y la
coloca en el bosque para que la policía la encuentre. Además de un fetiche que, por
encima de todo, define al patriarca (Rabour, cuyo comportamiento absurdo se ridiculiza de diversas formas: su colección de botas de mujeres, el bostezo de Célestine cuando empieza a acariciarle las botas y otras partes de su anatomía), es otro símbolo, al final, del poder que ha obtenido la camarera. Útil como venganza irónica
sobre el desorden patriarcal al que ha tenido que someterse, el calzado entendido

como fetiche simboliza también el poderoso instrumento a través del que Célestine encontrará, en su matrimonio con el capitán, su propio orden y espacio, aunque no, según sospechamos, la gratificación de sus deseos más acuciantes.

4.2. *Bella de día* y la perversión femenina

> Un millar de veces más subyugada de lo que estaría una esclava, no debéis esperar sino humillación, y la obediencia es la única virtud cuyo uso os recomiendo.
>
> Sade, *Los ciento veinte días de Sodoma*

Sinopsis: Séverine está casada con Pierre. Llevan una vida burguesa tranquila pero a ella la torturan sueños y fantasías sadomasoquistas. Debido a los abusos que sufrió a los ocho años, le resulta difícil mantener relaciones sexuales con su marido. Cuando descubre que su amiga Henrietta trabaja como prostituta en un prostíbulo, decide seguir su ejemplo. En el prostíbulo de madame Anaïs, conoce a Marcel, amigo de otro gánster, el murciano Hippolyte. Marcel se enamora de ella, descubre dónde vive y dispara contra Pierre, dejándolo paralítico. El señor Husson, que en parte es responsable de que Séverine se iniciase en la prostitución, revela a Pierre los detalles de la doble vida de su esposa. Tras la partida de Husson, el matrimonio se queda a solas. De pronto Pierre, lisiado, se levanta y camina hacia su esposa en actitud cariñosa. ¿Hasta qué punto todo ha sido un sueño o una fantasía? ¿Hasta qué punto realidad?

Como señala Michael Wood a través de Stanley Cavell, en *Bella de día* Buñuel intenta imaginar la imaginación de una mujer, «un lugar cruelmente manipulado por una sociedad en la que el matrimonio es seguro pero no tiene sentido y el deseo se ha refugiado en el prostíbulo» (Wood, 1992, pág. 20). Sin embargo, a pesar de las intenciones o afirmaciones en sentido contrario, aquí la imaginación no resulta menos transigente que cualquier otro ámbito de la experiencia humana, sujeta como todo lo demás a las leyes de las neurosis y las obsesiones y al doble juego que rige la vida cotidiana. Como dice Wood posteriormente, la única diferencia entre el mundo de la imaginación y los demás es que la mujer, «oprimida en su sueño de huida, *trabaja* en el prostíbulo, mientras que los hombres sólo lo visitan» (*ibíd.*).

A pesar de las reticencias de Buñuel, *Bella de día* sigue siendo una investigación inquietante y trascendental sobre las motivaciones del deseo femenino.[9] Aunque Séverine no llega a repetir las primeras palabras de *Nadja*, de Breton (1928) —«Qui suis-je?» («¿Quién soy?»)— Charlotte, una de las prostitutas de *chez* Anaïs (¿Nin?), formula la pregunta por ella —«Qui êtes-vous?» («¿Quién eres?»)— para ayudar al

---

9. «Rara vez tomo el punto de vista de la mujer. Reconozco que el mundo de mis películas tiene el tema del deseo, y como no soy homosexual, el deseo toma naturalmente la forma de la mujer. Soy como Robinson cuando ve el espantapájaros vestido con ropas femeninas» (Pérez Turrent y de la Colina, 1993, pág. 147).

público a ver, por ciega que Séverine permanezca ante su propia condición, que se trata de una narración que explora los mecanismos de la subjetividad y el deseo femeninos. Tanto la versión cinematográfica (1967) como la novela se crearon en tiempos menos sensibilizados ante los procesos de erotización que subyacen a la representación de las mujeres. Hoy en día, sin embargo, no se puede realizar un estudio serio sobre esta película sin tener presentes cuestiones relativas a la especularización de la mujer así como las implicaciones políticas y sexuales de su compromiso como participante o espectadora en el erotismo o la pornografía. Para una feminista radical, que considere que la exhibición de la mujer erotizada va irrevocablemente unida a la violencia y coerción masculinas, esta película será, sin lugar a dudas, otro ejemplo de la explotación de la mujer a través del estereotipo. Una feminista libertaria, para quien la liberación e investigación de la sexualidad femenina son más importantes que la contención de la masculina, probablemente considere que este filme tiene potencial no sólo para estudiar la sexualidad en general sino también, según la argumentación de Susan Sontag (1982) por ejemplo, para explorar situaciones y comportamientos extremos, trasgredir el realismo y ampliar las fronteras de la conciencia (Sawicki, 1991, pág. 35). Es probable que el desenlace de la película dé al traste con las expectativas de ambas, ya que refleja en sus incongruencias y prejuicios las complejidades de Buñuel, Carrière, Joseph Kessel y todos los demás responsables de su forma y ritmo definitivos. Aunque pueda considerarse que algunas escenas de *Bella de día* pertencen a un subgénero de la pornografía, el mejor modo de responder a la teoría de que la mayoría de las fantasías sadomasoquistas tienen su origen en el deseo del hombre y están creadas por éste es por medio de la argumentación de Linda Williams, a través de Rodowick y Studlar, entre otros, que pone en tela de juicio el puritanismo de las teorías inspiradas en Laura Mulvey acerca de la mirada como algo que se define exclusivamente a través de la agresión, el sadismo y el poder patriarcal.[10] Oscilando entre estos dos extremos de rechazo puritano de toda exhibición erótica en la que «el miedo masculino a la castración se convierte en causa de una agresividad que en el fondo es una defensa contra la diferencia masculina» (Williams, 1989, pág. 204) y la argumentación de Studlar acerca de los placeres y el masoquismo preedípico (1988), Linda Williams se decanta por el enfoque más «bisexual» del «movimiento fluido por parte de los espectadores tanto masculinos como femeninos», que alternan entre las identificaciones masculina y femenina (Williams, 1989, pág. 206).

En *Bella de día* Séverine no es el único objeto de exhibición (Pierre Clementi, en el papel del joven gánster, también entra en esta categoría) ni la única participante en los juegos y rituales del sadomasoquismo. El ginecólogo, que sólo se excita en el prostíbulo a través de la sumisión, es el ejemplo más claro de que el texto es

---

10. En una entrevista concedida a *Cinema Nuovo* en 1967, Buñuel definió su interés en *Bella de día* del siguiente modo: «En la novela me interesó únicamente el conflicto entre la conciencia de la heroína y su compulsión masoquista» (Buñuel, 1985b, pág. 38).

consciente de los deseos y las perversiones compartidas al margen del sexo de cada persona. Mientras que Séverine se ve obligada en su papel de Bella a ser sumisa, también busca en muchas ocasiones ser dominada, lo que no constituye necesariamente un indicio de pasividad sino también de control potencial. Según Williams, «estos términos resultan complicados, ya que en cierto sentido el dominado también busca indirectamente dominar» (1989, pág. 196). Si esto es aplicable al ginecólogo —invirtiendo los esquemas habituales de la pornografía dura en los se dice que los hombres (que no miden su masculinidad a través de normas sociales de actividad, virilidad, etcétera) sólo aparecen en posiciones pasivas y sumisas en la pornografía *gay*— también debe serlo *mutatis mutandis* a Séverine.

El modo menos productivo de abordar esta película sería tomarla como parte de una argumentación generalizada y descontextualizada acerca de la representación de las mujeres, ignorando las diferentes redes a través de las que la narración filtra el deseo de la mujer. Dejando a un lado por el momento el debate erotismo/pornografía, el estudio del uso que se hace de Catherine Deneuve como icono sexual en *Bella de día* debe al menos hacer referencia a sus interrelaciones con todos los otros elementos del texto que contribuyen a la forma y estructura globales de la película. Es muy posible que Catherine Deneuve, en el papel de Séverine, sea, en el fondo, una fantasía del deseo masculino —estereotipo de la rubia inaccesible, hermética y gélida cuya capitulación supone mayor satisfacción para su conquistador sexual— pero en la película hay varias estrategias inequívocamente diseñadas para justificar su perverso comportamiento por medio de complejos procesos sociales y psicológicos. El estudio de sus oscilaciones entre la frigidez con su marido y la desinhibición sexual con sus clientes de *chez* madame Anaïs requiere ir más allá de esas teorías simplistas según las cuales un hombre no es capaz de representar el deseo femenino, y más allá también de fáciles conexiones entre las fantasías u obsesiones que el propio Buñuel confesara y su análisis minucioso e imparcial en la narrativa cinematográfica, para lo que se debe recurrir a trabajos serios sobre la sexualidad, en especial sobre la frigidez. A este respecto los textos clave incluyen, por ejemplo, los de Freud, Horney y Kaplan. Pero aun antes de recurrir a referencias ajenas, las interrelaciones de forma y contenido dentro de la propia película indican una clara conciencia de los determinantes que empujan a Séverine a buscar los placeres sadeanos. La puesta en escena, el vestuario, los personajes, la cronología y la temática del tiempo, así como los impulsos de la propia narrativa (sobre todo en lo que respecta a las referencia a los abusos sexuales en la infancia), están entre los indicios más claros de que el texto es consciente de la situación de Séverine.

Aunque las necesidades sexuales de la protagonista la alejen de su marido Pierre para lanzarse a los brazos del duque, incestuoso y necrófilo, y de los extraños clientes del prostíbulo de lujo de madame Anaïs,[11] la película no pone en duda en ningún mo-

---

11. En la autobiografía de Buñuel queda constancia de sus propias experiencias en prostíbulos (1982a, pág. 85).

mento el deseo de Séverine de seguir encerrada dentro del orden burgués. Enmarcada interminablemente contra salones, baños y dormitorios de lujo, bares de estaciones de esquí o clubes de tenis para gente con posibles, al parecer Séverine se encuentra a sus anchas en el mundo materialista. Su aspecto —siempre impecablemente peinada y vestida en el más elegante de los estilos burgueses («¡Carducci!», exclama una de las prostitutas cuando cuelga el abrigo de su colega antes de iniciar la jornada laboral)— refleja esta imagen de confinamiento voluntario dentro del orden social. Vaya donde vaya, Séverine parece más una tímida modelo de ropa de lujo que una mujer deseosa de liberarse de toda una vida de aburrimiento y futilidad. Aunque en el prostíbulo se muestra más relajada, acaba por encontrarse con que la llamada de lo burgués le resulta irresistible, y regresa a su vida de narcisismo claustrofóbico.

Séverine parece confirmar los comentarios de Freud acerca de que las mujeres narcisistas les resultan atractivas a los hombres debido a su proyección de lo que el hombre reprime en sí mismo (1984a, pág. 83). Sorprendida en ocasiones mirándose al espejo, Séverine es la mujer de Buñuel que más se preocupa por la moda, envuelta en creaciones de Yves St. Laurent, una pantalla deshidratada, casi despersonalizada, para la proyección del deseo masculino reprimido, a menudo una figura infantil («enfantin», como comenta Marcel acerca de su comportamiento al final) de atractivo inaccesible, hermético, más atractiva precisamente debido a su enigmática inescrutabilidad. Aunque Séverine es la imagen especular de Pierre en lo que respecta a su adhesión superficial a las normas burguesas, también constituye, en cierto modo, una proyección del narcisismo reprimido de su marido, aunque incluso aquí el narcisismo toma la forma de un ideal de belleza rígida y «severa». El texto, más que en cualquier otra película de Buñuel, es consciente de lo que Foucault ha denominado la politización del cuerpo, por la que «las relaciones de poder ejercen un dominio inmediato sobre él; lo invierten, lo marcan, lo preparan, lo torturan, le obligan a realizar tareas, a celebrar ceremonias, a emitir signos» (en Rabinow [comp.], 1991, pág. 173). A través de la moda el cuerpo de Séverine se convierte en un lugar investido de relaciones de poder y dominio, un signo de su sumisión voluntaria a un orden social del que sólo consigue escapar temporalmente.

Tanto en el mundo externo de la respetabilidad social como en el submundo del prostíbulo, Séverine es una perla, no sólo en lo que atañe a su belleza —como sugiere madame Anaïs— sino también en lo que se refiere a su confinamiento, atrapada en la concha de las estructuras de poder del orden burgués. Bella pero dura, virginal, inflexible y misteriosa, Séverine se ha convertido en una creación de la cultura, una perla cultivada, a la que sólo en sus fantasías se le permite el instinto. El paisaje al estilo de Tanguy en el que Séverine y su marido discuten algunos de los problemas de su vida conyugal expresa este tema de forma diferente. En una puesta en escena neutra —el encuadre está principalmente compuesto de mar, arena y un amplio cielo— Séverine descansa sobre una rama de árbol seca, cuya madera astillada constituye otra de las imágenes de falta de vida que proyectan su vacío interior, subrayando el encierro y la vida monótona de unas supuestas pureza y perfección que Buñuel ridiculizara con más saña a través de la señora Monteil, personaje obsesionado con la higiene, en *Diario de una camarera*.

La charla sobre la perfección que Pierre mantiene con Séverine en una de las primeras escenas proyecta un ideal de pureza que queda reflejado en el código de colores utilizado en la puesta en escena de toda la película. La recurrencia del color blanco en la ropa refleja con gran acierto los rasgos glaciales e inexpresivos de la Séverine interpretada por Catherine Deneuve. La blancura, asimismo, del pijama, el jersey de cuello alto y la bata de cirujano de Pierre, de la ropa interior, la ropa para jugar al tenis y los camisones de Séverine, así como de los exteriores de la estación de esquí, es un indicio recurrente de esa ideología de perfección y orden que la película ridiculiza. En momentos determinados, el uso del blanco como color del orden contrasta con otros, sobre todo con el rojo y el negro, colores éstos que ironizan y atacan las convenciones. Ejemplo de esto es que la primera aparición de Séverine vestida con un elegante traje escarlata, en el coche de caballos y de camino al lugar donde será azotada y violada, respeta con gran ingenio su identificación onírica con un estereotipo cultural (este vestido sólo vuelve a utilizarlo mucho después en el prostíbulo), mientras que durante el resto de la película el gris sombrío indica su subordinación al orden burgués. En su primera aparición en el prostíbulo lleva ropa oscura y gafas de sol —signos de autoridad así como de ceguera burguesa—, asociándose de este modo a otros personajes. También llevan gafas oscuras Pierre, después de su accidente y el servil mayordomo sadeano (al que Bernard Musson presta su lúgubre aura) en la finca del duque, y el señor Husson, todos los cuales son figuras de autoridad, real o supuesta.

De ellos, Husson representa el lado más oscuro del orden burgués. Aunque de hecho no es el personaje que incita a Séverine a seguir el camino del placer en la *maison de rendez-vous* —ya que en realidad es Renée quien la informa en primer lugar acerca de la carrera secreta de Henriette como prostituta— Husson es, sin embargo, una persona cuya misión consiste en propagar la infelicidad. En la película es simultáneamente la representación de la hipocresía, incapaz de articular los deseos reprimidos de la mayoría, y exponente de la ociosidad y la depravación consumistas. Para algunos —Pierre, por ejemplo— el daño que causa Husson sólo es «drôle» («divertido»). Para las mujeres, constituye una amenaza de mayor calibre: para Séverine, que sólo lo conoce de un modo preliminar e instintivo, es una persona «extraña»; para Renée, que lleva en su muñeca las cicatrices que él le hiciera, es «pire que ça» («peor que eso»). En una significativa conversación con Renée, Séverine y Pierre al principio de la película en la estación de esquí, Husson habla de hipnotizadores, pero la importancia de este comentario no resulta evidente hasta más avanzada la narración, cuando le da a Séverine la dirección de madame Anaïs, hipnotizándola, por así decirlo, para que caiga en la depravación.[12] Husson es un

---

12. La hipnosis le resulta a Buñuel especialmente fascinante. En cierta ocasión hipnotizó a una prostituta para que fuera a llamar a la puerta de un amigo en Toledo (Buñuel, 1982a, pág. 85). Pero la hipnosis también ofreció a Buñuel un modo de explicar el comportamiento del espectador: «Creo que el cine

ángel caído, obsesionado con la religión y aburrido de ella al mismo tiempo (en su primera intervención informa a su amante de que sentado junto a ella no se aburre tanto como en una iglesia, con una sola alma por compañía), un Satán secular que alienta y se ceba en las debilidades de quienes le rodean.[13] En busca de oportunidades para satisfacer sus propios deseos —haciendo referencia a aquellas seducciones que no ha logrado llevar a cabo como «châtiments perdus» («castigos perdidos»)— Husson se complace igualmente en abocar a otros, a través de sus propias debilidades, a la perdición. En la novela Séverine expresa el efecto perturbador que le causa Husson haciendo hincapié en el aire de frialdad y la siniestra naturaleza de su voz y su mirada:

> «Il m'est insupportable... Sa voix... qui semble toujours chercher en vous quelque chose que l'on ne voudrait pas... ses yeux... ils ne bougent jamais... Cet air frileux.»
> («Me resulta insoportable... Su voz... siempre a la busca de algo que uno preferiría no encontrar... sus ojos... nunca se mueven... Ese aire frío.»)

En la interpretación contenida de Michel Piccoli, el tono calmado y rotundo de su voz consigue el efecto hipnótico precisamente a través de su propia sensatez. Los ojos de Piccoli, sin brillo ni fuego, cuya imperturbabilidad e indiferencia ante el sufrimiento tan buenos resultados le dan en todos sus papeles con Buñuel —sobre todo en su interpretación del marqués de Sade en La vía láctea— son muy apropiados a la cualidad de frío o «frileux» de la que Séverine se queja en la novela y con la que la gélida dama que Catherine Deneuve interpreta en la película tanto se identifica. La frialdad de Piccoli —como cuando no muestra ni el menor asomo de agitación al negarse Séverine a verle en casa de ella— adquiere en ocasiones un aire anglosajón de amenaza gótica. Mientras que en la novela Séverine sigue la tradición de las heroínas góticas inglesas a través de su educación inglesa, aquí es Husson quien hace honor a dicha tradición utilizando la palabra «compulsión», deleitándose en su pronunciación, saboreando el instinto que le da la expresión verbal, haciendo hincapié en sus orígenes lingüísticos, con objeto de explicar su tendencia instintiva hacia ella en el club de tenis, ansioso por conseguir un beso robado.

En el papel de Husson, Piccoli, una figura alta, dominante y autoritaria tanto en estatura física como en conversación, es también un personaje cuya importancia como fuerza motivadora en el sentido ideológico reconoce la cámara. Después de la conversación en la estación de esquí con los otros tres amigos, la cámara pasa por corte a Husson, que se marcha dejando a los otros detrás, y sigue su breve trayecto

---

ejerce un cierto poder hipnótico sobre el público» (ibíd., pág. 83). La hipnosis de Husson es, por tanto, otra de las reflexiones voluntarias de Buñuel sobre la recepción del filme por parte del espectador.

13. Como señala Jean-Claude Carrière (Buñuel, 1990, pág. 22), una de las razones por las que Buñuel perdió interés en hacer la película Là-bas fue porque prefería explorar lo satánico en personajes humanos comunes antes que por medio de una narrativa en la que se apareciera el propio Satán. No obstante, en Simón del desierto y La vía láctea, Satán se aparece en persona.

a través del bar y hasta la calle para captarle poniéndose la bufanda al cuello antes de cortar a la escena en la que, días después, en un taxi parisino, Renée le informa a Séverine —con la ayuda del taxista— de las damas burguesas que se sacan un sobresueldo en casas *soignée* de mala reputación. Una vez sale del bar, los movimientos de Husson parecen carentes de interés y, siendo Buñuel un director a quien le suele molestar todo lo que resulta innecesario tanto en la puesta en escena como en la narración, casi excesivos. La cuestión es que a Husson se le considera el mecanismo clave del deseo en el filme. Su presencia se siente en todas partes: en la conversación, en los nexos entre segmentos narrativos, en los regalos (rosas a Séverine), en las apariciones en momentos importantes (como cuando informa a Pierre al final de la película de la infidelidad de su esposa), etcétera. Su presencia generalizada es uno de los recursos más elocuentes de la película para subrayar la pérdida de control de Séverine y otros personajes.

Hipnotizada, con su voluntad asediada por las insinuaciones y la marrullería de Husson, Séverine acaba por rendirse a un proceso que no solamente liberará su propia sexualidad sino también, lo que es más interesante, revelará los orígenes de las neurosis y obsesiones que la torturan. A través de Husson —y su agente Renée (Lola para su diablo de *Damn Yankees* [1958])— Séverine logra simultáneamente liberar su libido y tomar conciencia de su retraso sexual, de su encarcelamiento en el tiempo, repitiendo interminablemente unos esquemas de comportamiento asociados con su pasado. La conclusión lógica a su rendición incondicional frente a las tentaciones de Husson es su decisión de ponerse a trabajar en *chez* madame Anaïs, pero curiosamente tanto ella como madame Anaïs hacen hincapié en su restringido horario de trabajo, de las dos a las cinco de la tarde. La temática del tiempo está relacionada con el recuerdo, y sobre todo con las experiencias infantiles de Séverine.[14]

Quizás inspirado en este nivel, al igual que en muchos otros, por su interés por Bergson, o quizá por los escritos místicos sobre el tema, el filme no respeta las prioridades de la cronología; su narrativa, aunque no tan desarticulada como en *Un perro andaluz*, atraviesa varios niveles de tiempo pasado (dos *flashbacks* a la infancia de Séverine), presente, futuro, zonas temporales, hipotéticas o sin fronteras, de fantasía y sueño, permitiendo de este modo que la estructura aparentemente caótica del texto subvierta las obsesiones burguesas por el orden. A menudo se oye que suenan los relojes o que tañen las campanas, lo que unas veces constituye un comentario irónico acerca de escenas anteriores y otras da a las escenas perspectivas diferentes. Quizás el ejemplo más claro de cambio irónico de perspectiva a través de referencias temporales se produzca cuando, justo al final de la película, Husson llega al piso de Sérizy para informar a Pierre de las actividades de su mujer en el prostíbulo; mientras, fuera de la habitación donde están reunidos los dos hombres, Séverine

---

14. Se puede encontrar más información sobre el tiempo en Víctor Fuentes: «Sabido es que en el inconsciente —hontanar del imaginario buñueliano— no existe el tiempo y se opera una fusión del espacio interior y del exterior» (Fuentes, 1993, pág. 74).

camina arriba y abajo, sus manos en primer plano tocan la superficie de mármol de varios muebles y el reloj da las cinco, la hora mágica en que, como una Cenicienta de los años sesenta, tenía que dejar sus deberes en *chez* madame Anaïs.

Si a unos ciertos niveles el espacio del prostíbulo es una liberación de algunas de las inhibiciones del mundo superior o burgués, en otros, como parecen indicar irónicamente las campanadas del reloj al final de la película, da la impresión de que sólo las refleja. En el mundo superior no sólo se oyen los relojes dando la hora, sino que el símbolo de este mundo, Husson, también hace un comentario sobre el tiempo en su primera intervención: «Quelle heure est-il?» («¿Qué hora es?»). Al volver al prostíbulo después de una larga ausencia, se encuentra con que el tiempo se ha detenido, el aire en *chez* madame Anaïs sigue oliendo a jazmín, las cortinas y el sillón están en su sitio, la calefacción central sigue a la misma temperatura. El ambiente regresivo de la puesta en escena se refleja en el trato que madame Anaïs dispensa a sus empleadas. Aunque suele dirigirse a ellas llamándolas «mes enfants» («mis niñas») —sobre todo cuando hay clientes delante—, lo que implica ternura e informalidad, las relaciones entre la madame del prostíbulo y sus empleadas reproduce las estructuras de poder y los esquemas de perturbación psicológica del mundo exterior. En un momento determinado, en su última aparición, el propio Husson establece la conexión cuando va a revelar a Pierre la historia de las infidelidades de su mujer. Al ver a Séverine con un vestido negro con cuello blanco, con un aspecto parecido al de un escolar de Eton, la llama «collégienne précoce» («colegiala precoz»); en ocasiones su identificación con la puerilidad en el mundo superior resulta evidente incluso en el lugar donde debería haber perdido todo rastro de la misma, el prostíbulo, donde Anaïs se refiere a ella y a las otras chicas con el término «enfants». Ella no es la única a la que se asocia con la puerilidad pero, cuando se establecen estos paralelismos, las implicaciones, tanto las positivas como las negativas, adquieren una gran relevancia.

En un sentido positivo, puerilidad sugiere alegría y liberación de las leyes del superego. En otras películas la asociación de la niñez con el juego permite a Buñuel desarrollar estrategias que satirizan y ponen en tela de juicio la solemnidad del orden burgués adulto. La debilidad del propio Buñuel por las máscaras y los disfraces (por ejemplo, un amigo y él se vistieron de monjas para pasear por el metro de Madrid) se reformula en los momentos lúdicos y «festivos» de películas como *El fantasma de la libertad* y sus escenas de los azotes en el trasero desnudo para escándalo del clero, o *La vía láctea,* con sus instantáneas de la vida diaria de Cristo en las que éste se afeita o ríe un chiste. Momentos como éstos ponen de manifiesto, más allá de meditaciones más profundas, una subversión de las formas burguesas de decoro, una afición escolar por las bromas, una línea cómica preedípica y creativamente regresiva. El trabajo de Séverine en el prostíbulo satisface parte de este ansia por romper las normas, y la interpretación de Catherine Deneuve encuentra su analogía más significativa en el comportamiento del ginecólogo, personaje inventado para la película, que no aparece en la novela.

Al igual que ella, el pulcro hombrecillo de extrañas aficiones sexuales, algunas inteligibles, como su necesidad de que le humillen, otras enigmáticas, como cuando pide un tintero, busca liberarse de la carga del superego, y trae consigo en su caja de Pandora en forma de maletín de médico no el instrumental que utiliza con sus pacientes, sino la parafernalia de mortificación carnal de una persona esclavizada por el *vice anglais*. En su papel de lacayo sumiso, irónicamente llamado «Victor», a merced de Charlotte, la prostituta que hace de marquesa, elabora un marco teatral no sólo en torno a sí mismo sino también, primero, en torno a Séverine y luego, cuando ella no hace su papel como es debido, en torno a su sustituta, Charlotte. Aunque su papel es el de víctima, lo que convierte a la prostituta en *dominatrice*, el ginecólogo, miembro de una profesión que *par excellence* ejerce control sobre los cuerpos de las mujeres, no llega en ningún momento a perder el control y «rompe el marco» —por utilizar el término de Erving Goffman (1975)— tan pronto como la acción o el diálogo se desvían del curso estipulado. Fuera de esta escena, Séverine espía a instancias de madame Anaïs por un agujero hecho en la pared, pero su mirada no se dirige sólo hacia Charlotte, cuya pericia en el papel de *dominatrice* debe emular, sino también al profesor, respondiendo escopofílicamente a la representación visual de una perversión y reconociendo al mismo tiempo el control que las leyes sociales y naturales ejercen sobre dicha perversión y sobre toda clase de deseo.

El acto de romper el marco que lleva a cabo el ginecólogo no es sólo un gesto voluntariamente conspiratorio, dirigido al espectador real, por el que se pone de manifiesto el artificio del texto y se recuerda su subordinación a las convenciones y tradiciones. También enfrenta al *voyeur*, aquí representado por Séverine, a una imagen especular de sí mismo. Tras observar por vez primera a través de la mirilla las humillaciones que el ginecólogo exige que le inflijan, Séverine se retira con una expresión de asco y rechazo. Pero su distanciamiento es temporal. Entre los diversos impulsos que la obligan a volver a mirar a través del atisbadero deben contarse no sólo un deseo incontrolable de satisfacer una curiosidad natural por las desviaciones sexuales, sino también la fascinación por el espectáculo de una persona de su propia clase social que cede ante deseos prohibidos en el mundo exterior al que pertenecen. Ese momento de reconocimiento, atrapados ambos entre las garras de la perversión, logra que el espectador auténtico se identifique con el *voyeurismo* de Séverine, poniendo de manifiesto hasta qué punto, al igual que el ginecólogo —ahora definido como doble de ella y de cuyas acciones le es imposible apartar la mirada— Séverine se ve controlada incluso aquí por leyes sociales interiorizadas.

Considerado por Séverine como un refugio del tiempo, de los determinantes y las prioridades sociales del mundo exterior, el prostíbulo es en realidad un fotograma congelado en el tiempo.[15] En ciertos aspectos se trata de una imagen positiva, ya

---

15. Con respecto a la importancia del prostíbulo, Andrew Sarris adopta un punto de vista diferente: «El propio Buñuel es el cliente más devoto de *chez* madame Anaïs y el admirador más patético de la Séverine-Bella de día que interpreta Catherine Deneuve. Jamás ninguna perspectiva de Buñuel sobre el es-

que tiene lo que Mircea Eliade llamara en otro contexto (1979) el aura de un «lugar sagrado», la libertad de un lugar aparte, reservado para la celebración y el ritual, para la comunicación con las deidades (diabólicas) y la concentración en cuestiones de mayor profundidad, todas ellas por encima de las limitaciones habituales del tiempo y el espacio. Por tanto, si en el mundo burgués la libido de Séverine se había congelado, aquí disfruta de un deshielo momentáneo. Si en su vida normal con Pierre su carnalidad se ve reglamentada o constreñida —como en ocasiones sugieren sus atuendos de estilo militar— en el mundo de la turbia modista (tapadera para la prostitución) formas alternativas de vestirse y desvestirse liberan el cuerpo y el espíritu de inhibiciones diversas. Si en el mundo social que frecuenta los amigos y conocidos son uniformemente franceses y burgueses, aquí proceden de lugares exóticos (Hippolyte el murciano, el coreano) y vulgares (Adolphe el repostero), así como de clases diferentes (Marcel el gánster, las prostitutas Mathilde y Charlotte). El mundo burgués no se queda sin sus representantes: la propia Séverine y otra víctima de las diversas represiones de esta clase social, el ginecólogo masoquista, miembro de una profesión a la que, después de todo, también pertenece el marido de la protagonista.

En un sentido menos positivo, sin embargo, como indican el acto del ginecólogo de romper el marco y su incapacidad y negativa a perder el control, el prostíbulo es en ciertos aspectos un reflejo distorsionado del mundo exterior. El estudio que se lleva a cabo en el filme de los deseos masoquistas de Séverine en este nivel va más allá de determinantes exclusivamente biológicos y analiza las leyes sociales que suelen regirlos. Satisfecho al comprobar que sus cachetes han vuelto dócil a Séverine, Adolphe dice que a ella parece gustarle jugar duro, haciéndose eco del comentario previo de madame Anaïs acerca de que, a todas luces, Séverine necesita mano dura. Séverine, que en estas escenas con Adolphe y madame Anaïs se comporta como una colegiala, obtiene placer al ser tratada con dureza, halla —en su obediencia refleja frente a la severidad— una oportunidad para liberarse de toda responsabilidad, rinde su voluntad a los peligros y la autoridad de un mundo en el que aparentemente puede ser libre, sobre todo para interpretar un incidente clave de su pasado, un incidente que bloquea su comportamiento sexual en el mundo exterior de los adultos. También otros personajes parecen sufrir a causa de traumas infantiles. Por encima de los demás, quizá quien entre más de lleno en esta categoría sea Marcel —el detalle menor en primer plano de su calcetín sin zurcir hace hincapié en este particular—; este joven desamparado, atraído por Séverine en parte como sustituta de la madre, se concentra como un niño de pecho en sus senos (mientras que el coreano, en absoluto infantil, se siente atraído exclusivamente por sus regiones inferiores), llegando a comentar que le gustan tanto que desearía que tuviera

---

pectáculo había adquirido un cariz tan oblicuamente ophulsiano, con sus tímidas ojeadas desde detrás de cortinas, ventanas e incluso escondites. El amor que Buñuel profesa a Séverine es mayor que el de Kessel, sencillamente porque Buñuel ve a Bella de día como la liberadora de Séverine» (Sarris, 1971, pág. 24).

más de dos. A la vez que se pone de manifiesto el gusto de Buñuel por el tipo de humor de Gómez de la Serna, ejemplificado sobre todo en su tratado sobre el busto femenino, *Senos* (1968), la admiración de Marcel por sus «senos de francesita» también invoca la tradición de la bruja que, como amante del diablo, según se describe en el *Malleus Maleficarum,* tiene un tercer pezón para satisfacción exclusiva del propio Satán. Su amigo Hippolyte el gánster lo trata, como más tarde corrobora él mismo, como a un hijo y el nombre del propio Hippolyte es una referencia irónica a aquel famoso hijo que ultrajó a su padre a través de una supuesta relación con su madre adoptiva. Incluso el crucigrama que Charlotte hace en el prostíbulo incluye una pista que se refiere a la relación padre-hijo entre Eneas y Anquises. Pero ninguno de estos personajes ha sufrido un incidente en la infancia como el de Séverine que le haya llevado a un retraso emocional de semejante magnitud.

El incidente clave y causa radical de su condición enajenada, a partir de la que la película desarrolla todo tipo de intereses subsidiarios, es el abuso sexual que sufriera a los ocho años. En la novela este incidente funciona como una especie de prólogo, desvinculado del resto de la narración. En la película se muestra a través de un *flashback*, presentado entre la primera ensoñación, en la que unos cocheros azotan y después violan a Séverine, y las escenas en la estación de esquí. Tras su regreso al suntuoso apartamento de París, Séverine, a estas alturas ya familiarizada con la historia de la vida secreta de Henriette, se muestra inquieta y hace caer, primero, un jarrón de rosas rojas enviadas por Husson, así como un frasco de perfume en el dormitorio. Cuando toma asiento en una banqueta, de cara a la cámara, la película pasa por corte a un *flashback* en el que, sentada más o menos en la misma posición que Séverine de adulta, la niña sufre el abuso sexual de un obrero (la novela lo describe como fontanero), que aparece arrodillado junto a ella a la derecha del encuadre. En el *flashback,* Séverine no está en el cuarto de baño sino en otra habitación con una puesta en escena mucho más recargada. Los recuerdos del abuso sexual vuelven a ella con naturalidad en el cuarto de baño, proyección exteriorizada de su deseo desde aquel momento de purgarse de las atenciones no deseadas del fontanero.

La presencia de Husson en su vida —sus insinuaciones abiertamente dirigidas a ella en la estación de esquí, y ahora su regalo de unas rosas de color rojo carnal— acaba por abocar a Séverine a enfrentarse a la realidad de su neurosis sexual, aunque la cura que sigue sea ineficaz. El recuerdo del abuso sexual va inmediatamente seguido de un corte a una conversación nocturna con Pierre, en la que Buñuel hace hincapié a través del movimiento de la cámara en la profunda influencia en su comportamiento, sobre todo en su comportamiento sexual, de recuerdos tan turbadores. Buñuel, que a menudo restaba importancia a la forma de su obra, admite sin embargo que sus últimas películas se caracterizan por una cámara prudentemente errante, algo que en términos generales, sobre todo como queda ejemplificado en la temática de *Diario de una camarera*, refleja interés por la investigación, pero que en *Bella de día* hace hincapié en un personaje que se ve atrapado por las fuerzas del deseo masculino.

De la puesta en escena austera e inmaculadamente limpia del cuarto de baño, muestra al parecer no de cuidado sino de rechazo corporal, la cámara pasa por corte a una escena en el estudio en la que el reloj vuelve a dar la hora, acentuando una vez más la neurosis atrapada en el tiempo de Séverine. En un ambiente doméstico y relajado Pierre está sentado a su mesa consultando unos documentos. Séverine, con una bata rosa (un color que no sólo favorece la belleza plácida de Deneuve sino que también hace hincapié en el aura infantil del personaje), se acerca a Pierre, atormentada por acontecimientos recientes y recuerdos, y empieza a preguntarle sobre la existencia de los prostíbulos y las prácticas que se realizan en ellos. Al principio del plano, se ve a Pierre a la izquierda del encuadre, de perfil, mientras que Séverine está a la derecha, de cara a la cámara. En cuanto Pierre empieza a responder a sus preguntas acerca de los prostíbulos, levantando la cabeza de los documentos para erguirse en la silla, la cámara empieza a moverse casi imperceptiblemente de izquierda a derecha trazando un semicírculo en torno a él, de modo que para cuando ha dicho, con un cierto tono lascivo y triunfante, pero, como siempre, con las maneras suaves y corteses de un marido *comme il faut*, «semen retentum venenum est», se encuentra en el centro del encuadre, de cara a la cámara, mientras que ella se encuentra ahora de perfil a la derecha, lista para levantarse encolerizada y salir de cuadro. Séverine acaba por calmarse, pero le pide a Pierre que se quede con ella en el dormitorio hasta que se duerma, petición que incita a éste a preguntarle, en actitud tierna y protectora, como un padre tranquilizando a su hija inquieta, si crecerá alguna vez.

La posición central de Pierre en el encuadre —el poder ha pasado a través del movimiento de cámara de la mujer al marido— junto con la rotundidad del indiscutible contenido sexual de la cita en latín, resalta la realidad de las estructuras de poder en las que está atrapada Séverine. Sus experiencias como niña y su vida adulta como ama de casa burguesa son tanto fuentes de satisfacción como de revulsión. El movimiento de cámara y el encuadre hacen hincapié en la subordinación y el confinamiento; la petición que hace a Pierre de que se quede junto a ella no como amante sino como padre, la mantienen en un estado de infantilismo. Las experiencias infantiles le han causado un retraso que, además, la obligan a buscar la plenitud sexual no a través de las aproximaciones dulces y civilizadas de un marido como Pierre, sino de la forma de relación que desde aquel momento de su infancia identifica con la rudeza, la brutalidad y los modos y contextos de comportamiento proletarios. Curiosamente, aunque la cámara y el encuadre respaldan la autoridad de Pierre, otros impulsos tiran en dirección contraria para minarla. La autoridad y el deseo de Pierre se expresan en latín, no en un francés llano; se verbalizan de manera que, además de resaltar su educación de clase media y la familiaridad con el latín de un cirujano, también ponen de manifiesto su rechazo o incapacidad, debido a la clase a la que pertenece, para tratar las cuestiones sexuales directamente. La timidez de *boy-scout* con que aborda a su esposa acaba por empujar a Séverine a encontrar una alternativa viril en el ambiente sadeano del prostíbulo. La novela lo explica con toda claridad: «Elle voulait servir Pierre et c'etait lui qui, sans cesse, se mettait à son service» (Kessel, 1980, pág. 37). («Quería servir a Pierre, y era él quien incesantemente se ponía a su servicio.»)

Querer a Pierre como marido, compañero y miembro, al igual que ella, de la clase burguesa es incompatible con el deseo de que la trate brutalmente, como Adolphe o Marcel o, en otra película, el primitivo forzudo Pedro en *El bruto*. En la casa de libertinaje de madame Anaïs —inspirada en Sade o quizá incluso en Genet—, los clientes acaban por darse cuenta de que el mejor modo para conseguir su cooperación es la disciplina (Sarris, 1971, pág. 26). Incluso el coreano despierta el interés de Séverine a través de la autoridad y no de la amabilidad. Con sus clientes puede tornarse, como explica la novela, dulce, sumisa y tímida (Kessel, 1980, pág. 51), haciendo uso de lo que madame Anaïs llama su aspecto cariñoso y fresco de colegiala, en un ambiente perfectamente adecuado a su búsqueda de la indefensión y la sumisión. Séverine considera a todas luces que sus deseos de respetabilidad burguesa y plenitud sexual son incompatibles y este sentimiento la lleva a la frigidez en las relaciones con su marido y la aboca al fracaso no sólo a la hora de disfrutar de las sensaciones físicas del acto sexual sino también a la hora de responder a las insinuaciones sexuales de su marido.

Su incapacidad para disfrutar de una relación sexual convencional con Pierre le da más razones para rechazarle, un terror inconsciente provocado por la sensación de que tomar la iniciativa en las relaciones sexuales con su marido socavaría a la larga el estatus y la autoridad que otra parte de ella, la burguesa socializada, también necesita. La definición que da Freud de la frigidez en «El tabú de la virginidad» (1981d, págs. 261-284) como una condición que surge de la desfloración es pertinente en este estudio. Aunque el enfoque de Freud es principalmente antropológico y está relacionado específicamente con la desfloración de las novias en las noches de bodas, a esta argumentación se le puede dar una aplicación más general, una aplicación, además, que no trate exclusivamente de la ausencia de sensación física durante el acto sexual, sino también de la hostilidad general que siente la esposa contra la idea de mantener relaciones sexuales con su marido. La principal aportación de Freud es la percepción de un choque entre los placeres físicos de la mujer en el acto sexual y otros impulsos aparentemente reñidos con dichas sensaciones: «El primer acto de la relación sexual activa en la mujer otros impulsos que existen hace ya tiempo, además de los ya descritos, y que se oponen directamente a su papel y función como mujer» (1981d, pág. 278).

Séverine, que a estas alturas, suponemos, ya no es virgen, está sin embargo en el nivel de las que podrían denominarse las mujeres virginales de Buñuel (otras son Viridiana o Tristana), las equivalentes de las heroínas afligidas y cuitadas de la ficción gótica del siglo XIX, aquí quizá compartiendo —aunque no tiene el cabello negro— algunos de los impulsos sexuales interiores y el misterio que Poe, a quien Breton describiera como «surréaliste dans l'aventure» («surrealista en la aventura»), atribuye a una de sus más enérgicas heroínas del deseo, Ligeia: su «exuberante aspecto y suavidad» enmascaraban las tórridas pasiones de una mujer que, aunque exteriormente en calma, «había caído presa de los buitres de la pasión ardiente» (Poe, 1965, págs. 152-153). En general, los textos de Buñuel y Poe tienen mucho en común, sobre todo en su predilección por las fronteras borrosas y solapadas entre fantasía, sueño y realidad, la fantasmagoría interiorizada o exteriorizada, condicionada por un ambiente de claustrofóbica magnificencia burguesa. En lo que respecta a la caracterización, asimismo, tanto Séverine como Ligeia están divididas entre la impasibilidad glacial y el apetito sexual voraz.

Es posible que el conflicto que bulle dentro de Séverine entre los deseos de satisfacción sexual y el conformismo con los estándares del comportamiento burgués apropiado a una mujer casada no esté conscientemente relacionado con el tema de la envidia del pene, en el restringido sentido psicológico que se le da en «El tabú de la virginidad». Pero los comentarios de Freud y las elaboraciones subsiguientes de Lacan, que hacen hincapié en la asociación del falo con lo simbólico, dejan el camino abierto para especular sobre las posibles ansiedades del espectador ante el comportamiento perturbado de Séverine y su amenaza a la hegemonía del hombre a través de la desinhibición con que invierte los papeles sexuales. La argumentación de Freud resalta los orígenes primordiales de la frigidez:

> Detrás de esta envidia del pene, sale a la luz la hostil amargura de la mujer contra el hombre, que no llega a desaparecer por completo en las relaciones entre los sexos, y que se aprecia con claridad en la lucha y la obra literaria de mujeres «emancipadas». En una especulación paleobiológica, Ferenczi ha seguido la pista a esta hostilidad de las mujeres... hasta la época en que los sexos se diferenciaron. Al principio, en su opinión, la copulación se llevaba a cabo entre dos individuos similares, uno de los cuales, sin embargo, se hizo más fuerte y obligó al más débil a someterse a la unión sexual (1981d, pág. 279).

Esta argumentación sirve de prefacio a otros comentarios sobre la decapitación como sustituto simbólico de la castración, venganza definitiva contra la desfloración —que se ejecuta no contra el marido sino contra un sustituto del mismo, como en el ataque de Judith contra Holofernes— una motivación que tiene gran importancia en *Tristana*, sobre todo a la vista de los cambios que introdujo Buñuel en la narración de Galdós, sustituyendo el desenlace feliz por un final trágico en el que Tristana sueña con la cabeza cortada de su tutor/marido Don Lope. Las implicaciones de las ideas de Freud sobre la frigidez se retoman a través de Karen Horney en una refundición feminista realizada por Louise J. Kaplan, que define las características de este estado como «estrategias que esconden y revelan deseos sádicos hacia el sexo opuesto» (1993, pág. 180). La frigidez en una mujer se convierte, además, en «una sumisión virtuosa por medio de la que asegura a todo el mundo que sólo es una niña buena y pasiva sin rastro de esa sucia excitación clitorial activa que podría provocar las represalias paternas» *(ibíd.,* 180).

En otras palabras, más allá de liberar resentimientos profundamente enterrados en relación con la envidia del pene, la frigidez o el complejo de castración, se trata de un signo de malestar ante la perspectiva de revelar el deseo de mantener relaciones sexuales en un mundo en el que a una mujer que toma la iniciativa sexual y disfruta con tipos de sexualidad polimorfos se la considera como una amenaza. La argumentación de Kaplan incluye una referencia aprobatoria a las asociaciones de Karl Abraham entre frigidez y prostitución en «Manifestaciones del complejo de castración femenino»:

> Al tomar el papel activo y dominante y dar la impresión de estar tanto o más interesada que el hombre en el sexo, la prostituta, que típicamente es frígida a pesar de su fachada de interés sexual activo, está haciendo consciente lo que para sus decentes hermanas de clase media es subconsciente: el deseo de ser más que un hombre y tener una potencia sexual superior a la de cualquier hombre (*ibíd.*).

Estos comentarios están muy próximos al acento que pone Karen Horney en la frigidez como «rechazo enérgico del papel femenino» (1967, pág. 74). Significativamente, en un estudio de la psicodinámica de *Bella de día*, Horney no sólo enumera entre una serie de efectos secundarios de la frigidez un interés excesivo por las tareas caseras (el piso de Séverine está tan inmaculado y ordenado como un quirófano), sino que también previene contra «la equiparación de la frigidez al rechazo del sexo» (*ibíd.*, págs. 73, 74). Para Horney, como para Freud y Kaplan, la frigidez —«el complejo de masculinidad de la mujer»— está en gran medida condicionada por un «deseo más o menos intenso de masculinidad o por fantasías acerca de la misma» (*ibíd.*, pág. 74), lo que en el caso de Séverine está totalmente reñido con un deseo de aceptar su papel sumiso en el orden burgués.[16]

Los paralelismos con Séverine están claros. Por razones diversas, incluyendo en primer lugar el trauma causado por los abusos sexuales que sufriera en su niñez, Séverine ha sufrido un retraso sexual y es incapaz de llevar a cabo ninguna actividad sexual que no reproduzca las relaciones de poder de dicho incidente. Su matrimonio con un miembro de la *haute bourgeoisie*, identificado a través de su comportamiento, su apartamento y las ropas que adquiere con su dinero, prohíbe cualquier forma de actividad sexual iniciada por ella que pudiera escandalizar a su marido o transgredir las leyes y convenciones a las que se somente por voluntad propia. Atormentada por deseos sexuales a los que no puede dar salida en sus mundos sociales y privados, Séverine les da rienda suelta en un burdel, un lugar que, como dicen Kaplan y Abraham, legitima, aunque sólo sea temporalmente, la potencia y la iniciativa sexuales femeninas (Séverine invierte los papeles convirtiendo a Marcel en prostituta y tornándose ella en cliente al perdonarle el pago), pero también un lugar en el que

---

16. Virginia Higginbotham, adoptando una perspectiva diferente sobre la relación entre Pierre y Séverine, realiza interesantes conexiones entre la película y el cuento de La bella y la bestia (1979, págs. 129-138).

se representa una y otra vez su trauma infantil. Aquí Séverine libera sus deseos, pero también interpreta incesantemente a la niña al ceder sumisa ante los sustitutos del fontanero-padre que son sus clientes, transigiendo con actitudes que liberan pero a la vez constriñen su subjetividad.[17] En tanto que se somete a la autoridad masculina, la prostituta también es una persona, como la define Estela Welldon, que «coopera» con sus clientes en un «acto de venganza y denigración contra la madre» (1992, pág. 116) y por extensión contra su propio sexo (1988, pág. 128). El prostíbulo se convierte en un lugar en el que la prostituta puede liberar en el anonimato deseos denigratorios que, en este caso Séverine, considera demasiado viles para expresarlos en su vida normal y burguesa con Pierre.

La liberación obtenida en el prostíbulo, sin embargo, no debe subestimarse a pesar de que al final *chez* madame Anaïs también resulte ser un callejón sin salida ideológico. Tradicionalmente un ámbito femenino, en cierto modo el prostíbulo ofrece inversiones del poder patriarcal, incluso aunque quienes paguen y controlen la actividad del tráfico sexual sean hombres. Hasta un cierto punto se llega a convertir, para Séverine, en un lugar que no está exclusivamente asociado con los hombres. Aunque tenga el efecto principal de ayudarla a desarrollar, a través de la toma de conciencia de su propia sexualidad, sus relaciones con su marido y con otros hombres, también es un lugar en el que, por vagamente que sea, tiene la posibilidad de desarrollar relaciones más naturales con otras mujeres. En cuanto Séverine se convierte en un miembro integrado en la familia exclusivamente femenina, empieza a relajarse y a jugar a las cartas con las chicas. En algunas ocasiones, asimismo, este mundo de placeres perversos y polimorfos revela un potencial soterrado de lesbianismo, lo que queda establecido casi de inmediato cuando, durante su segunda charla, madame Anaïs juguetea con los dedos de Séverine, tocándole las yemas levemente y besándola con dulzura en sus labios pálidos y todavía sin sexualizar. El beso de madame Anaïs funciona como una especie de sello de aprobación de un empleado de aduanas, permitiéndole la entrada en un mundo extraño de deseo. Hacia el final es Séverine quien toma la iniciativa y besa a Anaïs, aunque en el gesto de rechazo de ésta, que retira los labios, contrariada por la decisión de Séverine de abandonar la prostitución, hay un signo evidente de pena así como de amargura ante la perspectiva de no volver a ver a una mujer de la que quizá se ha enamorado. La posible tendencia oculta del deseo de una relación lesbiana con Séverine tiene aquí el efecto de resaltar la erotización de Catherine Deneuve y las otras prostitutas, sobre todo en sus diferentes poses a medio vestir, para disfrute tanto de espectadoras lesbianas como de espectadores heterosexuales. Los comentarios de Buñuel acerca de

---

17. Gwynne Edwards (1982, pág. 205) adopta una perspectiva diferente, tanto en lo que respecta a la función terapéutica del prostíbulo como en lo que atañe a la función del personaje de Marcel: «Al acceder a trabajar para ella de dos a cinco cada tarde [Séverine] empieza a liberarse de las limitaciones de su existencia anterior». Más adelante, el autor sugiere que Séverine «ha encontrado a su amante ideal y su auténtico yo» (*ibíd.*, pág. 212).

la gratificación de sus propios deseos heterosexuales a través del uso de mujeres bellas no excluyen en absoluto la posibilidad de que sus películas sean apreciadas por espectadores cuyas orientaciones difieren de la suya.[18]

Por otra parte, independientemente de la carga erótica lesbiana, todas las relaciones femeninas en *chez* madame Anaïs —aparte de las que tienen las prostitutas con los clientes— corroboran las intuiciones feministas acerca de la creación en la cultura occidental de una atmósfera más favorable para una mayor intimidad entre mujeres. Los comentarios de Nancy Chodorow en los que, como representante de una cierta tendencia de la literatura feminista, hace hincapié en la carga de apoyo y cariño presente en las amistades entre mujeres, a menudo desarrolladas como un modo de hacer frente a las dificultades que se encuentran en ciertas relaciones heterosexuales, resultan muy oportunos en este estudio:

> Aunque es muy posible que alcancen y permanezcan en un plano eróticamente heterosexual, tanto las dificultades de los hombres con el amor como la relación de las mujeres con sus madres las instan a buscar amor y gratificación emocional en otra parte. Una de las formas que tienen las mujeres de satisfacer sus necesidades es establecer y mantener relaciones personales importantes con otras mujeres (1984, pág. 200).

Las relaciones que Séverine entabla con otras mujeres en el mundo exterior pueden juzgarse a partir de su vínculo con Renée, alguien con quien comparte un momento de intimidad (en el trayecto en taxi), aunque esta amistad, en el fondo, se define a través de la implicación de la protagonista con Husson. En su propio mundo femenino, las mujeres, al ser capaces como mínimo de compartir experiencias propias, y los deseos de sus clientes, encuentran ocasión para relajarse y establecer una mayor intimidad entre ellas.

Y sin embargo, claro está, los momentos de familiaridad en este lugar definido, en ciertos niveles, como un refugio, son fugaces; su transferencia de las prostitutas a un mundo social alternativo resulta sólo provisional. Es posible que el prostíbulo sea propiedad de una mujer y esté regentado por ella, pero sus patrocinadores y clientes siguen siendo hombres que por el precio de un servicio pueden exigir lo que se les pase por la imaginación. La *bonhomie* de Adolphe, la sumisión del ginecólogo, la puerilidad de Marcel y el exotismo del coreano se ven eclipsados por una firmeza que no hace transigencias en lo que respecta a sus necesidades más urgentes. Todos ellos ejercitan su poder sobre la *poule* de su elección, y algunos, como Marcel y Adolphe, no dudan en utilizar la violencia si no se les complace.

Como pone de manifiesto el ambiguo desenlace, lo más probable es que el burdel no haya curado a Séverine de su perversión.[19] Ninguno de los autores que han

18. Sobre la erótica femenina, véase Myers (1987, págs. 189-202).

19. Opinión que comparte Raymond Durgnat: «De este modo la película pone de manifiesto su auténtica amargura. Es un círculo de tentativas de liberación por parte de Séverine, Pierre, Marcel, Husson, ninguna de las cuales llegan a cuajar, ya que todas se frustran mutuamente» (1968, pág. 145).

escrito acerca de *Bella de día* han podido evitar mostrarse perplejos ante el desenlace, pero esta perplejidad sólo surge si se está buscando una respuesta a la cuestión de la perversión de Séverine. Si, por el contrario, se toma el final como otra reformulación de sus conflictos entre deseos sociales y libidinales, una expresión más profunda de la función del burdel como lugar de liberación de la libido, no hay ningún otro desenlace posible, y los comentarios del propio Buñuel —aunque sus características evasivas no deban tomarse muy en serio— acerca de un doble desenlace deberían eliminar cualquier duda al respecto.[20] Séverine siempre estará dividida entre sus instintos de conformidad social y las formas de expresión sexual condicionadas por el trauma sufrido en la infancia. Como tal, es uno de los retratos más gráficos llevados a cabo por Buñuel de la constitución del sujeto sexualizado tanto en la cultura y la historia como en la biología.[21] El destino ha condenado a Séverine a una vida marcada por un trauma psicológico en la que los abusos sexuales de su infancia, junto con los impulsos contradictorios de un pasado burgués, le han provocado una confusión interna respecto de la que no parece hallar liberación definitiva. Pero al menos las leyes del azar la han librado de una muerte prematura. Cuando una de las otras prostitutas lee en voz alta una noticia del *New York Hearld Tribune* que ha traído Hippolyte el murciano, la acción —en una escena que recuerda mucho a *Al final de la escapada* (A bout de souffle, 1959)— parece algo más que un simple guiño solidario a la estética de la *nouvelle vague* y de Godard. El titular que lee con un inglés afrancesado y dolorosamente lento es: «A-b-e-r-f-a-n: I-n-q-u-i-r-y A-c-c-u-s-e-d».* Este detalle da un aire documental a la película, asentándola en el contexto de las noticias internacionales de última hora y llamando la atención, al mismo tiempo, sobre una ley aleatoria a la que todos somos vulnerables, y que aquí ha provocado, a través de un corrimiento de tierras, la trágica muerte prematura de unos niños en un valle del sur de Gales, mientras que en otro lugar, por medio del encuentro fortuito entre un niño y un pederasta, dio pie al caos psicológico que lanzó a una esposa a buscar su terapia sexual, quizás en vano, en un burdel.

20. Véanse las opiniones de Buñuel sobre el desenlace: «No hay dos finales, sino un final ambiguo. Yo no lo entiendo. Esto indica falta de certidumbre mía. En el momento en que no sé qué hacer, tengo varias soluciones y no me decido por ninguna. Entonces, en el final, he puesto mi propia incertidumbre. Ya me ha pasado otras veces. Sólo puedo decir que en la vida hay situaciones que no terminan, que no tienen solución» (Pérez Turrent y de la Colina, 1993, pág. 147).

21. Elliot Stein hace referencia al final como una «neutralidad amable que no condena a nadie» (1971, pág. 20).

* Aberfan: acusado en una investigación. [*N. de los t.*]

Conclusión

Este estudio sobre una de las grandes figuras del cine mundial se ha propuesto situar las películas de Buñuel en el contexto de algunos de los debates teóricos y críticos más candentes de los estudios sobre cine de la última década, aproximadamente, en especial aquellos que están relacionados con la teoría sexual. Este análisis se ha regido en gran medida por la decisión de no entrar en el área de la teoría a expensas de la descripción minuciosa y detallada de las propias películas y los contextos en que se hicieron. Esta decisión ha supuesto abordar no sólo las opciones conscientes de Buñuel acerca de forma y contenido —por ejemplo, estrategias narrativas, estilo visual, aprobación o subversión de convenciones genéricas— sino también su asimilación inconsciente de normas y prácticas aceptadas. El enfoque elegido ha sido abiertamente ecléctico. Equilibrando la provisión de datos empíricos con las elaboraciones de marcos teóricos con objeto de distanciar este libro de una buena parte de aquellos escritos previos que no han buscado problematizar el tema, este estudio no ha sacrificado datos históricos ni biográficos en aras de matices de la teoría abstracta sólo vagamente relacionados con el comentario de las propias películas.

Ningún enfoque puede llegar a ser totalmente objetivo e inocente. Pero, sean cuales fueren sus faltas y puntos débiles, este estudio ha intentado dejar que las películas, en la medida de lo posible, hablaran por sí mismas, un objetivo que considera axiomática la dependencia del uso de la teoría cinematográfica, cultural o de los géneros a la descripción y catalogación acertadas de los datos textuales.

Puesto que tanto se ha escrito acerca de la primera etapa de la carrera de Buñuel y los orígenes del movimiento surrealista, me he permitido avanzar con rapidez hasta el estudio de su periodo mexicano antes de abordar los grandes filmes «internacionales» de su madurez, en modo alguno rechazando sus primeras películas, sino, muy al contrario, permitiendo que simplemente influyesen en el orden de prioridades del libro, en vez de dictarlo por completo. Como resultado, se ha concedido más espacio a las películas mexicanas. Dichas películas, en especial los melodramas comerciales, han sido objeto de un inmerecido desdén por parte de la crítica (sobre todo de la inglesa), respecto al cineasta. Aquí se ha hecho hincapié en su importancia precisamente con objeto de resaltar la interacción de sus tendencias populares y autorales. La comparación de estas tendencias complementarias ha planteado cuestiones de interés acerca de la autoría, lo que quizás ha llevado a una mayor comprensión del logro total de Buñuel, tanto de sus compromisos como de su capacidad de subversión.

En buena medida las películas de Buñuel han conservado su fuerza provocativa e inquietante. Llevando al público a los límites de la experiencia, no han perdido en modo alguno su sorprendente desprecio por la mojigatería, el triunfalismo y otras poderosas afectaciones que convierten a los individuos en víctimas o «súbditos» del discurso. En las películas de Buñuel la subjetividad sólo tiene acceso a formas ilusorias de libertad. Sin embargo, las exploraciones del deseo llevadas a cabo por este realizador —por lo general del deseo heterosexual, pero también con algunas incursiones interesantes, aunque algo vacilantes, en la homosexualidad, por ejemplo en *Un perro andaluz*, *Él* y *Ensayo de un crimen*— parecen ahora, a la luz de aproximadamente veinte años de intensa teorización sobre los géneros, más problemáticas. Las películas de Buñuel dramatizan de un modo característico la fuerza a menudo irresistible del deseo sexual, pero aquí el *amour fou* —a diferencia de lo que ocurre en los textos de los surrealistas franceses— adquiere un tono mucho más agrio. Sus personajes, tanto masculinos como femeninos, expresan sus orientaciones sexuales a través de los prejuicios de las estructuras culturales y sociales. Pero, por profundo que sea su diagnóstico de la represión o liberación enloquecida del deseo, las películas de Buñuel pueden cometer en ocasiones la imprudencia de poner en tela de juicio los supuestos tradicionales —fundamentalmente masculinos—, sobre los géneros y la sexualidad. Aun así, tanto en las narraciones centradas en el hombre como en las centradas en la mujer, los hombres caen, tan a menudo como las mujeres, víctimas del orden social. Las cuestiones relativas al poder de la mirada, el placer o la posicionalidad no pueden tratarse en los filmes de Buñuel como si fueran meros elementos de un sistema falocéntrico herméticamente cerrado que nunca se ve perturbado por voces ajenas.

En *Ese oscuro objeto del deseo*, una película centrada en el hombre en el sentido de que el deseo masculino es su interés principal, la mujer se rebela, humilla a su pretendiente, le devuelve la mirada y pone en evidencia lo anticuado y simplista de los enfoques esencialistas sobre la feminidad. La humillación del hombre bien puede perpetuar el estereotipo de la *belle dame sans merci*, pero a nadie se le pasa por alto que en la persecución de Mateo que lleva cabo Conchita se conjugan la complacencia y la reprobación de la dolorosa educación sentimental del hombre medio. En *Bella de día*, una película centrada en la mujer, y que explora la polimorfa perversidad femenina, Buñuel mantiene brillantemente el interés por cuestiones que tienen que ver simultáneamente con las ansias cuasidemónicas de la sexualidad humana, el enigmático erotismo de Catherine Deneuve, la búsqueda a través de la sexualidad de la indefensión del propio yo e, incluso, su disolución y la desconstrucción, a través de la escena en la que se obliga a Séverine a atisbar por una mirilla las humillaciones que un ginecólogo se inflige a sí mismo, de las estructuras de poder que permiten a los hombres ejercer control sobre las mujeres. Cabe acusar a esta película de satisfacer los impulsos escopofílicos y fetichistas del hombre, pero de ningún modo se puede decir que haya eludido investigar ni las construcciones masculinas de la feminidad ni las formas más extremas del deseo femenino.

Ciertamente, las películas de Buñuel no son ejemplos precoces de corrección política; sin embargo, no sería justo decir que evitan investigar los procesos de representación que convierten a los hombres y las mujeres en víctimas de la ideología. Con algunas excepciones significativas —*Los olvidados*, *Abismos de pasión*, *Una mujer sin amor*—, en las que la representación de estas cuestiones toma un cariz inexorablemente desolador, las películas de Buñuel reflejan en su expresión de la confusión del deseo sexual la tolerancia y el sentido del humor de un genio que proyecta, a través de sus atormentados personajes —tanto femeninos como masculinos—, la victimización de que ha sido objeto por parte de las leyes del deseo:

> «Depuis l'âge de quatorze ans jusqu'à ces dernières années, je peux dire que le désir sexuel ne m'a pas quitté. Un désir puissant, quotidien, plus exigeant même que la faim, souvent plus difficile à satisfaire. A peine connaissais-je un moment de repos, a peine m'asseyais-je par exemple dans un compartimen de chemin de fer, que des images érotiques m'enveloppaient. Impossible de résister à ce désir, de le surmonter, de l'oublier, je ne pouvais que lui céder...» (Buñuel, 1982a, pág. 180).

(«Desde los 14 años hasta estos últimos tiempos, se puede decir que el deseo sexual no me ha abandonado. Un deseo intenso, que me aflige a diario, más urgente incluso que el hambre, a menudo más difícil de satisfacer. En cuanto se me concedía un momento de paz, en cuanto, por ejemplo, encontraba asiento en el compartimento de un tren, me asaltaban imágenes eróticas. Inútil resistirme a este deseo, vencerlo, olvidarlo. No tenía otra opción que rendirme a él...»)

Una filmografía de Buñuel (por orden alfabético)

Como director

Abismos de pasión (1953)

Productora: Producciones Tepeyac
Productores: Oscar Dancigers y Abelardo L. Rodríguez
Productor ejecutivo: Federico Amérigo
Guión: Luis Buñuel, Julio Alejandro y Arduino Mairui (basado en *Cumbres borrascosas* de Emily Brontë)
Fotografía: Agustín Jiménez
Decorados: Edward Fitzgerald
Música: Raúl Lavista (basada en melodías de *Tristán e Isolda* de Wagner)
Montaje: Carlos Savage
Ayudante de dirección: Ignacio Villarreal
Jefe de producción: Alberto A. Ferrer
Sonido: Eduardo Arjona y Caldino Sampeiro
Vestuario: Armando Valdés Peza
Reparto: Irasema Dilián (Catalina), Jorge Mistral (Alejandro), Lilia Prado (Isabel), Ernesto Alonso (Eduardo), Luis Aceves Castañeda (Ricardo)
Duración: 91 minutos

Los ambiciosos (La fièvre monte à El Pao, 1959)

Productora: Filmex, Films Borderie, Groupe des Quatre, Cité Films, Cormoran Films,
    Indus Films, Terra Films
Productores: Gregorio Walerstein y Raymond Borderie
Productor asociado: Oscar Dancigers
Productor ejecutivo: Vicente Fernández
Guión: Luis Buñuel, Luis Alcoriza, Louis Sapin, Charles Dorat, Henri Castillou y
    José Luis González de León (basado en la novela de Henri Castillou)
Fotografía: Gabriel Figueroa
Decorados: Jorge Fernández y Pablo Galván
Música: Paul Misraki
Montaje: James Cuenet (versión francesa) y Raphael Caballos (versión mexi-
    cana)
Ayudante de dirección: Ignacio Villarreal
Jefe de producción: Manuel Rodríguez
Sonido: William-Robert Sivel (versión francesa); Rodolfo Benítez y Roberto Ca-
    macho (versión mexicana)
Vestuario: Ana María Jones y Armando Valdés Peza
Maquillaje: Armando Meyer
Reparto: Gérard Phillipe (Vázquez), María Félix (Inés), Jean Servais (Alejandro),
    Víctor Junco (Indarte), Roberto Cañedo (Olivares)
Duración: 97 minutos

El ángel exterminador (1962)

Productora: Producciones Alatriste, Uninci, Films 59
Productor: Gustavo Alatriste
Productor ejecutivo: Antonio de Salazar
Guión: Luis Buñuel y Luis Alcoriza
Fotografía: Gabriel Figueroa
Decorados: Jesús Bracho
Música: Raúl Lavista (basada en piezas de Beethoven, Chopin, Scarlatti, cantos gre-
    gorianos y varios *Te Deums*)
Montaje: Carlos Savage
Ayudante de dirección: Ignacio Villarreal
Jefe de producción: Fidel Pizarro
Sonido: José B. Carles
Vestuario: Georgette Somohano
Maquillaje: Felisa Ladrón de Guevara
Reparto: Silvia Pinal (Leticia), Enrique Rambal (Edmundo Nobile), Jacqueline An-

dere (Alicia de Roc), José Baviera (Leandro Gómez), Augusto Bendicto (doctor Carlos Conde), Claudio Brook (Julio)
Duración: 93 minutos

Así es la aurora (Cela s'appelle l'aurore, 1955)

Productora: Les Films Marceau, Laetitia Films
Guión: Luis Buñuel y Jean Ferry (basado en la novela de Emmanuel Robles)
Fotografía: Robert Lefebvre
Decorados: Max Douy
Música: Joseph Kosma
Montaje: Marguerite Renoir
Ayudantes de dirección: Marcel Camus y Jacques Deray
Jefe de producción: André Cultet
Sonido: Antoine Petitjean
Reparto: Georges Marchal (doctor Valerio), Lucía Bosé (Clara), Nelly Borgeaud (Angela), Gianni Espósito (Sandro Galli), Julien Bertheau (comisario)
Duración: 102 minutos

Aventuras de Robinson Crusoe (Robinson Crusoe, 1952)

Productora: Ultramar Films y OLMEC, para United Artists
Productores: Oscar Dancigers y Henry F. Ehrlich
Guión: Luis Buñuel y Phillip Ansell Roll (basado en la novela de Daniel Defoe)
Fotografía: Alex Phillips, en Pathecolor
Decorados: Edward Fitzgerald
Música: Luis Hernández Bretón y Anthony Collins
Montaje: Carlos Savage y Alberto Valenzuela
Ayudante de dirección: Ignacio Villarreal
Jefe de producción: Federico Amérigo
Sonido: Javier Mateos
Maquillaje: Armando Meyer
Reparto: Dan O'Herlihy (Robinson), Jaime Fernández (Viernes), Felipe de Alba (Capitán), Chel López (Bosun), José Chávez y Emilio Garibay (amotinados)
Duración: 89 minutos

Bella de día (Belle de jour, 1966)

Productora: Paris Films Production, Five Films
Productores: Robert y Raymond Hakim
Productor ejecutivo: Robert Demollière
Guión: Luis Buñuel y Jean-Claude Carrière
Fotografía: Sacha Vierny, en Eastmancolor
Decorados: Robert Clavel
Montaje: Louisette Taverna-Hautecoeur
Ayudantes de dirección: Pierre Lary y Jacques Fraenkel
Jefe de producción: Henri Baum
Sonido: René Longuet
Vestuario: Hélène Nourry e Yves Saint-Laurent
Maquillaje: Janine Jarreau
Reparto: Catherine Deneuve (Séverine), Jean Sorel (Pierre), Michel Piccoli (Husson), Geneviève Page (madame Anaïs), Francisco Rabal (Hippolyte), Pierre Clementi (Marcel), Georges Marchal (el duque), Françoise Fabian (Charlotte), Marie Latour (Mathilde), Francis Blanche (Adolphe), Macha Meril (Renée), Iska Khan (el cliente asiático), François Maistre (el ginecólogo) y Muni (Pallas)
Duración: 100 minutos

El bruto (1952)

Productora: Internacional Cinematográfica, para Columbia
Productor: Sergio Kogan
Productor ejecutivo: Gabriel Castro
Guión: Luis Buñuel y Luis Alcoriza
Fotografía: Agustín Jiménez
Decorados: Gunther Gerszo, con la colaboración de Roberto Silva
Música: Raúl Lavista
Montaje: Jorge Bustos
Ayudante de dirección: Ignacio Villarreal
Jefe de producción: Fidel Pizarro
Sonido: Javier Mateos y Galdino Sampeiro
Maquillaje: Ana Guerrero
Reparto: Pedro Armendáriz (Pedro), Katy Jurado (Paloma), Rosita Arenas (Meche), Andrés Cabrera (Andrés Soler), Roberto Meyer (Carmelo González), Paco Martínez (don Pepe)
Duración: 83 minutos

Diario de una camarera (Le journal d'une femme de chambre, 1964)

Productora: Speva Films, Ciné Alliances Filmsonor, Dear Films
Productores: Serge Silberman y Michel Safra
Guión: Luis Buñuel y Jean-Claude Carrière (basado en la novela de Octave Mirbeau)
Fotografía: Roger Fellous, en Franscope
Decorados: Georges Wakhevitch
Montaje: Louisette Taverna-Hautecoeur
Ayudantes de dirección: Juan Luis Buñuel y Pierre Lary
Jefe de producción: Henri Baum
Sonido: Antoine Petitjean
Vestuario: Jacqueline Moreau
Reparto: Jeanne Moreau (Célestine), Michel Piccoli (Monteil), Georges Géret (Joseph), Françoise Lugagne (la señora Monteil), Daniel Ivertiel (el capitán), Jean Ozenne (Rabour), Gilbert Geniat (Rose), Jean-Claude Carrière (el sacerdote), Bernard Musson (el sacristán), Muni (Marianne), Dominique Sauvage (Claire)
Duración: 98 minutos

El discreto encanto de la burguesía (Le charme discret de la bourgeoisie, 1972)

Productora: Greenwich Film Production
Productor: Serge Silberman
Guión: Luis Buñuel y Jean-Claude Carrière
Fotografía: Edmond Richard, en Eastmancolor
Decorados: Pierre Guffroy
Montaje: Hélène Pleniannikov
Ayudante de dirección: Pierre Lary
Jefe de producción: Ully Pickard
Sonido: Guy Villette
Reparto: Fernando Rey (Raphael), Jean-Pierre Cassel (Sénéchal), Stéphane Audran (Alice), Paul Frankeur (Thévenot), Delphine Seyrig (Simone), Bulle Ogier (Florence), Julien Bertheau (obispo), Muni (campesina), Michel Piccoli (ministro), Bernard Musson (camarero), François Maistre (comisario)
Duración: 100 minutos

Don Quintín el amargao / La hija del engaño (1951)

Productora: Ultramar Films
Productor: Oscar Dancigers
Productor ejecutivo: Federico Amérigo

Guión: Luis Alcoriza y Raquel Rojas (basado en una obra de teatro de Carlos Arni-
    ches y José Estremera)
Fotografía: José Ortiz Ramos
Decorados: Edward Fitzgerald y Pablo Galván
Música: Manuel Esperón
Montaje: Carlos Savage
Ayudante de dirección: Mario Llorca
Jefe de producción: Fidel Pizarro
Sonido: Eduardo Arjona y Jesús González Gancy
Maquillaje: Ana Guerrero
Reparto: Fernando Soler (Quintín), Alicia Caro (Marta), Rubén Rojo (Paco), Fer-
    nando Soto «Mantequilla» (Angelito), Nacho Contla (Jonrón)
Duración: 80 minutos

La edad de oro (L'Âge d'or, 1930)

Productor: vizconde de Noailles
Guión: Luis Buñuel y Salvador Dalí
Fotografía: Albert Duverger
Decorados: Pierre Schilzneck
Música: Georges Van Parys y fragmentos de Mendelssohn, Mozart, Beethoven, De-
    bussy y Wagner
Montaje: Luis Buñuel
Ayudantes de dirección: Jacques Bernard Brunius y Claude Heymann
Sonido: Peter-Paul Brauer
Reparto: Gaston Modot (el amante), Lya Lys (la hija de la marquesa), Caridad de
    Lamberdesque (la mujer), Pierre Prévert (el bandido), Max Ernst (jefe de los
    bandidos), Paul Éluard
Duración: 63 minutos

Él (1952)

Productora: Ultramar Films
Productor: Oscar Dancigers
Productor ejecutivo: Federico Amérigo
Guión: Luis Buñuel y Luis Alcoriza (basado en la novela de Mercedes Pinto)
Fotografía: Gabriel Figueroa
Decorados: Edward Fitzgerald y Pablo Galván
Música: Luis Hernández Bretón
Montaje: Carlos Savage

Ayudante de dirección: Ignacio Villarreal
Jefe de producción: Fidel Pizarro
Sonido: José D. Pérez y Jesús González Gancy
Maquillaje: Armando Meyer
Reparto: Arturo de Córdova (Francisco), Delia Garcés (Gloria), Luis Beristáin (Raúl), Aurora Walker (Esperanza), Carlos Martínez Baena (padre Velasco), Manuel Dondé (mayordomo)
Duración: 91 minutos

Ensayo de un crimen / *La vida criminal de Archibaldo de la Cruz* (1955)

Productora: Alianza Cinematográfica
Productor: Alfonso Patiño Gómez
Productor ejecutivo: Roberto Figueroa
Guión: Luis Buñuel y Eduardo Ugarte (basado en la novela de Rodolfo Usigli)
Fotografía: Agustín Jiménez
Decorados: Jesús Bracho
Música: Jorge Pérez Herrera
Montaje: Jorge Bustos
Ayudante de dirección: Luis Abadíe
Jefe de producción: Armando Espinosa
Sonido: Rodolfo Benítez, Enrique Rodríguez y Ernesto Caballero
Maquillaje: Sara Mateos
Reparto: Ernesto Alonso (Archibaldo), Miroslava Stern (Lavinia), Rita Macedo (Patricia), Ariadna Welter (Carlota), José María Linares Rivas (Willy), Rodolfo Landa (Alejandro), Andrea Palma (señora Cervantes), Eva Calvo y Enrique Díaz Indiano (padres de Archibaldo)
Duración: 89 minutos

Ese oscuro objeto del deseo (Cet obscur objet du désir, 1977)

Productora: Greenwich Film Production, Les Films Galaxie, In Cine
Productor: Serge Silberman
Guión: Luis Buñuel y Jean-Claude Carrière (basado en *La femme et le pantin* de Pierre Louÿs)
Fotografía: Edmond Richard, en Eastmancolor
Decorados: Pierre Guffroy y Pierre Bartlet
Música: fragmentos de *Las Walkirias* de Wagner y música de flamenco
Montaje: Hélène Plemiannikov
Ayudantes de dirección: Pierre Lary y Juan Luis Buñuel

Jefe de producción: Ully Pickard
Sonido: Guy Villette
Vestuario: Sylvia de Segonzac
Maquillaje: Odette Berroyer
Reparto: Fernando Rey (Mathieu), Ángela Molina (Conchita), Carole Bouquet (Conchita), Julien Bertheau (Édouard), André Weber (Martin), Bernard Musson (inspector de policía), María Asquerino (madre de Conchita), Muni (portero)
Duración: 103 minutos

El fantasma de la libertad (Le fantôme de la liberté, 1974)

Productora: Greenwich Film Production
Productor: Serge Silberman
Guión: Luis Buñuel y Jean-Claude Carrière
Fotografía: Edmond Richard, en Eastmancolor
Decorados: Pierre Guffroy
Música: Galaxie Musique
Montaje: Hélène Plemiannikov
Ayudantes de dirección: Pierre Lary y Jacques Fraenkel
Jefe de producción: Ully Pickard
Sonido: Guy Villette
Vestuario: Jacqueline Guyot
Maquillaje: Monique Archambault
Reparto: Adriana Asti (dama de negro), Julien Bertheau (prefecto), Jean-Claude Brialy (Foucauld), Adolfo Celi (doctor), Paul Frankeur (dueño de albergue), François Maistre (profesor), Monica Vitti (señora Foucauld), Muni (criada), Bernard Musson (padre), Hélène Perdrière (tía anciana), Pierre Maguelon (Gérard)
Duración: 104 minutos

El gran calavera (1949)

Productora: Ultramar Films
Productores: Fernando Soler y Oscar Dancigers
Productor ejecutivo: Federico Amérigo
Productor asociado: Antonio de Salazar
Guión: Luis Alcoriza y Raquel Rojas (basado en la comedia de Adolfo Torrado)
Fotografía: Ezequiel Carrasco
Decorados: Luis Moya y Darío Cabañas
Música: Manuel Esperón
Montaje: Carlos Savage

Ayudante de dirección: Moisés M. Delgado
Jefe de producción: Alberto A. Ferrer
Sonido: Rafael Ruiz Esparza y Jesús González Gancy
Maquillaje: Ana Guerrero
Reparto: Fernando Soler (Ramiro), Rosario Granados (Virginia), Andrés Soler (Ladislao), Rubén Rojo (Pablo), Gustavo Rojo (Eduardo)
Duración: 90 minutos

Gran Casino (1946)

Productora: Películas Anahuac
Productor: Oscar Dancigers
Productor ejecutivo: Federico Amérigo
Guión: Mauricio Magdaleno (basado en una novela de Michel Weber)
Fotografía: Jack Draper
Decorados: Javier Torres Rorija
Música: Manuel Esperón (canciones de Francisco Canario, Mariano Mores, A. G. Villoldo, Francisco Alonso y F. Vigil)
Montaje: Gloria Schoemann
Ayudante de dirección: Moisés M. Delgado
Jefe de producción: José Luis Busto
Sonido: Javier Mateos y José D. Pérez
Maquillaje: Armando Meyer
Reparto: Libertad Lamarque (Mercedes), Jorge Negrete (Gerardo), Mercedes Barba (Camelia), Agustín Isunza (Heriberto), Julio Villarreal (Demetrio)
Duración: 85 minutos

Las Hurdes / *Tierra sin pan* (1932)

Productor: Ramón Acín
Guión: Luis Buñuel, Pierre Unik y Julio Acín
Fotografía: Eli Lotar
Música: fragmentos de la *Cuarta sinfonía* de Brahms
Montaje: Luis Buñuel
Ayudantes de dirección: Pierre Unik y Raphael Sánchez Ventura
Sonido: Charles Goldblatt y Pierre Braunberger
Reparto: Abel Jacquin (narrador)
Duración: 27 minutos

La ilusión viaja en tranvía (1953)

Productora: Clasa Films Mundiales
Productor: Armando Orive Alba
Productor ejecutivo: José Ramón Aguirre
Guión: Mauricio de la Serna, José Revueltas, Luis Alcoriza y Juan de la Cabada
Fotografía: Raúl Martínez Solares
Decorados: Edward Fitzgerald
Música: Luis Hernández Bretón
Montaje: Jorge Bustos
Ayudante de dirección: Ignacio Villarreal
Jefe de producción: Fidel Pizarro
Sonido: José D. Pérez y Rafael Ruiz Esparza
Maquillaje: Elda Loza
Reparto: Lilia Prado (Lupita), Carlos Navarro (Juan), Fernando Soto «Mantequilla»
    (Tarrajas), Agustín Isunza (Papá Pinillos), Miguel Manzano (don Manuel)
Duración: 82 minutos

La joven (The Young One, 1960)

Productora: Producciones OLMEC, para Columbia Pictures
Productor: George P. Werker
Guión: Luis Buñuel y H. B. Addis (basado en *Travelin' Man* de Peter Mathiessen)
Fotografía: Gabriel Figueroa
Decorados: Jesús Bracho
Música: Chuco Zarzosa (canción de Leon Bibb)
Montaje: Carlos Savage
Ayudantes de dirección: Ignacio Villarreal y Juan Luis Buñuel
Jefe de producción: Manuel Rodríguez
Sonido: James L. Fields, José B. Carles y Galdino Samperio
Maquillaje: Armando Meyer
Reparto: Zachary Scott (Miller) Bernie Hamilton (Travers), Kay Meersman (Evie),
    Graham Denton (Jackson) y Claudio Brook (reverendo Fleetwood)
Duración: 96 minutos

La muerte en este jardín (La mort en ce jardin, 1956)

Productora: Producciones Tepeyac, Films Dismage
Productores: Oscar Dancigers y David Mage
Productores ejecutivos: Léon Caré y Antonio de Salazar

Guión: Luis Buñuel, Luis Alcoriza, Raymond Queneau y Gabriel Arout (basado en la novela de José-André Lacour)
Fotografía: Jorge Stahl, hijo, en Eastmancolor
Decorados: Edward Fitzgerald
Música: Paul Misraki
Montaje: Marguerite Renoir
Ayudantes de dirección: Ignacio Villarreal y Dossia Mage
Jefe de producción: Alberto A. Ferrer
Sonido: José D. Pérez y Galdino Samperio
Reparto: Simone Signoret (Djinn), Georges Marchal (Shark), Charles Vanel (Castin), Michel Piccoli (padre Lisardi), Tito Junco (Chenko), Michèle Girardon (María)
Duración: 97 minutos

Nazarín (1958)

Productora: Producciones Barbáchano Ponce
Productor: Manuel Barbáchano Ponce
Productor ejecutivo: Federico Amérigo
Guión: Luis Buñuel y Julio Alejandro
Fotografía: Gabriel Figueroa
Decorados: Edward Fitzgerald
Música: Macedonio Alcalá
Montaje: Carlos Savage
Ayudante de dirección: Ignacio Villarreal
Jefe de producción: Carlos Velo
Sonido: José D. Pérez y Galdino Samperio
Vestuario: Georgette Somohano
Reparto: Francisco Rabal (Nazarín), Marga López (Beatriz), Rita Macedo (Andara), Jesús Fernández (el enano), Ignacio López Tarso (el blasfemo), Ofelia Guilmáin (Chanfa)
Duración: 97 minutos

Los olvidados (1950)

Productora: Ultramar Films
Productores: Oscar Dancigers y Jaime Menasce
Productor ejecutivo: Federico Amérigo
Guión: Luis Buñuel y Luis Alcoriza con la ayuda de Max Aub y Pedro de Urdimalas

Fotografía: Gabriel Figueroa
Decorados: Edward Fitzgerald
Música: Rodolfo Halffter, basado en piezas de Gustavo Pittaluga
Montaje: Carlos Savage
Ayudante de dirección: Ignacio Villarreal
Jefe de producción: Fidel Pizarro
Sonido: José B. Carles y Jesús González Gancy
Maquillaje: Armando Meyer
Reparto: Alfonso Mejía (Pedro), Roberto Cobo (Jaibo), Stella Inda (madre de Pe-
   dro), Miguel Inclán (Carmelo), Alma Delia Fuentes (Meche), Mario Ramírez
   (Ojitos)
Duración: 88 minutos

El río y la muerte (1954)

Productora: Clasa Films Mundiales
Productor: Armando Orive Alba
Productor ejecutivo: José Ramón Aguirre
Guión: Luis Buñuel y Luis Alcoriza (basado en una novela de Manuel Álvarez
   Acosta)
Fotografía: Raúl Martínez Solares
Decorados: Gunther Gerszo
Música: Raúl Lavista
Montaje: Jorge Bustos
Ayudante de dirección: Ignacio Villarreal
Jefe de producción: José Alcalde Gámiz
Sonido: José D. Pérez y Rafael Ruiz Esparza
Maquillaje: Margarita Ortega
Reparto: Columba Domínguez (Mercedes), Miguel Torruco (Felipe Anguiano),
   Joaquín Cordero (Gerardo), Jaime Fernández (Rómulo), Víctor Alcocer (Polo)
Duración: 93 minutos

Simón del desierto (1965)

Productora: Producciones Alatriste
Productor: Gustavo Alatriste
Guión: Luis Buñuel y Julio Alejandro
Fotografía: Gabriel Figueroa
Música: Raúl Lavista, saetas y tambores de las celebraciones de la Semana Santa en
   Calanda

Montaje: Carlos Savage
Ayudante de dirección: Ignacio Villarreal
Jefe de producción: Armando Espinosa
Sonido: James L. Fields y Luis Fernández
Maquillaje: Armando Meyer
Reparto: Claudio Brook (Simón), Silvia Pinal (diablo), Hortensia Santoveña (madre de Simón), Jesús Fernández (enano), Luis Aceves Castañeda (Trifón)
Duración: 42 minutos

Subida al cielo (1951)

Productora: Producciones Isla
Productores: Manuel Altolaguirre y María Luisa Gómez Mena
Guión: Luis Buñuel, Manuel Altolaguirre, Juan de la Cabada y Lilia Solano Galeana
Fotografía: Alex Phillips
Decorados: José Rodríguez Granada
Música: Gustavo Pittaluga
Montaje: Raphael Portillo
Ayudante de dirección: Jorge López Portillo
Jefe de producción: Fidel Pizarro
Sonido: Eduardo Arjona y Jesús González Gancy
Vestuario: Georgette Somohano
Reparto: Lilia Prado (Raquel), Carmen González (Albina), Esteban Márquez (Oliverio), Luis Aceves Castañeda (Silvestre), Roberto Cobo (Juan)
Duración: 85 minutos

Susana / Demonio y carne (1950)

Productora: Internacional Cinematográfica, para Columbia
Guión: Luis Buñuel, Jaime Salvador y Rodolfo Usigli
Fotografía: José Ortiz Ramos
Decorados: Gunther Gerszo
Música: Raúl Lavista
Montaje: Jorge Bustos
Ayudante de dirección: Ignacio Villarreal
Jefe de producción: Fidel Pizarro
Sonido: Nicolás de la Rosa
Maquillaje: Ana Guerrero

Reparto: Fernando Soler (Guadalupe), Rosita Quintana (Susana), Víctor Manuel Mendoza (Jesús), Matilde Palou (Carmen), María Gentil Arcos (Felisa) y Luis López Somoza (Alberto)
Duración: 80 minutos

Tristana (1970)

Productora: Época Films, Talía Films, Selenia Cinematográfica y Les Films Corona
Productores ejecutivos: Joaquín Gurruchaga y Eduardo Ducay
Guión: Luis Buñuel y Julio Alejandro (basado en la novela de Benito Pérez Galdós)
Fotografía: José F. Aguayo, en Eastmancolor
Decorados: Enrique Alarcón
Montaje: Pedro del Rey
Ayudante de dirección: José Puyol
Jefe de producción: Juan Estelrich
Sonido: José Nogueira y Dino Fronzetti
Maquillaje: Julián Ruiz
Reparto: Catherine Deneuve (Tristana), Fernando Rey (Lope), Franco Nero (Horacio), Lola Gaos (Saturna), Jesús Fernández (Saturno)
Duración: 96 minutos

Una mujer sin amor / Cuando los hijos nos juzgan (1951)

Productora: International Cinematográfica, para Columbia
Productor: Sergio Kogan
Guión: Jaime Salvador (basado en *Pedro y Juan* de Guy de Maupassant)
Fotografía: Raúl Martínez Solares
Decorados: Gunther Gerszo
Música: Raúl Lavista
Ayudante de dirección: Mario Llorca
Jefe de producción: José Luis Busto
Sonido: Rodolfo Benítez
Maquillaje: Ana Guerrero
Reparto: Rosario Granados (Rosario), Tito Junco (Julio), Julio Villarreal (don Carlos), Jaime Calpe (Carlitos), Joaquín Cordero (Carlos), Xavier Loyá (Miguel), Elda Peralta (Luisa), Eva Calvo y Miguel Manzano
Duración: 90 minutos

Un perro andaluz (Un chien andalou, 1929)

Productor: Luis Buñuel
Guión: Luis Buñuel y Salvador Dalí
Fotografía: Albert Duverger
Decorados: Pierre Schilzneck
Música: fragmentos de *Tristán e Isolda* de Wagner, Beethoven y tangos escogidos
   por Buñuel
Montaje: Luis Buñuel
Reparto: Pierre Batcheff, Simone Mareuil, Jaume Miravitlles, Salvador Dalí y Luis
   Buñuel
Duración: 17 minutos

La vía láctea (La voie lactée, 1969)

Productora: Greenwich Film Production, Fraia Film
Productor: Serge Silberman
Productor asociado: Ully Pickard
Guión: Luis Buñuel y Jean-Claude Carrière
Fotografía: Christian Matras, en Eastmancolor
Decorados: Pierre Guffroy
Música: Luis Buñuel
Montaje: Louisette Taverna-Hautecoeur
Ayudante de dirección: Pierre Lary
Jefe de producción: Ully Pickard
Sonido: Jacques Gallois
Vestuario: Jacqueline Guyot
Reparto: Paul Frankeur (Pierre), Laurent Terzieff (Jean), Alain Cuny (hombre de
   la capa) Edith Scob (María), Bernard Berley (Jesús), François Maistre (cura
   loco), Julien Bertheau (Richard), Muni (monja jansenista), Michel Piccoli
   (marqués de Sade), Pierre Clementi (Diablo), Georges Marchal (jesuita), Clau-
   dio Brook (obispo), Jean-Claude Carrière (prisciliano), Delphine Seyrig (prostituta)
Duración: 98 minutos

Viridiana (1961)

Productora: Producciones Alatriste, Uninci, Films 59
Productores: Gustavo Alatriste, Pere Portabella
Productor ejecutivo: Ricardo Muñoz Suay

Guión: Luis Buñuel y Julio Alejandro
Fotografía: José F. Aguayo
Decorados: Francisco Canet
Música: fragmentos de *El Mesías* de Handel, del *Requiem* de Mozart, y de Beethoven, con arreglos de Gustavo Pittaluga
Montaje: Pedro del Rey
Ayudantes de dirección: Juan Luis Buñuel y José Puyol
Jefe de producción: Gustavo Quintana
Reparto: Silvia Pinal (Viridiana), Francisco Rabal (Jorge), Fernando Rey (Jaime), Margarita Lozano (Ramona), Victoria Zinny (Lucía), Teresa Rabal (Rita), Lola Gaos (Enedina)
Duración: 90 minutos

Como ayudante de dirección

La caída de la casa Usher (La chute de la Maison Usher, 1928). Director: Jean Epstein.
Mauprat (1926). Director: Jean Epstein.
Sirène de Tropiques (1927). Directores: Henri Etievant y Marius Nalpas.

Como productor ejecutivo (en Filmófono)

¡Centinela alerta! (1936). Director: Luis Marquina.
Don Quintín el amargao (1935). Director: Luis Marquina.
La hija de Juan Simón (1935). Director: José Luis Sáenz de Heredia.
¿Quién me quiere a mí? (1936). Director: José Luis Sáenz de Heredia.

Bibliografía

Alejandro, Julio (1980), «Colaborar con Buñuel» (entrevista de Francesc Llinás y Javier Vega), *Contracampo*, 16 oct.-nov.), págs. 40-45.

Althusser, Louis (1977), *Lenin and Philosophy and Other Essays*, Londres, N.L.B. (Primera publ.: 1971.)

Aranda, Francisco (1975), *Luis Buñuel: A Critical Biography*, Londres, Secker and Warburg.

Arena, BBC, 11 de febrero de 1984, «The Life and Times of Don Luis Buñuel», producido por Alan Yentob y dirigido por Anthony Wall.

Aub, Max (1985), *Conversaciones con Buñuel*, Madrid, Aguilar. (Primera publ.: 1984.)

Babington, Bruce y Evans, Peter W. (1985), «The Life of the Interior: Dreams in the Films of Luis Buñuel», *Critical Quarterly*, 27/4, págs. 5-20.

— (1989), *Affairs to Remember: The Hollywood Comedy of the Sexes*, Manchester y Nueva York, Manchester University Press.

— (1990), «All that Heaven Allowed: Another Look at Sirkian Irony», *Movie*, 34-35 (invierno), págs. 48-58.

— (1993), *Biblical Epics: Sacred Narrative in the Hollywood Cinema*, Manchester y Nueva York, Manchester University Press.

Bakhtin, Mikhail (1968), *Rabelais and his World*, Cambridge, Mass., MIT Press.

Barbáchano, Carlos (1986), *Buñuel* (Biblioteca Salvat de Grandes Biografías), Barcelona, Salvat.

Barr, Charles (1974), «Cinemascope: Before and After», en Gerald Mast Marshall y Cohen (comps.), *Film Theory and Criticism: Introductory Readings*, Nueva York, Londres y Toronto, Oxford University Press, págs. 120-150. (Primera pub.: 1963.)

Barthes, Roland (1973), *Le Plaisir du texte*, París, Seuil.

Beauvoir, Simone de (1969), *The Second Sex*, Londres, New English Library. (Primera pub.: 1949.)

Behar, Ruth (1989), «Sexual Witchcraft, Colonialism, and Women's Powers: Views from the Mexican Inquisition», en Lavrin (comp.), págs. 178-206. (Primera pub.: 1984).

Benjamin, Jessica (1990), *The Bonds of Love: Psychoanalysis, Feminism, and the Problem of Domination*, Londres, Virago Press. (Primera pub.: 1988.)

Bergson, Henri (1956), «Laughter», en Henri Bergson y George Meredith, *Comedy*, Garden City, NY, Doubleday, págs. 61-190. (Primera pub.: 1990.)

Bettelheim, Bruno (1988), *The Uses of Enchantment: The Meaning and Importance of Fairy Tales*, Harmondsworth, Penguin Books. (Primera pub.: 1976.)

Bordwell, David (1979), «The Art Cimema as a Mode of Film Practice», *Film Criticism*, 4/1.

Borges, Jorge Luis (1979), «Borges y yo», en *El Hacedor*, Madrid, Alianza Editorial, págs. 69-70. (Primera pub.: 1960.)

Bourdieu, Pierre (1984), *Distinction: A Social Critique of the Judgement of Taste*, Cambridge, Mass., Harvard University Press. (Primera pub.: 1979.)

Breton, André (1977), *L'Amour fou*, París, Gallimard. (Primera pub.: 1937.)

— (1988), «Manifeste du surréalisme», en *Œuvre complète*, París, Gallimard, págs. 309-346. (Primera pub.: 1924.)

Brooks, Peter (1984), *The Melodramatic Imagination: Balzac, Henry James, Melodrama, and the Mode of Excess*, Nueva York, Columbia University Press. (Primera pub.: 1976.)

Buache, Freddy (1973), *The Cinema of Luis Buñuel*, Londres, Tantivy Press. (Primera pub.: 1970.)

Buñuel, Luis (1971*a*), *Belle de jour*, Londres, Lorrimer Publishing.

— (1971*b*), *Le Journal d'une femme de chambre*, París, Seuil.

— (1982*a*), *Mon dernier soupir*, París, Éditions Robert Laffont (trad. esp.: *Mi último suspiro*, 1982, Barcelona, Plaza y Janés).

— (1982*b*), *Obra literaria*, edición a cargo de Agustín Sánchez Vidal, Zaragoza, Ediciones del Heraldo de Aragón.

— (1985*a*), «Pesimismo», *Andalán*, 435-436, págs. 31-36.

— (1985*b*), «Preguntas a Luis Buñuel para la revista de Milán *Cinema Nuovo*, hechas en Venecia en septiembre de 1967», *Andalán*, 435-436, págs. 37-38.

— (1990), *Là-bas*, Teruel, Instituto de Estudios Turolenses.

— (1992), *Goya*, Teruel, Instituto de Estudios Turolenses.

Butler Flora, Cornelia (1979), «The Passive Female and Social Change: A Cross-Cultural Comparison of Women's Magazine Fiction», en Pescatello (comp.), págs. 59-85.

Byars, Jackie (1991), *All that Hollywood Allows: Re-Reading Gender in 1950ˢ Melodrama*, Londres, Routledge.

Cánovas, Joaquín T. (comp.) (1992), *Francisco Rabal*, Murcia, Film. Regional de Murcia.

Caplan, Pat (1991), «Introduction», en Caplan (comp.), 1-30.

— (comp.) (1991), *The Cultural Construction of Sexuality*, Londres y Nueva York, Routledge. (Primera pub.: 1987.)

Carrière, Jean-Claude (1978), «The Buñuel Mystery», en Mellen (comp.), págs. 90-102. (Primera pub.: 1970.)

Chodorow, Nancy (1984), *The Reproduction of Mothering: Psychoanalysis and the Sociology of Gender*, Berkeley y Los Ángeles, University of California Press. (Primera pub.: 1978.)

Cook, Pam (comp.) (1985), *The Cinema Book*, Londres, British Film Institute.

Creed, Barbara (1993), *The Monstrous-Feminine: Film, Feminism, Psychoanalysis*, Londres y Nueva York, Routledge.

Deleuze, Gilles (1971), *Masochism: An Interpretation of Coldness and Cruelty*, Nueva York, George Braziller.

Derrida, Jacques (1987), *L'Écriture et la différence*, París, Seuil.

Díaz Torres, Daniel y Colina, Enrique (1972), «El melodrama en la obra de Luis Buñuel», *Cine Cubano*, 78-80, págs. 156-164.

Doane, Mary Ann (1988), *The Desire to Desire: The Woman's Film of the 1940s*, Londres, Macmillan. (Primera pub.: 1987.)

Durgnat, Raymond (1968), *Luis Buñuel*, Londres, Studio Vista. (Primera pub.: 1967.)

— (1978), «*The Discreet Charm of the Bourgeoisie*», en Mellen (comp.), págs. 373-396. (Primera pub.: 11975.)

Dyer, Richard (1979), *Stars*, Londres, British Film Institute.

— (1982), «Don't Look Now – the Male Pin-Up», *Screen*, 23/3-4, págs. 61-87.

Edwards, Gwynne (1982), *The Discreet Art of Luis Buñuel: A Reading of His Films*, Londres y Boston, Marion Boyars.

— (1983), «On Buñuel's Diary of a Chambermaid», en Margaret Rees (comp.), *Luis Buñuel: A Symposium*, Leeds, Trinity and All Saints' College, págs. 27-58.

Éliade, Mircea (1979), *Patterns in Comparative Religion*, Londres, Sheed and Ward. (Primera pub.: 1958.)

Éluard, Paul (1939), *Donner à voir*, París, Gallimard.

Fiddian, Robin W. y Evans, Peter W. (1988), *Challenges to Authority: Fiction and Film in Contemporary Spain*, Londres, Tamesis Books.

Fischer, Lucy (1989), *Shot/Countershot: Film Tradition and Women's Cinema*, Londres, British Film Institute.

Foucault, Michel (1984), *The History of Sexuality: An Introduction*, Harmondsworth, Penguin Books. (Primera pub.: 1976.)

Fowlie, Wallace (1963), *Age of Surrealism*, Bloomington, Indiana University Press. (Primera pub.: 1950.)

Freud, Sigmund (1979), «Some Neurotic Mechanisms in Jealousy, Paranoia and Homosexuality», en *On Psychopathology* (Pelican Freud Library, vol. 10), Harmondsworth, Penguin Books, págs. 195-208. (Primera pub.: 1922.)

— (1981a), «Family Romances», en *On Sexuality* (Pelican Freud Library, vol. 7), Harmondsworth, Penguin Books, págs. 217-226. (Primera pub.: 1909.)

— (1981b), «Female Sexuality», en *On Sexuality* (Pelican Freud Library, vol. 7), Harmondsworth, Penguin Books, págs. 367-392. (Primera pub.: 1931.)

— (1981c), «Fetishism», en *On Sexuality* (Pelican Freud Library, vol. 7), Harmondsworth, Penguin Books, págs. 345-358. (Primera pub.: 1927.)

— (1981d), «The Taboo of Virginity (Contributions to the Psychology of Love III)», en *On Sexuality* (Pelican Freud Library, vol. 7), Harmondsworth, Penguin Books, págs. 261-284. (Primera pub.: 1918.)

— (1982), *The Interpretation of Dreams* (Pelican Freud Library, vol. 4), Harmondsworth, Penguin Books. (Primera pub.: 1900.)

— (1983), *Jokes and their Relation to the Unconscious* (Pelican Freud Library, vol. 6), Harmondsworth, Penguin Books. (Primera pub.: 1905.)

— (1984a), «On Narcissism: An Introduction», en *On Metapsychology* (Pelican Freud Library, vol. 11), Harmondsworth, Penguin Books, págs. 65-97. (Primera pub.: 1914.)

— (1984b), «The Economic Problem of Masochism», en *On Metapsychology* (Pelican Freud Library, vol. 11), Harmondsworth, Penguin Books, págs. 409-426. (Primera pub.: 1924.)

— (1985), «Group Psychology and the Analysis of the Ego», en *Civilization, Society and Religion* (Pelican Freud Library, vol. 12), Harmondsworth, Penguin Books, págs. 91-178. (Primera pub.: 1921.)

— (1990), «The "Uncanny"», en *Art and Literature* (Penguin Freud Library, vol. 14), Harmondsworth, Penguin Books, págs. 339-376. (Primera pub.: 1919.)

Fromm, Erich (1968), *The Art of Loving*, Londres, George Allen and Unwin. (Primera pub.: 1957) (trad. cast.: *El arte de amar*, Barcelona, Paidós, 1996).

Fuentes, Carlos (1978), «The Discreet Charm of Luis Buñuel», en Mellen (comp.), págs. 51-71.

Fuentes, Víctor (1993), *Buñuel en México: Iluminaciones sobre una pantalla pobre*, Teruel, Instituto de Estudios Turolenses.

Gilbert, Sandra y Gubar, Susan (1979), *The Madwoman in the Attic: The Woman Writer and the Nineteenth-Century Literary Imagination*, New Haven, Yale University Press.

Girard, René (1969), *Deceit, Desire and the Novel: Self and Other in Literary Structure*, Baltimore y Londres, Johns Hopkins University Press.

Gledhill, Christine (comp.) (1987), *Home Is Where the Heart Is: Studies in Melodrama and the Woman's Film*, Londres, British Film Institute.

— (1988), «Pleasurable Negotiations», en E. Deidre Pribam (comp.), *Female Spectators: Looking at Film and Television*, Londres y Nueva York, Verso, págs. 64-89.

— (comp.) (1991), *Stardom: Industry of Desire*, Londres y Nueva York, Routledge.

Goffman, Erving (1975), *Frame Analysis. An Essay on the Organisation of Experience*, Harmondsworth, Penguin Books. (Primera pub.: 1974.)

Haskell, Molly (1987), *From Reverence to Rape: The Treatment of Women in the Movies*, Chicago y Londres, University of Chicago Press.

Hayman, Ronald (1984), *Fassbinder: Film Maker*, Londres, Weidenfeld and Nicolson.

Higginbotham, Virginia (1979), *Luis Buñuel*, Boston, Twayne Publishers.

Horney, Karen (1967), *Feminine Psychology*, Routledge and Kegan Paul.

Horton, Andrew (1991), «Introduction», en Andrew Horton (comp.), *Comedy / Cinema / Theory*, Berkeley, Los Ángeles, Oxford, University of California Press, págs. 1-21.

Hutchings, Peter (1993), «Masculinity and the Horror Film», en Pat Kirkham y Janet Thumim (comps.), *You Tarzan: Masculinity, Movies and Men*, Londres, Lawrence and Wishart, págs. 84-94.

Irigaray, Luce (1974), *Spéculum de l'autre femme*, París, Minuit.

Jackson, Rosemary (1981), *Fantasy: The Literature of Subversion*, Londres y Nueva York, Methuen.

Jung, Carl G. (1959), *Collected Works*, Princeton, Princeton University Press.

Kaplan, E. Ann (1992), *Motherhood and Representation: The Mother in Popular Culture and Melodrama*, Londres y Nueva York, Routledge.

Kaplan, Louise J. (1993), *Female Perversions: The Temptations of Madame Bovary*, Harmondsworth, Penguin Books. (Primera pub.: 1991.)

Kessel, Joseph (1980), *Belle de jour*, París, Gallimard. (Primera pub.: 1928.)

Kinder, Marsha (1993), *Blood Cinema: The Reconstruction of National Identity in Spain*, Berkeley, Los Ángeles y Londres, University of California Press.

King, John (1990), *Magical Reels*, Londres y Nueva York, Verso.

Klein, Melanie y Riviere, Joan (1964), *Love, Hate and Reparation*, Nueva York, W. W. Norton and Company (trad. cast.: *Amor, culpa y separación*, Barcelona, Paidós, 1989).

Kofman, Sara (1985), *The Enigma of Woman*, Ithaca, Cornell University Press.

Kristeva, Julia (1982), *Powers of Horror: An Essay on Abjection*, Nueva York, Columbia University Press.

Krutnik, Frank (1991), *In a Lonely Street: Film Noir, Genre, Masculinity*, Londres, Routledge.

Lacan, Jacques (1970), *Écrits I*, París, Éditions du Seuil.

Lavrin, Asunción (1989), «Sexuality in Colonial Mexico: A Church Dilemma», en Lavrin (comp.), págs. 47-95.

— (comp.) (1989), *Sexuality and Marriage in Colonial Latin America*, Lincoln, Neb., University of Nebraska Press.

Louÿs, Pierre (1981), *La Femme et le pantin*, París, Albin Michel. (Primera pub.: 1898.)

Lovell, Terry (1980), *Pictures of Reality: Aesthetics, Politics and Pleasure*, Londres, British Film Institute.

Luis de León, Fray (1963), *La perfecta casada*, Madrid, Espasa Calpe. (Primera pub.: 1583.)

Macías, Ana (1978), «Felipe Carrillo Puerto and Women's Liberation in Mexico», en Asunción Lavrin (comp.), *Latin American Women: Historical Perspectives*, Westport, Connecticut y Londres, Greenwood Press, págs. 286-301.

Maupassant, Guy de (1981), *Pierre et Jean*, París, Albin Michel. (Primera pub.: 1888.)

Mellen, Joan (1977), *Big Bad Wolves: Masculinity in the American Film*, Nueva York, Pantheon.

— (comp.) (1978), *The World of Luis Buñuel: Essays and Criticism*, Nueva York, Oxford University Press.

Middleton, Peter (1992), *The Inward Gaze: Masculinity and Subjectivity in Modern Culture*, Londres, Routledge.

Milne, Tom (1978), «The Two Chambermaids», en Mellen (comp.), págs. 257-269.

Mirbeau, Octave (1968), *Le Journal d'une femme de chambre*, París, Fasquelle.

Mitchell, Juliet (1982), *Psychoanalysis and Feminism*, Harmondsworth, Penguin Books. (Primera pub.: 1974.)

Modleski, Tania (1988), *The Women Who Knew Too Much: Hitchcock and Feminist Theory*, Londres y Nueva York, Methuen.

Noi, Toril (1985), *Sexual/Textual Politics: Feminist Literary Theory*, Londres, Methuen.

Moix, Terenci (1983), «Con Buñuel en su casa mexicana», *Fotogramas* (sept.), págs. 14-15.

Monegal, Antonio (1993), *Luis Buñuel: de la literatura al cine. Una poética del objeto*, Barcelona, Anthropos.

Mora, Carl J. (1989), *Mexican Cinema: Reflections of a Society 1896-1988*, Berkeley, Los Ángeles, Londres, University of California. (Primera pub.: 1982.)

Morin, Edgar (1960), *The Stars*, Nueva York, Grove Press.

Morris, C. B. (1980), *This Loving Darkness: The Cinema and Spanish Writers, 1920-1936*, Oxford, Londres, University of Hull.

Myers, Kathy (1987), «Towards a Feminist Erotica», en Rosemary Betterton (comp.), *Looking On: Images of Femininity in the Visual Arts and Media*, Londres y Nueva York, Pandora, págs. 189-202.

Nealy, Steve (1983), «Masculinity as Spectacle», *Screen*, 24/6, págs. 2-12.

Niedergang, Marcel (1971), *The Twenty Latin Americas 1* (Pelican Latin American Library), Harmondsworth, Penguin Books. (Primera pub.: 1962.)

Nowell-Smith, Geoffrey (1987), «Minnelli and Melodrama», en Gledhill (comp.), págs. 170-174.

Oms, Marcel (1987), «Une problématique de l'enfance», *Co-textes*, 12 (mayo), págs. 111-120.

Ortega y Gasset, José (1976), *La deshumanización del arte y otros ensayos de estética*, Madrid, Ediciones de la Revista de Occidente. (Primera pub.: 1925.)

Paz, Octavio (1949), *Libertad bajo palabra*, México, Madrid, Buenos Aires, Fondo de Cultura Económica.

— (1991), *El laberinto de la soledad*, México, Madrid, Buenos Aires, Fondo de Cultura Económica. (Primera pub.: 1950.)

Pérez Turrent, Tomás y de la Colina, José (1993), *Buñuel por Buñuel*, Madrid, Plot.

Peristiany, J. G. (comp.) (1965), *Honour and Shame: The Values of Mediterranean Society*, Londres, Weidenfeld and Nicolson.

Pescatello, Ann (comp.) (1979), *Female and Male in Latin America*, Londres, Pittsburgh University Press.

Poe, Edgar Allan (1965), *Tales of Mystery and Imagination*, Londres, Pan Books. (Primera pub.: 1960.)

Punter, David (1980), *The Literature of Terror*, Londres, Longman.

Rabinow, Paul (comp.) (1991), *The Foucault Reader: An Introduction to Foucault's Thought*, Harmondsworth, Penguin Books. (Primera pub.: 1984.)

Requena, Jesús G. (1980), «Dios, familia, propiedad», *Contracampo*, 16, (oct.-nov.), págs. 16-21.

Rich, Adrienne (1981), *Of Woman Born: Motherhood as Experience and Institution*, Londres, Virago. (Primera pub.: 1976.)

Rodowick, D. N. (1991), *The Difficulty of Difference: Psychoanalysis, Sexual Difference and Film Theory*, Nueva York, Routledge.

Rougemont, Denis de (1956), *Passion and Society*, Londres, Faber and Faber. (Primera pub.: 1940.)

Rubio Barcia, José (1992), *Con Luis Buñuel en Hollywood y después*, Sada, A Coruña, Ediciós do Castro.

Rucar de Buñuel, Jeanne (1991), *Memorias de una mujer sin piano* (escrito por Marisol Martín del Campo), Madrid, Alianza Editorial. (Primera pub.: 1990.)

Rulfo, Juan (1973), *Pedro Páramo*, México, Fondo de Cultura Económica. (Primera pub.: 1955.)

Rutherford, Jonathan (1992), *Men's Silences: Predicaments in Masculinity*, Londres y Nueva York, Routledge.

Said, Edward W. (1987), *Orientalism*, Harmondsworth, Penguin Books. (Primera pub.: 1978.)

Sánchez Vidal, Agustín (1984), *Luis Buñuel: obra cinematográfica*, Madrid, Ediciones J. C.

— (1988), *Buñuel, Lorca, Dalí: el enigma sin fin*, Barcelona, Planeta.

Sandro, Paul (1987), *Diversions of Pleasure: Luis Buñuel and the Crises of Desire*, Columbus, Ohio State University Press.

Sarris, Andrew (1971), «Belle de Jour», en Buñuel (1971a), págs. 21-28.

Saura, Carlos (1993), «Voces lejanas», *El Mundo, Cinelandia,* año I, núm. 11 (24 de julio), 1.

Sawicki, Jana (1991), *Displacing Foucault: Feminism, Power, and the Body*, Nueva York y Londres, Routledge.

Sedgwick, Eve Kosofsky (1985), *Between Men: English Literature and Male Homosocial Desire*, Nueva York, Columbia University Press.

Seidler, Victor J. (1991), «Reason, Desire, and Male Sexuality», en Caplan (comp.), págs. 82-112.

— (1994), *Unreasonable Men: Masculinity and Social Theory*, Londres y Nueva York, Routledge.

Sontag, Susan (1982), «The Pornographic Imagination», en Georges Bataille, *Story of the Eye*, Harmondsworth, Penguin Books, págs. 83-118. (Primera pub.: 1967.)

Stein, Elliot (1971), «Buñuel's Golden Bowl», en Buñuel (1971a), págs. 12-20. (Primera pub.: 1968.)

Stevens, Evelyn, P. (1979), «"Marianismo": The Other Face of "Machismo" in Latin America», en Pescatello (comp.), págs. 89-101. (Primera pub.: 1973.)

Studlar, Gaylyn (1988), *In the Realm of Pleasure: Von Sternberg, Dietrich, and the Masochistic Aesthetic*, Urbana, Chicago, University of Illinois Press.

Tambling, Jeremy (1990), *Confession, Sexuality, Sin, the Subject*, Manchester y Nueva York, Manchester University Press.

Tanner, Tony (1981), *Adultery in the Novel: Contract and Transgression*, Baltimore y Londres, Johns Hopkins University Press. (Primera pub.: 1979.)

Taranger, Marie-Claude (1990), *Luis Buñuel: Le Jeu et la loi*, Saint-Denis, Presses Universitaires de Vincennes.

Turim, M. (1989), *Flashback in Film*, Londres, Routledge.

Veblen, Thorstein (1970), *The Theory of the Leisure Class: An Economic Study of Institutions*, Londres, Unwin Books. (Primera pub.: 1899.)

Vincendeau, Ginette (1993), «Fire and Ice», *Sight and Sound*, 3/4 (abril), págs. 20-22.

Vives, Juan Luis (1944), *Instrucción de la mujer cristiana*, Buenos Aires, México, Espasa Calpe.

Warner, Marina (1983), *Joan of Arc: The Image of Female Heroism*, Harmondsworth, Penguin Books. (Primera pub.: 1981.)

Welldon, Estela V. (1992), *Mother, Madonna, Whore: The Idealization and Denigration of Motherhood*, Londres y Nueva York, Guilford Press. (Primera pub.: 1988.)

Williams, Linda (1987), «"Something Else Besides a Mother": *Stella Dallas* and the Maternal Melodrama», en Gledhill (comp.), págs. 339-349.

— (1989), *Hand Core: Power, Pleasure, and the «Frenzy of the Visible»*, Berkeley, Los Ángeles, University of California Press.

— (1992), *Figures of Desire: A Theory and Analysis of Surrealist Film*, Berkeley, Los Ángeles, Oxford, University of California Press. (Primera pub.: 1981.)

Wood, Michael (1981), «The Corruption of Accidents», en Andrew S. Horton y Joan Magretta (comps.), *Modern European Filmmakers and the Art of Adaptation*, Nueva York, Frederick Ungar Publishing, págs. 329-343.

— (1992), «Double Lives», *Sight and Sound*, 1/9 (enero), págs. 20-23.

Zaretsky, Eli (1976), *Capitalism, the Family and Personal Life*, Londres, Pluto Press.

Índice analítico y de nombres

En la entrada de Buñuel se enumeran tanto sus películas como sus textos escritos.